# 衆参ねじれ選挙の政治学

政権交代下の二〇一〇年参院選

白鳥 浩 編著

ミネルヴァ書房

# はじめに――衆参ねじれ選挙と政権崩壊

二〇一一年八月二六日に、菅直人は、正式に内閣総理大臣（首相）職の辞意を表明した。これは菅自らが、退陣の条件としていた再生可能エネルギー法と特例公債法が成立し、すでに成立していた東日本大震災に対応する第二次補正予算を含めて、全ての条件がクリアされたことを受けたものであった。これについては菅が、すでに先立つ同年六月二日において、野党からの不信任案提出を受け、民主党の分裂を回避するために、自ら震災対応に一定のめどがついた段階で、自発的に退陣することを表明していた。奇しくも一年前の二〇一〇年六月二日にも、当時の鳩山由紀夫首相が辞意を表明しており、政権交代以降、民主党の首相は二人目も続いて一年あまりという短い期間で退陣することとなってしまった。

菅政権は、なぜこれほど早く終わってしまったのであろうか。菅政権の命運を決定づけたのは、第一には未曾有の災害であった東日本大震災についての対策の遅れ、さらに対策自体の不手際、第二には党内における小沢一郎を中心とするグループとの確執による民主党自体の足並みの乱れであったと考えられている。しかし、それだけであろうか。筆者は、むしろ政権崩壊の原因は、「衆参ねじれ国会」にこそあったと考えている。

二〇〇九年衆院選において、民主党を中心とする勢力は、自民党、公明党を中心とした勢力から政権を奪取し、歴史的な政権交代が起こることとなった。のちに「政権交代選挙」と名づけられるこの選挙において、国民は民主党を中心とした新しい政治に期待していたのであった。しかしながら、政権交代以降の日本政治は、政治とカネの問題、さらには沖縄の米軍基地の問題をめぐり迷走を続け、必ずしも国民が寄せた期待に十分にこたえたとはいえないものとなっていたのであった。近づく参院選を前に、支持率低下が顕著であり、自らタイムリミットを設定した沖縄問題の解決を見ることができなかった鳩山がその責任をとって辞任し、当時、国民的な知名度の高かった菅が首相になることで、民主党を中心とした与党は、選挙に臨むこととなった。この参院選は、菅新政権が初めて経験する全国的な選挙という意味のみならず、政権交代以降の初めての全国的な国政選挙といった意味からも、政権交代の意義を問うという、より大きな意味を持つ選挙であった。

菅は、この選挙を前に消費税増税に言及し、それによって支持率の大幅な下落を招いた。結果、政権与党である民主党は参院選において、地方の一人区を中心に敗北が続き、歴史的惨敗を喫することとなった。この菅の消費税増税発言のみが、「衆参ねじれ選挙」と呼ばれることになる、この参院選の帰趨を決めたという考え方がある。しかしながら、単にそうした発言のみが「衆参ねじれ選挙」における政権与党の敗北を説明するものであろうか。そうではない。参院選の選挙結果は、むしろ、政権交代に期待した民意が、その後の政権運営の中で裏切られ、失望へと変わっていったことの表明であったのではなかろうか。それが一人しか選抜しない選挙区である一人区で特に強く現れたのである。特に沖縄では民主党は、候補者さえ立てられない有様であった。

こうして国会では、民主党を中心とした勢力についての、政権交代前の政権交代に対する「期待の政治」に対する民意を代表する衆議院（期待の民意）と、政権交代後の政権交代の実際に対する「失望の政治」に対する民意を反映した参議院（失望の民意）という「二つの民意」を表す「衆参ねじれ国会」が現出するに至った。そして、これ以降の政治は、この「二つの民意」のはざまに陥って展開することとなったのである。

こうした日本政治の現状をめぐって、しばしば、現代の日本の政治が二大政党制であり、あたかも政治のアリーナには、民主党と自民党しか存在しないかのような論調がメディア等でなされることがある。そして、それと関連して「衆参ねじれ国会」が、日本政治の中で異質で特殊な条件下で作り出されたものであり、日本政治の本質からは、ほど遠いものであるという議論もある。はたして、この議論は正鵠を射たものであろうか。

むしろ筆者は、この「ねじれ国会」こそが、現代日本政治の特質を最もよく表していると考える。すなわち、現代日本政治の特質は連立による政権の時代である「九三年体制」に入っているのである。

一九九三年以降の日本政治にあって与党は単独では政権を維持できなくなった。そのため必然的に他の政党と連立を組んで、衆参両院において過半数を確保する政権を構成しなければ、その政権運営は不安定なものとなるか、政権運営自体が行き詰まらざるを得ない。「九三年体制」ともいわれるこの現代日本政治の特質は、それ以前の自民単独政権を基調とした時代であった「五五年体制」とは決定的に異なる。つまり、現代日本政治は連立政権を基調とする時代に突入しているのである。

本質的に政権与党は、この現代の日本政治の特質を理解し、衆参両院で過半数を確保する政権を構成する努力を行わなければならない宿命を背負い込んでいるといってよい。連立の時代というこの特質を理解せず、その努力を行わなければ、「衆参ねじれ国会」が常に現出する危険がつきまとう。菅政権は、この現代日本政治の特質を十分に理解することができなかった。そのために、菅政権は「衆参ねじれ国会」のもとで、「期待の民意」と「失望の民意」とのはざまに陥って、東日本大震災以前でも、政策的には特にさしたる成果を挙げることもできなかった。菅の二〇一一年六月の辞任表明以降、それ以前に政策運営がままならなかった政権が、菅の辞任の条件をそろえるために、その辞任の条件である第二次補正予算、再生可能エネルギー法、公債特例法などの重要法案を、野党の協力を仰ぎながら次々と国会を通過させたことは、政権に対する皮肉以外のなにものでもない。かくして、菅政権の命運は、過半数を占める連立政権を構成する努力を怠ったことによって尽きた。歴史において「たら」「れば」は存在しないが、おそらくは東日本大震災が起こらなかったとしても、菅政権は「衆参ねじれ国会」のもとで、法案がブロックされるために政権運営に行き詰まり、早晩政権を手放さざるを得なかったのではないだろうか。そうした視点からするならば、菅政権の崩壊の原因は「衆参ねじれ国会」にあったと考えることも無理ではないだろう。

本書は、この「衆参ねじれ国会」を招来した二〇一〇年七月一一日に投開票が行われた第二二回参議院議員通常選挙を主題とする。この選挙による結果は、日本政治に大きな影響を及ぼすこととなった。かつては、参議院といえば、「衆議院のカーボンコピー」と揶揄されるほどに、衆議院と同じ審議結果をもたらすことが多かったため、参議院不要論さえささやかれるほど軽視されてもきた。しかしながら、衆議院と参議院の支配勢力が異なるという「衆参ねじれ国会」現象が起こることで、その下で、首相に対する問責決議案を可決するなど、独自性を発揮することで、その存在が一躍脚光を浴びるようになってきた。そうして「衆参ねじれ国会」現象は、参議院の意味づけを変えたといえよう。

とはいえこの「衆参ねじれ国会」が現出したのは、二〇一〇年が初めてではない。二〇〇七年七月二九日投開票の自民党、公明党による連立政権時の安倍晋三首相のもとでの、前回の参議院議員選挙の結果においても、「衆参ねじれ国会」が生まれていた。前回の「衆参ねじれ国会」は、民主党が参議院を支配し、参議院を中心として、自公政権の政策に異議を唱え、自公政権の法案の成立の障害となることによって、続く国政選挙であった二〇〇九年衆院選における政権交代への足がかりを作った。そうした意味でも政権交代への第一歩としての参院選の新たな位置づけが見出された。もし今回のねじれ国会でも再び野党が参議院を支配することによって、民主党から政権を奪取するならば、日本の二院制における参議院のあり方も、「新たな政権枠組みへの踏み石」という、新しい視点でとらえなおさなければならないかもしれない。

前回の自公政権下の「衆参ねじれ国会」と今回二〇一〇年の参院選の結果の民主党政権下の「衆参ねじれ国会」が異なるのは、今回は与党側が、衆議院で三分の二以上の議席を確保していないことである。このことは参議院で法案がブロックされれば、その法案は、衆議院で再可決することができず、廃案になる可能性が高いということである。前回の自公政権下では、参議院で廃案になった法案を、衆議院で三分の二以上で再可決するという力業で法案を成立させることが可能であったが、二〇一〇年参院選後の民主党中心の政権では、その法案の成立も難しいこととなる。そうした意味では菅政権下の「衆参ねじれ国会」は、「真の衆参ねじれ国会」といえる。

こうした新しい意味を持ち、政権崩壊を結果としてもたらした国会の状況を生み出した「衆参ねじれ選挙」の実際とは何であったのか。本書に収められた分析が、読者の疑問に答え、その解明にいくばくかでも寄与できれば幸いである。

執筆者を代表して　白鳥　浩

# 衆参ねじれ選挙の政治学——政権交代下の二〇一〇年参院選　目次

目　次

# 第Ⅱ部　地盤の変容

# 序章 「政権交代」選挙から「衆参ねじれ」選挙へ

白鳥　浩

## 1　政権交代下の日本政治――鳩山由紀夫首相と菅直人首相

菅直人首相は、二〇一〇年七月一〇日の第二二回参院選の投票日前日に、福井県坂井市の街頭演説において、「政治とカネとか、（沖縄の米軍基地のある）普天間（基地移設）のことで心配をおかけしたが、それもクリアして、いよいよこれから時計の針を進めようというときの選挙」と、二〇一〇年参院選を位置づけていた。菅としては、自分が首相になったことによって、それ以前の鳩山由紀夫前首相と小沢一郎民主党前幹事長の「政治とカネ」の問題は決着し、また政権担当者も鳩山から自分（菅）に変わったので、鳩山前政権の抱えていた問題は解決されたことを強調しようとしていた。選挙の前月に政権担当者に就任し、菅政権としていまだ実績も示せていない中で、選挙管理内閣として参院選を迎えざるを得なかったジレンマが、菅の発言には表れていると見ることもできるだろう。

政権交代から一年も経たずして、民主党を中心とした連立政権は、全国で国民の審判を受けることとなった。後に「衆参ねじれ選挙」と呼ばれることになるこの国政選挙は、政権交代の意味自体を問う重要な選挙となると同時に、将来の日本政治のあり方を占うものでもあった。

「政権交代選挙」と呼ばれることになった二〇〇九年八月三〇日投票の第四五回衆院選によって、政権交代が起こり、自公連立政権から民国社連立政権へと政権担当者が変化した。ここにおいて、九三年体制下の短期間以外は、五五年体制以降、長く政権与党であった自民党を中心とした連立政権は、政権交代選挙の結果、下野し、民主党が衆議院の第一党の座を占める状況下で、民主党中心の連立政権が形成されることとなった。

しかしながら、民主党は参議院で過半数を占めてはいない状況があり、その構成は衆院選を経ても変化することはなかった。そこで、政権交代が起こったといっても、政権運営上、民主党もそれ以前の自民党と同様に、連立内閣を組まなくてはならないことは選挙前から明白であった。民主党にとっては、衆院選以前から選挙協力を行っていた政党との連立は自明のように見えた。そこで、連立協議の結果、鳩山由紀夫を首相とする民主党、国民新党、社民党の三党連立政権が九月一六日に成立し、国民新党からは亀井静香、社民党からは福島瑞穂の各党のトップが入閣することとなった。

## 2 政権交代と政策——新政権の「政治主導」によるマニフェストの実現

連立内閣は、その政策実現において、連立のパートナーとの間に妥協と協調とを要求されることはよく知られている。連立内閣を基調とした九三年体制下で成立した、民主党を中心とした連立内閣も、それ以前の連立内閣同様、連立内閣の常として、民主党の主張する政策のみに、例えば「行政のムダの排除」「地域主権の実現」などのみにプライオリティを持って政策遂行ができるわけではない。すなわち民主党、国民新党、社民党の三党で形成された鳩山連立内閣は、民主党がそれまで訴えていた政策課題だけではなく、国民新党の訴える「郵政民営化の見直し」、社民党の訴える「沖縄県宜野湾市の普天間の米軍飛行場の県外移設」といった、連立のパートナーが重視している政策的課題を抱えながら船出したのである。

民主党を中心とした連立内閣の政策は、事前の選挙協力の前提もあり、常に連立のパートナーとの政策を考えながら政策遂行を目指すこととなった。これは、それ以前の自民党を中心とした連立政権や、それ以前の細川護熙連立内閣とも異なっていた。すなわち、それ以前の連立政権当初の政権形成以前においては、ひとつの政権を作るという目的のために、必ずしも選挙協力を行うというものではなかった。現実に、細川連立内閣の形成に至った一九九三年の衆院選においては、事前にどの政党とどの政党が政権を組むという合意もなされなかったし、特に政党レベルでの顕著な選挙協力も存在しなかった。また、自民党と社会党と新党さきがけの自社さ連立内閣の形成も、必ずしも事前の連立内閣の形成を前提とした選挙協力によって形成されたものではないし、続く自民党と自由党との自自連立、自民党と自由党と公明党の自自公連立、自民党と公明党と保守党の自公保連立、さらにはこの政権交代の前の自公連立の政権形成当初においても、前提としての事前の連立合意による選挙協力を基盤として形成され政権が始まったものではない。そうした視点からするならば、それ以前の連立内閣は、その政権のそもそもの形成過程から、数あわせという側面が存在し、政策は二の次であった側面も指摘できるかもしれない。

しかし、今回の民主党を中心とした連立政権は、事後の連立を前提としてマニフェストに記載する政策をすり合わせ、政策的に齟齬のないようにし、選挙協力を行っていったために、選挙で勝利したからにはその政策の実現を行わなければならないという桎梏《しっこく》を民主党に背負わせるものであった。民国社連立内閣は、選挙前のマニフェストに記載されていた政策の実現に力を尽くすこととなったのであった。

そこで、政権交代して形成された新政権の、いくつかの政策的な試みの中でも、特に「行政のムダの排除」と「地域主権の実現」を中心として見ていこう。これらは民主党がこだわってきた「政治主導」

を象徴する政策であった。

**事業仕分けの実施——行政のムダの排除**

まず、鳩山内閣は、二〇〇九年九月一八日に行政刷新会議を内閣府に設置することを閣議決定した。この行政刷新会議の設置は、内閣官房に設置された国家戦略室、事務次官会議を廃した閣僚委員会などと並び、政権交代を国民に強く印象づけるものとなった。これは、政権交代によって政治主導を強力に印象づけようというねらいがあったと考えられると同時に、マニフェストを真摯に実行しようとしていることをもアピールしているといえよう。

これらの新たな組織はそれ自体、政権交代によって形成された民主党を中心とした連立内閣の性格を表しているといえるだろう。これらの機構改革は政権交代以前に意図されたものであった。国家戦略室は、政権交代選挙といわれる二〇〇九年衆院選のマニフェスト『政権交代。——民主党の政権政策Manifesto』の中にも記載されている「鳩山政権の政権構想」にある「5策」中の「第3策」である「官邸機能を強化し、総理直属の『国家戦略局』を設置し、官民の優秀な人材を結集して、新時代の国家ビジョンを創り、政治主導で予算の骨格を策定する」に基づいており、閣僚委員会は「5策」中の「第2策」で「各大臣は、各省の長としての役割と同時に、内閣の一員としての役割を重視する。『閣僚委員会』の活用により、閣僚を先頭に政治家自ら困難な課題を調整する。事務次官会議は廃止し、意思決定は政治家が行う」とされている。[1]

これらの新たな組織と同様に、行政刷新会議は、「5策」の中の「第5策」で「天下り、渡りの斡旋を全面的に禁止する。国民的な観点から、行政全般を見直す『行政刷新会議』を設置し、全ての予算や制度の精査を行い、無駄や不正を排除する。官・民、中央・地方の役割分担の見直し、整理を行う。国家行政組織法を改正し、省庁編成を機動的に行える体制を構築する」とその目的を明記している[2]。より詳しくは、「マニフェスト政策各論」の中の「1　ムダづかい」において、「1、現在の政策・支出を全て見直す」とし、その政策目的として「自民党長期政権の下で温存された族議員、霞ヶ関の既得権益を一掃する」とされ、「政策コスト、調達コストを引き下げる」とされている。また、その具体策として、『行政刷新会議（仮称）』で政府の全ての政策・支出を、現場調査、外部意見を踏まえて、検証する」、「実施方法・調達方法を見直し、政策コスト、調達コストを引き下げる」とされたところにある[3]。

このひとつの試みが、「事業仕分け」と呼ばれるものである。これは、既に述べた、政策コスト、調達コストを引き下げるために、公開の場で、各省庁の担当者などの事業に関係する責任者との質疑応答によって、その事業の重要性、優先順位などを考慮し、当該事業に関する「廃止」ないし、「縮減」などの事業の見直し、ないし継続に関して、「仕分け人」と呼ばれる事業仕分けの評価者によって判定を行うという作業をさす。もともとこの「事業仕分け」は、「構想日本」というシンクタンクによって、二〇〇〇年代から地方自治体について行われてきた[4]。構想日本によれば、国が「最も事業仕分けが必要なところ」であるといい、この国で事業仕分けを行う最大の意義とは、「国の仕事の『そもそもの必要性』を問うこと」であるという[5]。

マニフェストの記載にのっとって行政刷新会議にワーキンググループが置かれ、大規模な国レベルでの事業仕分けが政権交代の成果として行われることとなったのであった。この事業仕分けは、後に「第一弾の事業仕分け」と呼ばれることとなった。ここでは、二〇一〇年度予算編成に関わる事業仕分けを中心とし、それまでの政権与党であった自民党と公明党の編成した予算を修正することを目指した。ある意味で、この事業仕分けの主要な眼目は、政権与党が交代したことによる、新政権による旧政権の批判にあったのかもしれない。これにより、有権者に政権与党の変化を強烈に印象づけることとなったのであった。

この事業仕分けこそは、まさに民主党を中心とした新連立政権を象徴するものであった。民主党は、「政権交代選挙」となった二〇〇九年衆院選で、それまでの日本政治を「官僚主導」のものであるとし、それとは異なる「政治主導」の日本政治を確立することを目指としていた。この「官僚主導」であった日本政治を変革し、政治家が主導し、「行政のムダ」を削減し、歳出を圧縮するべく試みられたのが、この事業仕分けであるといえよう。これには、リーマンショック以降長引く、折からの不景気による歳入減少に対して、さらにはふくらみ続ける国の赤字に対して、財政の健全化を図る効果があるものと期待されていた。すなわち、不況などによる税財源の欠如により国の赤字がふくらむ中で、増税とは異なる財政再建への新たな試みとして注目を集めた。

この第一弾の事業仕分けは、二〇〇九年一一月一一日から二七日まで、国立印刷局の市ヶ谷センターにおける体育館において、一般の傍聴者も集めながら行われた。この事業仕分けは、多くの関心を集め、野党となった自民党の代議士である河野太郎、ロックミュージシャンで参院選に立候補したこともある内田裕也なども、一般の傍聴人に混じって傍聴に訪れた。

新しい政権与党によって始められた事業仕分けのねらいは、単に国の支出を抑えるというだけではなく、これまでわかりにくかった行政の事業を公開の場で見直し、国民の理解を深めるという効果もあるといわれている。しかしながら、一方で、いくつかの課題があることも指摘されている。

第一に、この事業仕分け自体は法的な拘束力を持たず、予算決定においては、事業仕分けの結果が必ずしも直接反映されるものではないという側面がある。つまり、予算は、事業仕分けで決定された結果に必ずしも拘束されるものではない。

第二に、この事業仕分けに関わる政治家や民間の仕分け人は、必ずしも各分野の専門家ばかりではないという問題もある。事業仕分けに携わる仕分け人は、対象となっている事業に関しての十全な専門知識が欠如している可能性もあり、後に専門家から批判されることも起こっている。

第三に、この事業仕分けは、民主党が二〇〇九年政権交代選挙で標榜した増税なき財政再建の切り札と見る向きもあった。しかしながら、この事業仕分けは、期待されたほど国の歳出を削減することができていないという問題点もある。

結局、事業仕分けは、実効性のない単なる「政治的パフォーマンス」とする見方すら存在する。実際、こうした事業仕分けは、多くの国民には政治の透明性を高めるものとして歓迎され、実効性があまりあがらなかったにもかかわらず、内閣の支持率を維持することにつながったと解釈することができるかもしれない。つまり、国民は、その内容はともあれ、新しい試みに興味を持ち、新しい政権のイメージともあいまって、政権交代した新政権を好意的に受け止めていたととらえることができよう。

この事業仕分けの好意的なイメージを体現していたといえるのが、民主党の参議院議員の蓮舫《れんほう》であった。蓮舫は、テレビタレントとしての高い知名度を活かし、東京選挙区選出の参議院議員を二〇〇四年から務めていた。二〇〇九年一〇月二二日に、事業仕分けの第三ワーキンググループの仕分け人となり、事業仕分け第一弾において、文部科学省、農林水産省、防衛省などを担当し、作業に当たることとなった。この事業仕分け第一弾の一一月一三日の文部省予算仕分けにおいて、次世代スーパーコンピューター開発予算について、世界一でなければならない理由を舌鋒鋭く切り込む蓮舫の姿は、幾度も繰り返しテレビなどの報道を通じて広く伝えられた。ついに蓮舫は、事業仕分けのアイコンとして、ついには事業仕分けを含む「行政刷新」のシンボルとして、国民に認識されるに至ったのであった。

政権交代によって用意された「劇場」としての事業仕分けの中で、蓮舫は、その与えられた役割を十分に演じていたといえよう。さらに、この事業仕分け第二弾は、二〇一〇年四月二三日から二八日にかけて独立行政法人の事業を対象として、同年五月二〇日から二五日にかけて政府系の公益法人の事業を対象として行われたが、そこにおいても蓮舫は、その存在感を示し続けたのであった。

### 「地域主権」の実現――中央集権から地域主権の実現へ

「中央集権」に対する概念としての「地域主権」は、「政権交代」を遂げた民主党の二〇〇九年の衆院選のマニフェストに明示されている。再び『政権交代。――民主党の政権政策Manifesto』の中に記載されている「鳩山政権の政権構想」をひもといてみよう。「鳩山政権の政権構想」の「5原則」中の「原則5　中央集権から、地域主権へ。」に、その基礎は存在する。(6) また、マニフェストには「地域主権」として、「地域のことは、地域が決める」とある。(7) その「地域を再生させる政策」としては、「中央政府の役割は外交、安全保障などに特化し、地方でできることは地方に委譲します」、「国と地方の協議の場を法律に基づいて設置します」、「国の『ひもつき補助金（社会保障・義務教育関係は除く）』は廃止し、地方の自主財源に転換します」、「国直轄事業に対する地方の負担金は廃止します」といった項目が並ぶ。(8)

このマニフェストの「マニフェスト政策各論」に移ると、民主党の「地域主権」の将来像が明らかとなってくる。「27、霞ヶ関を解体・再編し、地域主権を確立する」に、その「政治主導」を掲げる民主党の姿勢が最もよく表れているだろう。民主党は、政治主導で「官僚国家日本」を打ち破ろうとしているのである。「政策目的」として、「明治維新以来続いた中央集権体制を抜本的に改め、『地域主権国家』へと転換する」とし、「中央政府は国レベルの仕事に専念し、国と地方自治体の関係を、上下・主従の関係から対等・協力の関係へ改める」とされている。(9)

これらの「地域主権」は、「地方分権」とパラレルな位置にあると考えられる。それでは、「地方分権」と、「地域主権」とは何が異なるのだろうか。そもそも「地方分権」とは、もともと国に属している権限を、垂直的（vertical）に、特別に地方自治体に分け与えるという視点からの発想であるとされる。その基盤には、中央集権国家における、国からの上位下達的、トップダウン的な既存の地方像があるのかもしれない。そこでは、「地方」は国に陳情してきたこれまでと同様に、権限の譲渡を請願するという、国よりも低い位置にあるものと考えられている。これに対して「地域主権」とは、そもそも国によって与えられた地方自治体という単位ではなく、生活者を中心とした、場合によっては地方自治体の枠を超えた「地域」こそが政策決定の主体であり、かかる主体としての「地域」が主権を持つものとしてとらえられるという発想に立つものである。これは住民の生活する「地域」からのボトムアップ的な将来の地方像を構想するものといえよう。また、それら「地域」と国とは水平的（horizontal）な関係にあり同格であるという始点から、将来の地方像は出発するものと考えられる。そこでは、地域は国と対等なパートナーとして、国と同じ立場で政策立案、実施にあたるものであるとされる。

これら「地方分権」、ないし「地域主権」に関しては、いくつかの課題も指摘される。第一に、その「地方」ないし「地域」の制度としての権能の範囲の問題である。しばしば、こうした「地方分権」ないし「地域主権」は、行政権限の移譲を中心として議論されることが多い。しかしながら、将来の地方像は、単なる行政「権限」の移譲だけを要件とするものではないのではないだろうか。むしろ、自律的な行政を行うためには、財政的な裏づけが必要である。一九四九年五月のシャウプ勧告以来、日本の地方は「三割自治」といわれるように、具体的に自律的な主体としてはとらえられてこなかったために自治が空洞化していると一般に理解されている。翻っていえば、これは単に財政的な側面だけではなく、行政的な権限の側面においてもそうであったのではないだろうか。そのため、どのように「地方」ないし「地域」に、単に行政上の権限だけではなく財政上も、自律的な財源をどのようにして与えるのかといった行財政一体の改革が要求されていくといえるのではないだろうか。そして、そのうえで、国と地方がそれぞれどの範囲の行政を担っていくのかを明確にしなければいけない。

第二に、「地方」ないし「地域」における実態としての政策立案能力の欠如の問題である。しばしば、都道府県庁、市役所や町村役場における政策立案能力の限界が指摘されている。これらの地方政府は、一般に、これまでは財源の裏付けも、行政的な権限もないがゆえに、そこにおいてはおのずと地域の将来のグランドデザインへの自律的な提案もなされず、国任せという状況があったことは否めない事実であろう。そこで、住民が自らの地域の将来をどう選択するかという政治的選択は存在しないのが通例であった。これでは、「国」から「地方」ないし「地域」に税財源を移譲し、行政権限を譲渡したところで、「地方」ないし「地域」独自の自律的な行政サービスも望めない、「猫に小判」ということにもなりかねない。

税財源や行政権限が存在しないので、自律的な地域の将来のグランドデザインも描けない、そうした将来のグランドデザインも描いたことがないので政策立案能力も上がらず、税財源や行政権限の移譲を行ったところで、地域独自の自律的な行政など実現は難しいという状況であった。この「タマゴが先か、ニワトリが先か」といった状況の中で、「地方」ないし「地域」の自律的な政策運営は一般に行われることがなかったといわれる状態が、戦後も長く続いたのであった。

しかしながら、一九八〇年代の後半に端を発し、九〇年代に活発な議論が展開された地方制度改革の議論の中で、一九九五年から二〇〇一年までの地方分権推進法に基づく国の関与の縮減、緩和による第一期分権改革、二〇〇二年から〇六年にかけての三位一体の改革を経て、国と地方の関係は徐々に見直されることとなった。地方分権改革推進法の制定によって、二〇〇六年からはじまる第二期分権改革の中で政権交代が起こり、トップダウン的な「地方分権」とボトムアップ的な「地域主権」、この二つがお互いに補い合った行政のあり方こそが、地域住民による政治的選択の確立を要請しているといえるのではないだろうか。すなわち、これは単なる「地方行政」を乗り越えて、将来における地域住民による自律的な「地方政治」の確立を像として示している。

現代は、こうした「地方分権」と「地域主権」が混在して使用されながら、「官から民へ」、いわば「霞ヶ関中心の『地方行政』から地域住民主体の『地方政治』の確立へ」という、新たな「中央—地方」関係を模索している段階といえる。この新しい「中央—地方」関係の構築に関しては、政権交代下で、二つのレベルにおいて試みられてきた。第一に国からの試みとしての税財源と行政権限の移譲、第二に地方からの試みとしての地域政党の形成と地域を基盤とした全国政党の形成である。この二つのレベルについて以下で検討してみよう。

## 3　鳩山政権下での「地域主権」の実現への試み

### 国からの試み——新政権の政策

国の政策は政権交代で何が変化したのだろうか。政権交代を成し遂げた鳩山内閣は、マニフェストに記載された「地方分権」「地域主権」に取り組むこととなった。鳩山内閣は、この地域主権を確立するために、二〇〇九年一一月一七日に、閣議決定に基づき、内閣府に地域主権戦略会議を設置することとなった。この戦略会議は、当初は鳩山首相を議長とし、副議長には原口一博総務大臣、地域主権推進の内閣府特命担当大臣が就き、閣僚、首長、大学教授などの有識者を会議のメンバーとして置くこととなった。この戦略会議は、地域主権の推進の観点から、二〇一〇年六月までに「地域主権戦略大綱」の策定を目指すものとされた。

二〇一〇年五月二四日に、第一に国と地方の関係についての対等なパートナーシップの方針、第二に住民に身近な基礎自治体の重視、第三に地方自治への有権者の責任などを記した「地域主権戦略大綱」の方針を、この戦略会議では了承した。会議の目的としては、地域のことは地域の住民が決める「地域主権」の確立を目指す会議であり、当初の計画どおり、六月二二日には大綱が閣議決定された。

前記のように、この地域戦略会議の大綱に盛り込まれた方針は、基本的には民主党を中心とした連立内閣の「中央―地方」関係の将来のあり方を示すものである。またこの「地方主権戦略大綱」は、大綱の決定される前年の二〇〇九年一二月一五日に閣議決定された「地方分権改革推進計画」に続き、地方分権、地域主権の確立への次なる一歩として重要な位置を示している。自民党を中心とした旧連立与党の時代の二〇〇六年一二月一六日における「地方分権改革推進法」の成立、続く翌二〇〇七年の四月一日の施行により本格的に幕を開けた第二期分権改革以降、政権交代を迎えて「地方分権」「地域主権」は、こうして一つの契機を迎えた。

この地域主権戦略大綱の内容はどういったものであったのだろうか。まず、この大綱において地域主権改革とは、「日本国憲法の理念の下に、住民に身近な行政は、地方公共団体が自主的かつ総合的に広く担うようにするとともに、地域住民が自らの判断と責任で地域の諸課題に取り組めるようにするための改革」と定義づけられている。[10] 内容としては、法令によって国が自治体を縛る義務付け・枠付けの見直し、基礎自治体への権限の移譲、国の出先機関の原則廃止、ひも付き補助金の一括交付金化、直轄事業負担金の廃止などである。この地域主権改革の意義として、大綱は「地域主権改革は、明治以来の中央集権体質から脱却し、この国のあり方を大きく転換する改革である。国と地方公共団体の関係を、国が地方に優越する上下の関係から、対等の立場で対話のできる新たなパートナーシップの関係へと根本的に転換し、国民が、地域の住民として、自らの暮らす地域の在り方について自ら考え、主体的に行動し、その行動と選択に責任を負うという住民主体の発想に基づいて、改革を推進していかなければならない」としている[11]。

鳩山内閣は、この大綱の中で、内閣の掲げる「地域主権」のあり方を、「依存と分配」の仕組みから「自律と創造」の仕組みへの転換であると訴える[12]。さらに、大綱によると、地域主権改革が進展することで、「おのずと地方公共団体間で行政サービスに差異が生じてくるものであり、地方公共団体の首長や議会の議員を選ぶ住民の判断と責任は極めて重大になる。地域主権改革は、単なる制度の改革ではなく、地域の住民が自らの住む地域を自らの責任で作っていくという『責任の改革』であり、民主主義そのものの改革である」としている[13]。こうした鳩山政権のあり方に対して、地方六団体（全国知事会、全国都道府県議会議長会、全国市長会、全国市議会議長会、全国町村会、全国町村議会議長会）の側も、大綱が発表された六月二二日に共同声明を発表し、政治主導による分権型社会の構築の方向への政府のあり方を歓迎したのであった。

**地方からの試み——地方における政治の変動**

地域主権戦略大綱は、その時代のムードを反映している。大綱では、そのために住民、首長や議員も変わることが求められているとしている。そこで、これに対応した、地方における政治の変動も起こることとなった。

（1）地域に根ざした全国政党の形成

地域主権戦略大綱に結実する、こうした鳩山政権の「地方分権」ないし「地域主権」への試みは、これまで地方の首長の要求してきたものと軌を一にするものであった。そこで、地方政治の首長経験者の中から、積極的に国政へと進出を試み、民主党とは異なる形で、そして民主党よりもより強力に「地方分権」「地域主権」を訴える試みが起こったとしても不思議のないことであった。

そこで、そうした試みのひとつとして、地方政治の側から国政へとはたらきかけを行い、「地方分権」「地域主権」の実現に向けて、二〇一〇年参院選を契機として国政から国と地方のあり方を変革するべく、日本創新党が結党された。この党は、地域分権のシングルイシュー政党ではないにせよ、強力に地方分権を政策の中心にすえる政党として、二〇一〇年四月一八日に、自治体首長である山田宏党首（当時杉並区長）、中田宏代表幹事（元横浜市長）、斉藤弘政策委員長（元山形県知事）を中心として結党された。もともとこの政党は「よい国つくろう！　日本志民会議」をその組織の伏線とするものであった。

この政党の基本政策とは何であろうか。「日本創新党の基本政策方針」の中で、「小さくて賢い政府」と「廃県置州」の実現を訴える。そのために同党は、まず「国会議員の半減と公務員数の三分の一削減にめどをつけた上、多重行政を排し行政の民間化と『廃県置州』による思い切った地方分権を実現し、行政コストの削減と国富の増大を図る」という[14]。具体的には、日本創新党の基本政策である「日本〝九〟済策」中の第四項目「地方を元気にする！」の「第六策」に明らかである。すなわち、具体的には、「〈第六策〉五年以内に、国会議員数半減、国家公務員数三分の一減、地方公務員人件費三割削減等抜本的行政改革を行うとともに、国と地方の役割分担・権限・財源の徹底見直しを行い、廃県置州（道州制の導入）により真の意味での地方政府を確立する一方、中央政府は外交・安保、教育政策、通貨など国家としての責務に専念することを明確にする。また首長の参議院議員への兼職を認める法改正を行う」とされている[15]。

なるほど、「地方分権」にせよ、「地域主権」にせよ、現代の日本においては国から地方への権限委譲と地方の自律は大きな課題となっていると考えられる。

（2）無党派首長の誕生と地域政党の形成

こうした、「地方分権」「地域主権」への試みは、何も鳩山政権下でのみ起こったのではない。かつての自公政権の時代から続いた、東国原英夫宮崎県知事、橋下徹大阪府知事などの地方の無党派首長の出現は、そうした地方の試みとして理解することもできよう[16]。しかし、政権交代以降の鳩山政権下では、地方の側では、「地方分権」「地域主権」に向けての試みはさらに着実に行われていた。

ここで注目すべきは橋下の「地域主権」確立への試みであろう。地域主権戦略会議のメンバーでもある橋下は、二〇〇八年一月二七日の大阪府知事選挙で当選した。橋下は独自の「大阪発〝地方分権改革〟ビジョン——地域主権に根ざした輝く未来のために」を二〇〇九年一月に発表し、大阪府としての地方分権、地域主権のあり方を提起した。

この橋下を支える議会側の動きも見逃せない。さらに二〇一〇年四月一日には、こうした橋下の地方分権政策を実施するために、大阪府議会に会派「大阪維新の会大阪府議会議員団」が発足し、四月一九日に大阪府選挙管理委員会に政治団体「大阪維新の会」として届出を行った。これにより維新の会は既存政党とは一線を画すローカルパーティー（地域政党）として、橋下が代表を務めることとなった。「行政」の長である地方の首長が、「立法」の府にある地域政党の代表を務めるというのは、日本政治の上ではまったく異例であった[17]。

政党としてのこの大阪維新の会は、政策として何を目指すものであろうか。この党については、「医療、福祉、教育、安心・安全などの住民サービスの向上には、圏域での競争力と成長が不可欠です。大阪の持つ潜在可能性を実現させるため、広域自治体と基礎自治体の役割と責任を明確にし、大阪府域の再編、そして大都市自治制度の実現を目指します」といった文字がホームページのトップに躍っている[18]。また、この政党は「国の政党とは一線を画し、国の政党の枠組みにとらわれない政治団体である」という。そして、設立目的としては、「広域自治体が大都市圏域の成長を支え、基礎自治体がその果実を住民のために配分する」とし、「新たな地域経営モデルを実現」することにあるとしている[19]。さらにこのローカルパーティーの意義として、「中央集権的な既存政党は上位下達機関であり、地域住民の問題意識を吸収し、課題を設定し解決する装置としては不十分」だとし、既存政党との差異を強調する[20]。

こうした地域独自の試みは、ふたたび、「地方分権」「地域主権」を成り立たせる「地方政治」の確立への模索を示しているといえよう。

## 「地方分権」「地域主権」にとっての必要条件

現在議論されている「地方分権」にせよ、「地域主権」にせよ、これらの動きは総じて、霞が関の中央官庁に代表される、「国」から都道府県ないし市町村といった「地方」へのエンパワーメントに向かっているものと考えることができるのではないだろうか。それはエリートレベルからグラスルーツレベルへのエンパワーメントと言い換えてもよいかもしれない。しかしながら、ただ単にグラスルーツレベルの地方にエンパワーメントすればよいというものではない。

権限移譲や税財源の移譲といった、単なる「地方分権」「地域主権」にまつわる地方への行財政のエンパワーメントといった統治論的な「地方行政」にまつわる「制度的側面」だけではなく、そこにおける地方の首長など行政、議員など立法の側の、自律的な地域のグランドデザインに関わる過程論的な「地方政治」にまつわる「実態的側面」についての政策立案が求められる。これは「行政仕分け」などに見られる政治主導とパラレルな方向性を示しているといえよう。つまり、その提示された複数のグランドデザインに関するオプションを選択する、有権者の政治的選択への参加を反映する、「地方自治」

を一歩進めた「地方政治」にまつわる「実態的側面」の受け皿が要求されるのである。そうした「実態的側面」の充実、すなわち、「地方政治」確立のための地方の自律的な政策の提案が住民に対してできるかどうかが、「中央―地方」関係の見直しの成否を左右するといえるのではないだろうか。

## 4　鳩山首相の誤算

こうして政権交代を成し遂げ、政治主導で政策を進めてきた鳩山内閣であったが、その行方は必ずしも順風満帆であったわけではない。鳩山の前に立ちふさがってきたのは、第一に、二〇〇九年衆院選の前からくすぶっていた「政治とカネ」の問題と、第二に、戦後長く問題となっており、一九九〇年代には沖縄県内において大きな社会運動を巻き起こした「普天間」の米軍基地の移転の問題であった。

### 政権交代をめぐる「政治とカネ」

民主連立内閣の「政治とカネ」の問題の発端は、鳩山由紀夫内閣総理大臣と小沢一郎民主党幹事長という、当時の日本政治の二人の最高権力者の「政治とカネ」にまつわる問題である。鳩山は制度上、内閣総理大臣という日本政治の最高権力者であるし、小沢は実質的に最大与党民主党の最高権力者とみなされていた。この二人が時を同じくして、異なる内容ではあるが、「政治とカネ」をめぐって疑惑を提起されたという異常事態が、鳩山内閣の下で持ち上がったのであった。

具体的には、鳩山に関しては、鳩山の資金管理団体「友愛政経懇話会」をめぐる偽装献金事件、小沢に関しては、小沢の資金管理団体「陸山会」をめぐる政治資金規正法違反事件が取り沙汰されていた。

この二人の最高権力者の「政治とカネ」をめぐる疑惑で、鳩山と小沢について、検察は当初、逮捕も起訴もしない方針としていた。しかし、この決定を不服として、市民団体から検察審査会に審査が申し立てられることとなった。この二人に対する申し立ての結果は、対照的なものであった。

一方の鳩山に関しては、二〇一〇年四月二六日に、東京第四検察審査会が、不起訴処分に関しては「相当」としたが、他方の小沢に関しては、翌四月二七日に東京第五検察審査会が、小沢の「不起訴処分は不当であり、起訴を相当とする」決議を行った。

事件にまつわり、逮捕者を出すなどしたこれらの問題は、二〇〇九年夏の衆院選以前から取り沙汰されていたが、国民は「政権交代」を選択し、衆院選の結果九月一六日に鳩山内閣が発足した。このいわゆる「政権交代」選挙によって、民主党が勝利し、これらの問題は「禊《みそぎ》」が済んだという向きもあった。しかし、この「政治とカネ」の問題は、鳩山内閣発足以降、常に政権に暗い影を落としてきたといえる。

国民の期待を背負って、当初は高い支持率を得て新たに出発した鳩山内閣であったが、この決定の直前の世論調査(四月二四、二五日)では、下落を続けた支持率は内閣支持率が二割台、不支持率が六割台という結果も報道されていた。

しかしながら、これは、単に鳩山内閣に対する支持率だけの問題ではなかった。衆議院で三〇〇を超える議席を有する民主党を中心とした政権の構図以外には有権者に選択肢が存在しないにもかかわらず、「政治とカネ」の問題なども含め、民主党自体にも信頼が置けないという有権者の意識が、世論調査に反映されていた。これは、民主党への不信感のみの表れではなく、むしろ、出口の見えない閉塞感を感じている「日本政治への不信」感の表れともとらえられないだろうか。二〇一〇年の参院選の前に相次いだ新党の結成は、こうした日本政治の閉塞感を打破しようという試みともとらえることもできよう。

鳩山政権下でふきだした、こうした「政治とカネ」の問題は、これら個々の事件にまつわる個人だけに責任があるものなのであろうか。むしろ、この問題は、日本政治に構造的にまつわる問題ととらえるべきではないだろうか。すなわち、個人ではなく、「日本政治の構造」が、その政治の実態を決定づけている側面を見逃すべきではない。

「政治とカネ」については一九九〇年代に、リクルート・佐川急便事件の反省から政治改革が始まり、自民党が下野した後に細川護熙首相の下で、後に政治改革四法と呼ばれることになる、公職選挙法の一部を改正する法律、衆議院選挙区確定審議会設置法、政治資金規正法の一部を改正する法律、政党助成法の四つとして結実した。これにより、衆院選への小選挙区比例代表並立制と政党交付金が、日本の政治過程に導入されることになった。

この二つの改革、すなわち、小選挙区比例代表並立制は、政権交代可能な日本政治を、政党交付金は、金権構造に依存しない日本政治を志向して導入されたものであった。これらは、政治資金規正法の改正と並んで、実態面として日本政治における金権構造からの離脱の試みを示すものであった。政治資金規正法の改正はもちろんのこと、実態面でも、第一に、金権構造に基づく利益誘導的な一党優位支配の構造を、小選挙区制導入により政権交代可能な制度にすることで政治腐敗の温床を断ち切る。そして、選挙を候補者中心の利益誘導の「ドブ板選挙」から、政党中心の政策を選択する選挙へと変容させる。小選挙区制で選挙区が小さくなり、政策中心の選挙となれば、それほど選挙にカネもかからなくなり金権構造からの脱却を達成できるという意図があった。第二に、私的な政治献金を少なくし、政党の政治活動に対して国庫から公費を政党に交付し、その政治活動を助成する政党交付金を与え、特定の企業や団体からの偏った不正な政治的影響力を排除する。さらにそれとともに、この政党交付金が国民の税金を財源とする以上、その使途について報告をする制度が存在することにより「政治とカネ」の公正さを担保する試みがなされた。

にもかかわらず、なにゆえそうした政治改革以降も「政治とカネ」の問題はなぜ起こり続けるのであろうか。政治資金規正法が、一九四八年の制定以来、四〇回近くの改正を行いながらも、依然として抜け道の指摘される法律であることも原因のひとつである。それだけではなく、場合によっては、金権構造からの離脱を目的として導入された「小選挙区制」と「政党交付金」が、必ずしも意図したとおりにはたらいていないという側面もあるかもしれない。

衆院選における「小選挙区制」の導入は、選挙区を以前よりも縮小させたが、結果としては当選ラインも上昇した。この結果、さらにきめ細かな「ドブ板」選挙を候補者に強いることになり、選挙を勝ち残るための利益誘導や政治資金の重要性は改革後も減ずることはなかった。つまり依然として、選挙に勝つためにはカネが必要なのである。また「政党交付金」は、国会議員数が五人以上存在するか国政選挙での得票率が二%以上の政党に対し、一月一日現在の政党の所属議員数の割合と、直近の国政選挙の得票率の割合に応じて各政党に配分される。この規定は、議員数の多い大政党にとって有利であり、議員数の少ない野党が選挙で勝利し、与党の数を超えるためには、この資金だけではなはだ不利といわざるを得ない。そこで、いきおい「政党交付金」以外の献金を模索せざるを得なくなる。すなわち、未だ変化しない金権構造の下で「政権交代」を実現するためには、「政党交付金」以外の献金が必要だとする議論もあながち的はずれなものとはいえないかもしれない。

### 政権交代と外交——日米同盟の揺らぎと普天間基地の移設問題

鳩山は、政権をとる以前から、「対等な日米関係」の構築について言及してきた。この発言は、アメリカ側にとって、「日米同盟を見直す」という日本側の真意を測りかねるものとして映っていたかもしれない。この象徴となったのは、普天間基地の移設問題であった。従来の日米同盟の見直しは、対外的な関係の中で、いくつかの問題を生み出すものであった。

このことを表す端的な事例が存在する。鳩山は、二〇一〇年四月一四日付の『ワシントン・ポスト』で同盟国の指導者であることを疑問視されるような評価を受けた[21]。鳩山は、それについて四月二一日の自民党の谷垣禎一総裁との党首討論において「『ワシントン・ポスト』の言うように、私は愚かな首相かもしれません」と認めたうえで、沖縄の負担を軽減することを「愚直に」望んだことを述べた。しかし、鳩山自らが設定した五月の普天間問題の解決期限は、刻一刻と近づいていたのであった。

先の『ワシントン・ポスト』の記事においては、鳩山の民主党は、沖縄の普天間基地の移設に対して、長期的な合意を見直して新たな提案をする意向であり、この問題に対して鳩山は、二度もアメリカ合衆国大統領のバラク・オバマ（Barack Hussein Obama, Jr.）に解決を約束してきた。にもかかわらず、具体的に解決策を提案しないために、鳩山は当てにならない人物だという印象をオバマ政権に与えているという記述がなされていると報道されていた[22]。

こうしたアメリカの鳩山評価は、鳩山が二〇〇九年衆院選において、「対等な日米関係」を標榜したところに遠因があろう。二〇〇九年衆院選の民主党マニフェストの中では、「自律した外交で世界に貢献」、「主体的な外交戦略を構築し、緊密で対等な日米同盟関係を作ります」という文字が躍っていた[23]。各論においても「7、外交」の「51、緊密で対等な日米関係を築く」という中で、「日米外交の基盤として緊密で対等な日米同盟関係を作るため、主体的な外交戦略を構築した上で、米国と役割を分担しながら日本の責任を積極的に果たす」、「日米地位協定の改定を想起し、米軍再編や日米軍基地のあり方についても見直しの方向で臨む」とされている[24]。戦後政治の初期から五五年体制を通じ、連立の時代となった九三年体制のもとでも基軸であった日米同盟を見直し、「対等な日米関係」を作るというのは、日米同盟中心主義であったこれまでの日本外交の姿勢を大きく転換させる可能性があった。

そもそも鳩山は、二〇〇八年七月八日の「民主党・沖縄ビジョン」[25]を背景として、二〇〇九年の衆院選前の七月一九日に、沖縄の集会で、民主党が政権を獲得した場合には、米軍普天間飛行場（同県宜野湾市）の移設に関し『最低でも県外』の方向」を明言していた。その姿勢が、マニフェストに反映されていたものとも考えられよう。鳩山は一〇月一六日に、普天間飛行場の移設の決定の時期に関して「二〇一〇年一月の名護市長選挙と県知事選挙の中間」ぐらいに結論を出す必要があることを述べた。さらに鳩山は、普天間の移設の早期決着に関して、オバマに、一一月一三日の日米首脳会談の席で自分が解決するので「トラスト・ミー（信用してくれ）」といったということも伝えられていた。一二月三日には「（二〇〇九年の）年内解決にこだわらない」旨を、一二月一五日には二〇一〇年の五月までに結論を出す方針を明らかにして、自らタイム・リミットを設定していった。この「二〇一〇年五月」というタイム・リミットは、二〇一〇年に年が改まった後も、一月四日の年頭の記者会見において述べられた。一月七日には「強い意志で臨む」という鳩山の姿勢が伝えられ、一月一五日には訪問していたダニエル・イノウエ米上院議員にも「五月までに結論」の方針を伝えるなど、再三にわたって表明された。

こうした鳩山の「二〇一〇年五月までに普天間飛行場の移設に関して日米合意を得る」という意向は、政治主導であり、必ずしも外務省の了解を得ていたものではなかった。この政治主導とは、いうなれば両刃の剣である。一方では、自らの意思を強く表明することはできるが、他方では、相手があり、それをコントロールする手段や自らの意思を支える体制がなければ、独善的な印象を与え、政策決定を実現へと導くことはできない。この今回の普天間飛行場の移設に関しては、外務省の強力なサポート、移設先の住民の了解などがなければ、そもそも日本政府がコントロールすることのできないアメリカ側の合意を引き出すことは難しいと考えられていた。

こうした中で、二〇一〇年一月二四日に名護市長選挙が行われた。普天間飛行場の移設先と考えられていたキャンプ・シュワブ沖の辺野古を抱える名護市長選挙では、当選する人間がどういった政策を持っているかは非常に重要な要素をはらんでいた。結果、移設反対派の稲嶺進が市長に当選することとなった。これによって、沖縄県内の辺野古への移設の場合、地元住民の合意を得ることは非常に困難な状況となった。また、翌月の二月二四日には、沖縄県議会で、普天間飛行場の県外ないし国外への移設を求める決議が全会一致で可決され、いよいよ地元沖縄県内で移設の了解を得ることは困難な状況になったことが明らかとなった。

鳩山は、こうした事態の展開を見ながら、三月三一日の国会における第二回目の自民党谷垣総裁との党首討論の中で、現行のアメリカ政府との合意による辺野古への移設とは異なる「腹案」を持っていることを示唆した。しかしながら、こうした辺野古以外への移設に関する実務者協議をアメリカ政府に打診したところ、四月九日の岡田克也外務大臣とジョン・ルース駐日アメリカ大使との会談の中で、アメリカ側からの協議入りが拒否され、四月一〇日には岡田外相から、五月までの実質的な日米合意を断念せざるを得ない旨が表明されることとなった。鳩山は事情説明のために、五月四日に総理就任後初めて沖縄を訪問し、仲井眞弘多沖縄県知事、稲嶺名護市長と会談し、普天間飛行場の一部の移設先が沖縄県内であることを述べて理解を求めたが、会談の後に、二〇〇九年七月一九日の自らの「最低でも県外」といった発言は民主党の「公約」ではないとする発言や、「知れば知るほど（沖縄に駐留する）海兵隊の抑止力は大きい」と理解したとする発言は、普天間基地の沖縄県外移設を求めてきた有権者に失望を与えるものであった。この沖縄という一地方の問題を解決できなかったことは、次に見るように、鳩山内閣の崩壊の直接の契機を作り出すこととなった。

思えば、民主党が政権交代選挙のマニフェストに記載した案件のうちで、最も実現が困難だと考えられていたのは、沖縄の普天間の問題であったことは明らかである。米軍基地問題は、国家安全保障に関わる問題、より具体的には日米安保条約などの国際的な争点に直接かかわる問題といえ、アメリカとの間での国際的な交渉が必要不可欠といえる政策的な問題であり、当然ながら困難が予想されるものであった。しかし、既に見たように、鳩山首相は、二〇一〇年の「五月末決着」を目指すことに再三言及し、県外移設を成し遂げるための「腹案」すらあるという発言をしていた。この問題の成否は、鳩山政権の政治生命を占うものとなっていった。

最終的に、五月二八日に日米両国政府は共同声明を発表し、普天間飛行場の移設は沖縄県内の辺野古を中心とするという現行案で行うことを明らかとした。社民党は二〇〇九年衆院選の際のマニフェストに「沖縄などの米軍基地の縮小・撤去をすすめます。普天間基地の閉鎖・返還を求め、辺野古への新基地建設など基地機能の強化に反対します」と記載していた経緯がある。(26) この鳩山の決定に反発した社民党は、鳩山内閣で消費者担当大臣を務めていた福島党首が五月二七日の閣議決定の署名を拒否し、鳩山は福島を罷免する事態となった。そこで、翌五月二九日に、福島党首が鳩山内閣からの連立離脱の意向を表明し、五月三〇日に、今後の対応について、社民党は全国幹事長会議を急遽召集し、検討するという運びとなった。この会議の席上で、社民党の政権離脱の意思が確認された。これにより、同日、社民党は正式に連立離脱を決定することとなった。民主党、国民新党、社民党の三党連立内閣は、八カ月半、二六〇日ほどで、その様相を変化させることとなった。

この社民党の政権離脱は、民主党に二つの意味で桎梏を与えるものであった。第一に、政権運営上の問題が生起する。社民党が政権から離脱することになっては、六月の通常国会の会期末に向けて審議されていた法案の成否が不透明になってしまうことがあった。社民党の抜けた連立与党は、衆議院では民主党だけでも三〇〇を超える議席を保持し、はるかに過半数を凌駕しているとはいえ、参議院では民主党、国民新党を合わせても過半数を少し超える程度の議席しか保持していない。そこで、郵政民営化などの民主党内でも異論の存在する法案の審議にあっては、参議院で造反者が出た場合、成立が難しくなってしまう。第二に、選挙戦略上の問題が生起する。民主党の小沢幹事長は、二〇一〇年七月に予定されていた参院選において、連立与党間での選挙協力を進め、お互いに票を上積みすることによって、野党や無所属の候補者に勝利するという方針で臨んでいた。そして、参議院でも安定的な政権運営ができるように、主に一人区の選挙区において、連立与党の他の候補者の存在しないところに民主党候補の当選者を増やすという戦略を立てていた。当然、これには連立を組む各政党の票、すなわち国民新党の支持者の票だけではなく、かつての五五年体制下では野党第一党であり、全国に二九〇万票ほど存在すると考えられている社民党票の協力によって、接戦を演じている選挙区における選挙戦を有利に展開したいとする思惑が込められていたのはいうまでもないことである。しかしながら、社民党の党首を罷免したうえでの政権離脱では、社民党票の上積みによる選挙戦における勝利という、民主党の「選挙の必勝方程式」も不透明にならざるを得なかった。

結果、こうした責任をとる形で、民主党の党内世論の高まりに抗しきれないかたちで、鳩山は首相の職を辞する決断をせざるを得なくなってしまった。直接的には、沖縄という一「地方」の問題が、一「国」の政治をつかさどる首相を辞任に追い込むといった新しい展開になったことは注目に値する。

もともと、民主党と国民新党、そして社民党という三党の連立によって形成されてきた鳩山内閣は、この展開によって、連立政権の一角を失うこととなってしまった。これにより、六月二日の民主党の臨時両院議員総会において、鳩山首相は、「政治とカネ」に関する疑惑、「普天間基地移設問題」の責任をとって正式に辞意を表明し、同様に小沢幹事長も辞任することとなった。

## 5　菅内閣の誕生——選挙管理のための緊急避難内閣

鳩山の辞任を受けて、民主党は代表選挙を行うこととなった。二〇一〇年六月四日に民主党の代表選挙は行われ、立候補を届け出たのは菅直人副総理兼財務大臣と樽床伸二衆議院環境委員長の二人だけであった。この二人の間で、午前一一時から国会内で開かれた両院議員総会において、党所属の国会議員による投票が行われた。民主党に所属する衆議院議員三〇七名、参議院議員一一六名のうち、投票を行ったのは四二二名で、開票の結果、菅が二九一票、樽床が一二九票、白票が二票となり、菅が民主党の新しい代表に選出された。菅は、政治とカネの問題から脱却し、クリーンな政治を標榜し、「強い経済、強い財政、強い社会保障」を訴え、小沢グループの支持する樽床をダブルスコアで破ることとなった。この投票行動において、民主党内の「グループ」と呼ばれる集団が代表決定において大きな力を持っており、それはかつての自民党の派閥に近似したものとなってきていることが理解されたのではないだろうか。

短期間で代表を決めなければいけない事態は、民主党にとって異例であった。しかしながら、民主党にはそうせざるを得ない理由があった。第一に、これまでのように、野党で時間をかけて代表戦を行うだけの余裕は、民主党の側にはなかった。民主党はすでに政権与党であり、民主党の代表が日本の首相になるのだから、民主党の代表が不在であることは、日本の首相が存在しないことを意味していた。そのため、政権与党の中心である民主党には、政権の空白を作らないためにも一刻の猶予も許されなかった。第二に、七月には参院選が予定されていた。もちろん、参院選の正確な日付はいまだ決まってはいないものの、翌月に迫っていた国政選挙で、政権交代した民主党を中心とした政権を信任してもらうためには、一刻も早く選挙に臨む体制を作り上げることが必要とされていた。政権交代したその成否に対する国民の審判を全国的に初めて受ける、まさに「政権交代」をどうとらえるかに対する分水嶺になることは明白であった。そのために、選挙の準備を急ピッチで行わなければならず、選挙の顔を早急に決める必要があった。

そこで民主党は、緊急避難的に短期間で、菅を代表として選ぶこととなった。かつて菅は薬害エイズ問題で大きな役割を演じ、知名度が高く、クリーンなイメージで国民的人気も高く、選挙管理のための代表としてうってつけであると考えられたのであった。

同日六月四日の午後に開かれた衆参両院本会議において、新たな首相が選出される手はずとなっていた。これに先立って鳩山内閣は総辞職し、午後二時から、まず衆議院本会議で首相指名選挙が行われることとなった。衆議院本会議での記名投票は、民主党の菅が三一三票、自民党の谷垣総裁が一一六票、公明党の山口那津男代表が二一票、共産党の志位和夫委員長が九票、社民党の福島党首が七票、みんなの党の渡辺喜美代表が五票、「たちあがれ日本」の平沼赳夫代表が五票、新党改革の舛添要一代表が一票という結果となった。

続いて、参議院本会議でも首相指名選挙が行われ、民主党の菅が一二三票、自民党の谷垣が七一票、公明党の山口が二一票、共産党の志位が七票、社民党の福島が六票、新党改革の舛添が六票、「たちあがれ日本」の平沼が二票、みんなの党の渡辺が一票という結果となった。この衆参の本会議の投票結果を受けて、菅が第九四代の総理大臣に選出された。

しかしながら、菅内閣の船出は必ずしも波穏やかかといったものではないことが、この投票結果から予想された。自民党、公明党、共産党といった明確な野党のみならず、新党でもみんなの党、さらには鳩山政権下で形成された「たちあがれ日本」、新党改革も、菅政権の形成の時点では野党的なスタンスをとっていることが、投票によって明確となったのであった。さらに、前回の鳩山の首相指名選挙においては民主党代表に投票した社民党が、野党としての姿勢を明らかにしたことも、菅内閣の将来に対して暗い影を投げかけるものであった。というのも、政権交代選挙となった二〇〇九年衆院選においては、国民新党のみならず、社民党とも選挙協力することで、民主党は票を上乗せし、政権交代への道筋をつけた側面もあったといわれていたからである。この首相指名選挙は、きたる参院選においては、政権交代選挙と呼ばれた二〇〇九年の衆院選におけるものとは異なり、民主党と社民党が選挙協力を行うことは難しいことを予示するものといえる結果となっていたのであった。

菅は、二〇一〇年六月八日に皇居で認証式を行い、正式に首相の任に就くこととなった。就任後に菅は、政治の役割とは「最小不幸の社会」の実現であると述べ、「日本の経済の立て直し、財政の立て直し、社会保障の建て直し」、つまり、「強い経済と強い財政と強い社会保障を一体として実現」することであると述べた。そのなかで、「財政の建て直し」に関して述べ、日本の財政が悪化した原因を、「端的にいえばこの二〇年間、税金が上げられないから、借金」で賄おうとしたことだとした。これは、将来の増税を想起させる表現であったといえよう。また、自らを「普通のサラリーマンの息子」、「草の根から生まれた政治家」と述べ、それ以前の鳩山、あるいはその前の麻生といった「二世議員」とは異なることを訴え、自らの内閣を「奇兵隊内閣」と名付け、これまでの政権交代後の民主党のマイナスイメージを払拭しようと努めていた(27)。

国民的に知名度が高く、クリーンなイメージを持っていた菅を首相とする内閣の誕生は、これまで政策的に手詰まりになっていた民主党を中心とする連立政権の状況を、一瞬人々の脳裏から消し去ることに成功した。就任当初の菅内閣の支持率は高いものとなった。これには、脱小沢路線を掲げることで、これまでの政権とは異なるというねらいが、うまく受け入れられていたことが挙げられよう。菅は六月三日に小沢前幹事長に「しばらくは静かにしていただいたほうがいいのではないか」と痛烈な批判を行い、また組閣を行った六月八日の菅内閣の顔ぶれは、脱小沢を強く意識させるものであった。これにより、これまでの民主党に対する「政治とカネ」「普天間基地移転」の問題のマイナスイメージを「鳩山・小沢」に押し付け、新たな民主党のイメージを作り出すことを意図しており、そのことはある程度成功したといえよう。その象徴は、事業仕分けで存在感を放った、蓮舫の入閣であった。蓮舫は行政刷新担当大臣として入閣した。また、仙石由人官房長官、枝野幸男幹事長、また鳩山政権で廃止されていた党政策調査会の復活と玄葉光一郎政調会長（公務員制度改革担当大臣）など、小沢と一定の距離を保ってきた政治家の重用は、新しい民主党のイメージを打ち出すのに十分であったといえよう。実に、鳩山内閣の最後の支持率は軒並み二〇％程度であったのに対し、菅内閣の当初の支持率は六〇％ほどにもなったことが伝えられた。

この序章の冒頭での菅の発言、「政治とカネ」「普天間基地の移設」に関する終了宣言は、そうした自信の現れであったと見ることが出来よう。しかしながら、これらの問題は必ずしも決着したわけではなかった。しかし、新たな「政権の顔」を得、「選挙の顔」を得た民主党は、新内閣成立後の支持率の高いうちに選挙を行うために早期の選挙日程を模索することとなった。そこで、六月二四日公示、七月一一日投票という方向で、組閣直後の六月九日には最終調整に入ることが伝えられたが、これは、国民新党が求めている「郵政民営化の見直し」を主題とする郵政改革法案を先送りし、今国会での成立を見送ることを意味していた。結局六月一〇日に民主党は、郵政改革法案の成立を見送ることを決定し、投票日を七月一一日に決定した。これに連立を組む国民新党は反発、六月一一日に、郵政・金融担当大臣であった国民新党代表の亀井は辞任した。しかし、国民新党は連立から離脱はせず、後任には国民新党の自見庄三郎幹事長が就くこととなった。そもそも菅政権発足時の連立合意では「郵政改革法案の速やかな成立を期す」とあったが、結局、その政策合意は参院選の前には実現されないことになった。菅政権成立直後の閣僚辞任は、政権にまったくダメージを与えないというものではなかったといえよう。

民主党連立政権は、政権交代後、初めての国政選挙である参院選までに、結局は、「普天間基地の移転」を求めた社民党との政策合意、「郵政民営化の見直し」を求めた国民新党との政策合意といった、当初の連立政権樹立時の政策を実現することができず、福島、亀井の両党首を内閣から失うこととなった。これは政策中心のマニフェスト選挙を標榜し、政権交代を勝ち得た民主党の政策的な実行能力に疑問を呈するものともいえたが、このことは、菅新政権誕生の期待感の中で、それほど大きくはとらえられなかった。

## 6 消費税発言のインパクトと「不可避な選挙」としての参院選

こうした新政権成立直後の菅政権への国民の期待感に、菅首相自らが水を浴びせる事件が、参院選公示直前になって起こった。菅首相の「消費税一〇%」発言である。

六月一七日に、民主党は来る参院選に向けて、「マニフェスト」を発表した（図序-1）。この発表に当たって、菅は会見で、現行では五%である消費税の増税について触れ、税率については「自民党が提案している一〇%という数字を一つの参考」にして、二〇一〇年度内に消費税に関する改革案をまとめる意向を示した。

この菅の発言は、それまでの菅新政権に対する国民の期待、幻想を吹き飛ばしてしまうのに十分なインパクトがあった。これは菅首相がこれまで掲げてきた、「強い経済、強い財政、強い社会保障」の実現のための「第三の道」政策の一環であるという説明であった(28)。二〇一〇年度内の改革案の取りまとめ

**図序-1**　民主党と自民党のマニフェスト

のために超党派での幅広い合意を目指し、超党派での合意ができない場合には「民主党が中心」となって取りまとめることを明言した。これでは、「民主党が中心となって一〇%の消費税増税を行う」ことを推進していると、有権者に明らかにしているのと同じではないかという解釈も成り立つ。

この菅首相の発言について、民主党は軌道修正せざるを得ないこととなった。仙石官房長官は六月二八日に記者会見で、「しっかり議論をしよう」ということを菅が述べているという発言を行ったし、菅自身もその後の選挙戦で、議論を超党派で「呼びかける」といったことを強調することとなった。

しかしながら、参院選を前にして、民主党の支持率は、「消費税一〇%増税」発言を契機として急落することとなった。そこで参院選は、民主党と国民新党の連立与党がどれほどの議席を確保できるかが焦点となった。民主党の二〇一〇年参院選の改選議席は五四議席である。民主党が参議院でも単独過半数を確保するには、来る参院選で六〇議席以上獲得する必要があった。この場合には、一九八九年以来二一年ぶりに衆参両院で単一の政党が過半数を確保する体制となる。また、最低でも連立与党が安定的な政権運営を行うためには、過半数を維持できるかどうかが注目されていた。ここで連立与党が過半数を維持できなければ、かつての自公政権下で現実のものとなった「ねじれ国会」が、政権交代後、攻守を換えて再現される事態を招くことが予想された。そこで、ねじれ国会を招来しないためには、民主党と国民新党合わせて選挙の結果五六議席以上を確保できるかどうかがその政権の命運を左右することとなった。

参院選は、三年ごとに定期的に行われる。この選挙は、通例、与党が解散によって任意に選挙の日程を決定することのできる衆院選とは異なる。すなわち、参院選は、選挙の年度、日時を大きく動かすことはできない選挙である。そのため、必ずしも内閣の支持率が高くないときであっても、必然的に選挙は行われ、衆院選のように政権の都合によって選挙の時期を任意に決定し、任期の期限を大幅にずらすことは不可能になっている。そこで、参院選は、一九九八年の自民党の橋本龍太郎首相の例を挙げるまでもなく、前回二〇〇七年の参院選においても、安倍晋三首相率いる自民党は大敗し、政権を手放すきっかけとなってきた。そこで、この選挙が菅内閣にとって持つ意味は大きいものといえた。この参院選は、与党民主党だけではなく、最大野党でかつての政権政党であった自民党にとっても、「政権奪還」への道筋をつける意味でも重要であった。自民党の谷垣総裁は、連立与党を過半数割れに出来なければ「責任を取る」と明言していた。また、二九の選挙区選挙における改選定数一の「一人区」で、与党の候補者が当選するか、野党の候補者が当選するか、さらには改選定数二の「二人区」などの複数区において擁立された「二人目の民主党」候補がどういったパフォーマンスを見せるかが、議席獲得における焦点となった。

いずれにしても、「消費税一〇％増税」発言の逆風の中で、政権与党は選挙へ進んでいくこととなった。この参院選は、政権発足後三四日目に投票が行われるという異例の選挙であった。また、参院選を目前にして、多くの新党が形成されたことも類のない事態だった。これら新党は、自民党を中心とした勢力から、民主党を中心とした勢力への、政権交代に対する不満の発露と解釈することもできるのではないだろうか。また、こうした新党が、日本政治の中で「持続可能な（viable）」政党へと成長することができるかどうかも、注目される選挙でもあった。

そして、二〇一〇年七月一一日、ついに参院選の投票日を迎えることとなった。

註

(1)『政権交代。──民主党の政権政策 Manifesto』民主党、二〇〇九年、三頁。
(2) 同前。
(3) 同前、一六頁。
(4) 構想日本によれば、事業仕分けは二〇〇二年から行っているという。http://www.kosonippon.org/project/list.php?m_category_cd=16
(5) 同前。
(6) 前掲『政権交代。──民主党の政権政策 Manifesto』三頁。
(7) 同前、一二〜一三頁。
(8) 同前、一二頁。もちろん、マニフェストには、地域主権と関連させ、「地域社会を活性化するため、郵政事業を抜本的に見直します」という、連立を組むことを予想していた、地方の郵便局に地盤のある国民新党への配慮も存在する。

（9）同前、一九頁。

（10）『地域主権戦略大綱』内閣府、二〇一〇年、一頁。http://www.cao.go.jp/chiiki-shuken/doc/100622taiko01.pdf

（11）同前。

（12）同前。

（13）同前、二頁。

（14）http://www.nippon-soushin.jp/manifesto/introduction.html

（15）同前。

（16）無党派知事の地方政治に及ぼす影響の事例に関しては、白鳥浩「『無党派知事』の挑戦」白鳥浩『都市対地方の日本政治』芦書房、二〇〇九年、一九五〜二二二頁。

（17）こうした橋下の動きは、後に名古屋の市長の河村たかしを中心として結成される「減税日本」などの地域政党の動きに対して呼び水となるものであった。

（18）http://oneosaka.jp

（19）http://oneosaka.jp/about

（20）http://oneosaka.jp/policy

（21）オバマ大統領が主催した、核安全保障サミットにおける鳩山は、ネガティブな評価を受けることとなった。原文は次のとおりである。

"By far the biggest loser of the extravaganza was the hapless and (in the opinion of some Obama administration officials) increasingly loopy Japanese Prime Minister Yukio Hatoyama." さらに、"A rich man's son, Hatoyama has impressed Obama administration officials with his unreliability on a major issue dividing Japan and the United States : the future of a Marine Corps air station in Okinawa. Hatoyama promised Obama twice that he'd solve the issue. According to a long-standing agreement with Japan, the Futenma air base is supposed to be moved to an isolated part of Okinawa. (It now sits in the middle of a city of more than 80,000.) But Hatoyama's party, the Democratic Party of Japan, said it wanted to reexamine the agreement and to propose a different plan. It is supposed to do that by May. So far, nothing has come in over the transom. Uh, Yukio, you're supposed to be an ally, remember? Saved you countless billions with that expensive U.S. nuclear umbrella?" と続く。そのトーンは、全体として鳩山にとってはネガティブなものとなっている。Al Kamen, "Among the Leaders at Summit, Hu's First," Washington Post, April 14, 2010. (http://www.washingtonpost.com/wp-dyn/content/article/2010/04/13/AR2010041304461.html)

（22）同前。

（23）前掲『政権交代。——民主党の政権政策Manifesto』一四～一五頁。

（24）同前、二二頁。

（25）「沖縄ビジョン二〇〇八」http://www.dpj.or.jp/news/files/okinawa(2).pdf

（26）『Manifesto——衆議院選挙公約　二〇〇九（総合版）』社民党、二〇〇九年、三〇頁。http://www5.sdp.or.jp/policy/policy/election/images/manifestopdf2.pdf

（27）マニフェストには「とことんクリーンな民主党へ」といった文字が躍る。「民主党の政権政策Manifesto2010」民主党二〇一〇年参院選『元気な日本を復活させる。——Manifesto 民主党の政権政策』民主党、二〇一〇年、三～四頁。http://www.dpj.or.jp/news/files/kansouri_kaiken0608.pdf

（28）菅は「強い経済、強い財政、強い社会保障」の実現のために、「第一の道」である高度成長期に自民党の行っていた公共事業中心の経済政策、「第二の道」である小泉純一郎政権期に見られた、偏った市場原理主義といった二つのものとは異なる「第三の道」を標榜する。この第三の道とは「過度に財政に寄りかかった手法でもなく、過度に競争に寄りかかった手法でもない、経済、財政、社会保障を一体として捉える経済政策」をいうとする。前掲「民主党の政権政策Manifesto2010」、二頁。http://www.dpj.or.jp/news/files/kansouri_kaiken0608.pdf

# 第Ⅰ部　組織の変容

懸命に支持を訴える候補者（毎日新聞社提供）

# 第1章　新党の挑戦
## ——東京都選挙区、静岡県選挙区——

白鳥　浩

後に「衆参ねじれ選挙」と呼ばれることとなる二〇一〇年の参院選の特徴の一つは、新党のエラプション（爆発）であったといえよう。

そこで本章では、ほとんどすべての新党が選挙区に候補者を擁立して選挙戦を戦った東京選挙区、および新党候補が台風の目と考えられていた静岡選挙区を中心として、今回の選挙における新党の位置、およびその帰結の差異を、特に「みんなの党」候補に焦点を絞って、比較しながら考察したい。

定数の多い都市型選挙区と考えられる東京選挙区においては、みんなの党候補者（松田公太）が当選し（同様に都市型の神奈川、千葉選挙区においても新党候補者が当選）、定数の少ない地方型選挙区寄りと考えられる静岡選挙区においては、みんなの党候補者（河合純一）は落選するという結果となった。

この結果は何を意味するのか。特に選挙の結果を政党についての理論との観点で分析することを試みる。

第一に、今回台風の目となった「みんなの党」候補に焦点を当てることで、東京、静岡の各選挙区において、参院選の帰結としてねじれ国会を導くに至ったそれぞれの選挙区の民意（地盤の側面）の意味を、政党論の観点から解明したい。

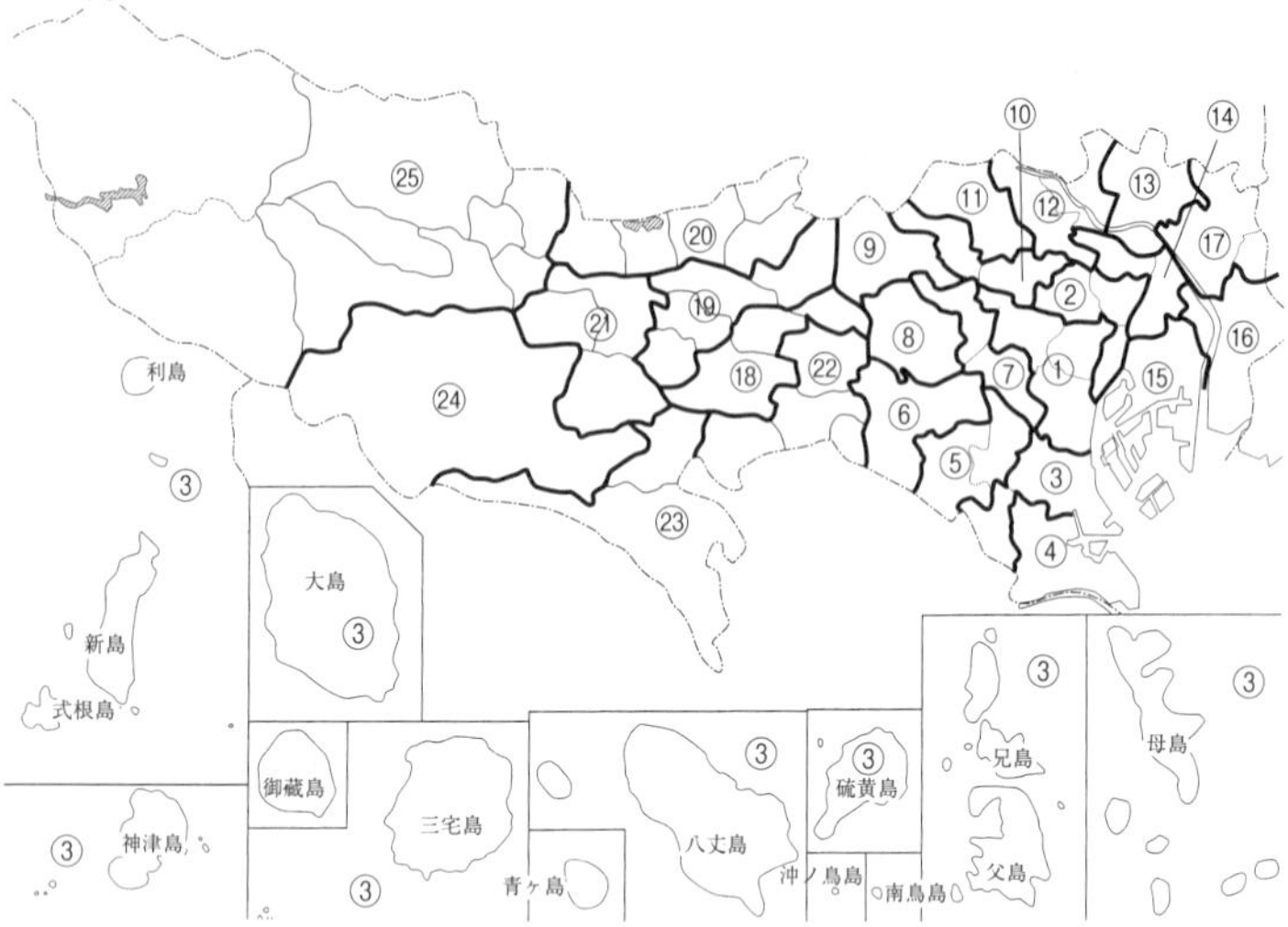


図1-1　衆議院小選挙区（東京都）

注：参院選挙区は全県一区だが、本書では参考までに衆院選選挙区割を掲げる。

図1-2　衆議院小選挙区（静岡県）

**表1－1　東京都選挙区選挙結果**

| 東京都選挙区　改選：5 | | | | | | | | |
|---|---|---|---|---|---|---|---|---|
| | 得票数 | 氏名 | 年齢 | 党派 | 推薦 | 新旧 | 当選回数 | 代表的肩書 |
| 当 | 1,710,734 | 蓮　舫 | 42 | 民 | | 現 | 2 | 行政刷新相 |
| 当 | 806,862 | 竹谷　とし子 | 40 | 公 | | 新 | 1 | 公認会計士 |
| 当 | 711,171 | 中川　雅治 | 63 | 自 | | 現 | 2 | (元)環境次官 |
| 当 | 696,672 | 小川　敏夫 | 62 | 民 | | 現 | 3 | 党国民運動委長 |
| 当 | 656,029 | 松田　公太 | 41 | み | | 新 | 1 | (元)飲食会社社長 |
| | 552,187 | 小池　晃 | 50 | 共 | | 現 | | 党政策委員長 |
| | 299,343 | 東海　由紀子 | 42 | 自 | | 新 | | (元)キャスター |
| | 200,692 | 山田　宏 | 52 | 諸 | | 新 | | 日本創新党党首 |
| | 120,023 | 小倉　麻子 | 31 | た | | 新 | | 弁護士 |
| | 95,685 | 森原　秀樹 | 37 | 社 | | 新 | | (元)衆院議員秘書 |
| | 79,828 | 海治　広太郎 | 49 | 改 | | 新 | | 翻訳家 |
| | 53,948 | 江木　佐織 | 57 | 国 | | 新 | | 社団法人理事 |
| | 45,405 | 石原　結實 | 61 | 無 | | 新 | | 内科医師 |
| | 16,340 | 田中　博子 | 58 | 無 | | 新 | | 写真家 |
| | 10,496 | 矢内　筆勝 | 48 | 諸 | | 新 | | 幸福実現党役員 |
| | 8,677 | 小川　昇志 | 44 | 無 | | 新 | | 経営指導業 |
| | 7,599 | マック　赤坂 | 61 | 諸 | | 新 | | スマイル党総裁 |
| | 5,889 | 松本　実 | 63 | 無 | | 新 | | 保険代理会社長 |
| | 5,636 | 沢田　哲夫 | 79 | 無 | | 新 | | 印刷会社社長 |
| | 4,900 | 又吉　光雄 | 66 | 諸 | | 新 | | 政治団体代表 |
| | 3,662 | 佐野　秀光 | 39 | 諸 | | 新 | | 新党本質代表 |
| | 2,280 | 姫治　けんじ | 58 | 諸 | | 新 | | 政治団体代表 |
| | 1,893 | 和合　秀典 | 68 | 諸 | | 新 | | 政治団体代表 |
| | 1,816 | 阪　彰敏 | 61 | 諸 | | 新 | | あきつ新党代表 |

出所：総務省ホームページより作成。

**表1－2　静岡県選挙区選挙結果**

| 静岡県選挙区　改選：1 | | | | | | | | |
|---|---|---|---|---|---|---|---|---|
| | 得票数 | 氏名 | 年齢 | 党派 | 推薦 | 新旧 | 当選回数 | 代表的肩書 |
| 当 | 554,459 | 岩井　茂樹 | 42 | 自 | | 新 | 1 | (元)参院議員秘書 |
| 当 | 485,507 | 藤本　祐司 | 53 | 民 | 国 | 現 | 2 | 国土交通政務官 |
| | 359,983 | 河合　純一 | 35 | み | | 新 | | (元)中学校教諭 |
| | 206,870 | 中本　奈緒子 | 31 | 民 | 国 | 新 | | 化学会社社員 |
| | 94,416 | 渡辺　浩美 | 49 | 共 | | 新 | | 党県書記長 |
| | 17,633 | 中野　雄太 | 36 | 諸 | | 新 | | 幸福実現党員 |

出所：総務省ホームページより作成。

第二に、それとの関連で、今回出現することとなった新党のプロフィールを、東京選挙区における候補を視野に入れながら政党論の中で位置づける試みを行い、日本のデモクラシーにおける新党の意味を明らかにしたい。

## 1　参院選の位相

二〇一〇年七月一一日に、第二二回参院選が行われた。これは、参議院議員の任期満了に伴う通常選挙であった。参議院議員は制度上、任期が六年であり、三年ごとに半数を改選する。日本政治の中で参議院は、民意の反映たる「国民代表」として位置づけられてきた衆議院と比べ、戦後は長く「良識の府」である独立した「第二院」として位置づけられてきた。こうした参議院は、政党の党利党略に走りやすいと考えられた衆議院の行動を大所高所から牽制し、党利党略に走らない「良識の府」としての役割を期待され、制度的にデザインされたとされる。具体的には、政策的に衆議院が暴走する場合に、歯止めをかけることが考えられていた。

戦後政治を振り返れば、参議院の中に政党政治とは一線を画す緑風会という会派が形成されていたのは、こうした制度設計者の意図を汲んだものということができよう。しかしながら現実には、参議院は、戦後政治史の中では五五年体制の終焉までに、主に選挙における利便性の面から参議院議員の政党化が進行し、「衆議院のカーボンコピー」といわれるほど、衆議院に対して従属的な「第二院」としての地位に甘んじることが多かったと考えられる。こうした参議院の現状を否定的に評価して、参議院不要論も、しばしば唱えられたのである。

しかしながら参議院は、政党化し、従属的で、人によっては不要な「第二院」としてしか存立し得ない存在であったのだろうか。筆者は、必ずしもそうではないと考える。参議院は、衆議院とは異なる選挙制度を持っており、おのずと異なる性格を有していたのであった。

第一に、かつては全国区があり、多くの著名人が議席を確保していた。この選挙制度は、候補者に対する「人気投票」であり、また莫大な選挙資金がかかる欠点を指摘されていた。そこで、全国区への批判から、新たに参議院では、比例代表制の選挙制度を一九八〇年代に導入することとなった。衆議院は中選挙区制度のみであり、参議院は地方区選挙と、比例代表の選挙制度の二本立てという、選挙制度を採用することとなった。かつては全国区、そして後には比例代表を導入したという、この選挙制度の違いから、伝統的に参議院では小政党であっても議席を保持できるという特徴を持つようになった。また、多くの新しい政党は、初めて政治のアリーナに参入するときには、必ずしも大規模な選挙を行えるわけではないのが通例である。一般に、国政への参入障壁はきわめて高いと考えられる。しかし、小政党であっても議席を保持しやすいという参議院の性格が、国政への参入障壁を低め、それによって日本の国政に、ある一定のダイナミズムを与えてきたことを見逃してはならない。例えば、この選挙制度の恩恵を受けて、五五年体制下では、古くは一九六〇年代の公明政治連盟、一九八〇年代にはサラリーマン新党、スポーツ平和党、一九九〇年代には日本新党などの新政党が、硬直しがちな日本の政治に新しい風を吹き込んできたのではないだろうか。参院選においてこうした新党が、既存政党とは異なる政策的なインプットを、ひとり国政のみならず、全体としての日本の政治に与えてきた側面を評価すべきではないだろうか。また、現在の参院選の比例代表選挙においても衆院選との違いは存在し、衆院選では認められている重複立候補制度が、参議院では認められていない。そのため、衆院選の比例代表選挙では、惜敗率によって小選挙区で落選した候補が当選することが多いために、比例区単独の候補者は、名簿の順位が上でなければ、なかなか当選はできない。ところが、参院選においては、ある程度の支持集団を集められる比例区単独の候補が非拘束名簿式の恩恵もあり、当選しやすいといわれている。そこで、ますます政治への参入のハードルは、衆院選と比較して参院選のほうが低いということが考えられよう。

第二に、選挙区選挙である。かつては地方区と呼ばれたこの選挙制度は、衆院選の一人区に比べれば、複数の定数を選択するため、国政への参入障壁は低いものとなっている。もちろん、一人の当選者を選出する改選議席一の一人区は存在はするものの、多くは一つの選挙区から複数の当選者を選出するという、かつての中選挙区に似た選挙制度を持っている。それによって、ある一定の支持者を獲得さえできれば、複数区の選挙区においては、小政党の候補者であっても当選する可能性がある。これによっても、当選者の多い選挙区にあっては、新党などの小政党が選挙に候補者を立てる十分なインセンティブとなり、国政への参入のためのハードルはかなり低いものとなると考えられよう。もちろん、当選議席の多い選挙区においては当選者の数も多いのではあるが、それにも増して、小政党を含めた各種政党からの候補者が乱立する状況を招く可能性があることが予想されもするのである。これも、参院選が衆院選と比較すると参入へのハードルが低いゆえんであろう。

このように、参院選への参入のハードルが低いということは、どういった影響を二〇一〇年参院選に与えていたのであろうか。

## 2　新党の形成——「政権交代」の激動と「政権与党民主党」への反動

二〇一〇年参院選のひとつの特徴は、多くの新党が初めて参院選に挑戦したことである。以下で、今回初めて参院選に挑戦することとなった政党のプロフィールを検討しよう。

## みんなの党

みんなの党は、二〇〇九年八月八日に結党された。この節で取り上げる他の新党と異なり、この政党は、これまでに政党として同じ代表の下で、国政選挙を戦ったことがあるという特徴がある。この政党は、代表である渡辺喜美の設立した「国民運動体」としての「日本の夜明け」を前身とする。渡辺喜美は自民党に所属していたが、二〇〇九年当時の自公連立による麻生太郎政権に対して、公務員制度改革が十分ではないと批判し、自民党を一月一三日に離党した。渡辺は『日本の夜明け』を、政党ではない、国民的な大きな動きを導く「国民運動体」と定義していたが、後に「政権交代選挙」といわれることとなる二〇〇九年衆院選に際して、衆議院の解散された直後に選挙のために、「政党」として選挙に臨むこととなった。この政党の立ち上げには、渡辺のほか、浅尾慶一郎、江田憲司、広津素子、山内康一が参加して結党されることとなった。

みんなの党はその結党宣言において、自公政権からの政権交代は要求するものの、「我々は、特定の業界や労働組合に依存することなく、一人ひとりの国民に根ざした政党、『みんなの党』を結成することとした」とし、業界とのつながりの深い自民党や、労働組合とのつながりの深い民主党を批判し、自民党のみならず、政権交代の立役者となった民主党をも批判していた。[1]さらに「我々『みんなの党』は、今の〔二〇〇九年の——筆者注〕『政党政治』は『ニセモノの政党政治』だと考えている」と述べ、既存政党による政党政治をも否定的に考えていることを明らかにし、自民党や民主党のみならず、みんなの党結党以前に形成されていたすべての既存政党とは一線を画すことを唱えていた。[2]このようにみんなの党は、必ずしも二〇一〇年参院選を目的として結党されたものではない。しかしながら、結党されてから参院選までに一年弱が経過し、二度目の国政選挙である参院選に向かって候補者を擁立し、時間をかけて政策を熟慮するなど、十分な準備ができたという点では、他の新党とは異なる点であったといえる。

イデオロギー的には、公務員制度改革による小さな政府の実現という「新自由主義」（ネオ・リベラル）的な立場を代表する政党といえよう。

## たちあがれ日本

たちあがれ日本は、二〇一〇年四月一〇日に結党された。この政党の結成は、平沼赳夫が、二〇〇五年の小泉純一郎首相時代の郵政民営化改革に反対し、自民党から離党せざるを得なくなったことに遠因がある。小泉政権は、自民党を政策的に新自由主義政党へと純化しようとしていた[3]。しかしながら、自民党は五五年体制下では、政権与党としてオットー・キルヒハイマー（Otto Kirchheimer）のいう「キャッチ・オール・パーティー」（catch all party）として、多様な利益を代弁する議員によって構成されてきた。小泉政権は、新自由主義的な政策を提起し、その政策の諾否によって、政策指向の「新しい自民党」へと党の体質を変容させることを試みたのであった。郵政民営化改革こそは、小泉政権のひとつの試金石であった。そうした新自由主義的政策に必ずしも同調できない保守主義的な議員は、郵政民営化改革を機に離党を余儀なくされた。ここに五五年体制下では区分されることのなかった、日本における「保守主義」と「自由主義」が乖離することとなったのである[4]。

平沼は他のいわゆる「郵政造反議員」が、二〇〇五年の離党直後に、国民新党や、新党日本などの新党を立ち上げたときには参加しなかった。さらに安倍晋三に政権担当者が移って以降も、無所属を続けていた他の「郵政造反議員」が自民党に復党するのを見ながら、自らは自民党に復党せずに無所属を貫き「保守主義」の政治家としての立場を堅持し、政界再編の機会をうかがっていた。この平沼と、二〇一〇年の参院選において、民主党の単独過半数を阻止するべく自民党を離党した与謝野馨が中心となって、新党である「たちあがれ日本」が結党されることとなった。

新党の代表には平沼が就き、「たちあがれ日本」という政党名は石原慎太郎東京都知事の命名であった。そうした点からも非常に保守色が強い政党という印象を有権者に与えることとなった。結党にあたっての発起人としては、平沼、与謝野、石原のほか、園田博之、藤井孝男、中川義雄が名を連ねていた。しかしながら、郵政民営化に反対し自民党を離党した代表である平沼と、自民党時代は郵政民営化を推進した与謝野が共同代表に就いたという点だけを見ても、当初からこの政党の政策的な統一性は不安視されるものであった。また、この政党は参加者の平均年齢が非常に高いことから、四月七日の新党の名称発表について他の政党の反応として、みんなの党の渡辺喜美代表から「たちがれ（立ち枯れ）日本」と揶揄されるなど、必ずしも好意的なものではなかった。

この政党の基本的な立場はその政党綱領に明らかにされている。「たちあがれ日本」の綱領は「1．わが党は、誇りある日本の文化と伝統、豊かな自然に育まれた国土と環境、国民の生命・財産を守り、国際社会の一員としての責任を果たすため、自主憲法制定を目指す」と述べ、さらに「6．わが党は、一人ひとりの国民が国際社会で通用する道徳観と教養を身につけ、希望を持って働き、国や地域や家族を愛し、豊かな人生を得るための教育の振興を目指す」としている。この「自主憲法制定」と、「国や地域や家族を愛す」[5]という保守主義的な表現にこそ、たちあがれ日本の基本的な立場が表れているのではないだろうか。

### 日本創新党

日本創新党は、二〇一〇年四月一八日に結党された。この政党は、松下政経塾の中心人物であった上甲晃が代表を務め、松下政経塾出身で杉並区長であった山田宏、同じく松下政経塾出身で横浜市長であった中田宏などが中心となり主導的な役割を果たしていた「よい国つくろう！　日本志民会議」という集団を発展させる形で結党された。この党には、賛同者としては、主に地方自治体の首長や議員が所属しており、結党の時点では国会議員は存在しなかった。その意味では、現在の日本の政党助成金を受け取るための政党要件を満たしてはいないが、理論的には「政党」として理解される団体である[6]。

結党にあたって党首には山田、代表幹事には中田、政策委員長には山形県知事であった斎藤弘が就任することとなった。そして四月一八日の立党宣言では、「国家の自立」「地方の自立」「国民の自立」を基本目標とする立場を明らかにした[7]。この政党は地方の政治、行政経験を経たものが多いということにより注目を集めることとなった。こうした地方政治の経験は、日本創新党の基本政策「日本〝九〟済策」の中で「地方を元気にする」として明らかにされている[8]。さらに、この政党は、参加している人間が、必ずしもすべて松下政経塾出身というわけではなかったが、上甲、山田、中田などの中心人物のイメージから、松下政経塾のカラーが強いことを指摘する声も上がったのであった。

この政党の基本的なスタンスは、結党と同時に発表された「わが党の誓い」に明らかである。「一、われわれは、日本の命運を拓き、日本国民の自由と反映と幸福を増進する、崇高な国家経営を実現する」、「一、われわれは、日本の歴史と文明を尊重し、誇りをもってその天分を活かし、世界の平和実現と諸課題解決の先頭に立つ」とされるとともに[9]、政策としては「小さくて賢い政府」を標榜するなど、政党の新保守主義的な位置を明らかにしている[10]。この政党のこうした保守的で政治的な立場は、参院選に向かって保守系のグループによる「日本を救うネットワーク（救国ネット）」を、自民党の安倍が代表を務める超党派の創生「日本」、たちあがれ日本とともに、参院選の直前の六月一〇日に結成し、「打倒民主党宣言」を発表するなど、保守の連携を模索する活動を行うことにも表れていた[11]。後の六月二二日には一部の選挙区選挙において、たちあがれ日本と参院選に対して推薦を行う選挙協力をすることとなり、選挙後の統一会派結成を視野に選挙戦に臨む姿勢を見せた。

こうして、従来の政党よりも、地方行政の行政改革の実績に基づき、国家改革を標榜し、国民を論ずるといった、より明確に新保守主義的な立場を強調している点がこの政党の特徴といえるだろう。

## 新党改革

新党改革は、二〇一〇年四月二三日に、二〇〇八年八月二九日に結成された改革クラブが名称変更したものと考えられるが、実質的には全くの新党として形成されたという見方も可能かもしれない。新党改革の前身となった改革クラブは、郵政民営化改革に反対して自民党を離党し、新党日本に参加した後に田中康夫代表と対立して再び新党日本も離党した荒井広幸や、民主党から離党した渡辺秀央などによって形成された。

改革クラブは、政党助成金を受け取れる政党要件を満たすことが当初の目標であった。民主党内で小沢一郎代表の党運営に不満を持っていた渡辺秀央、大江康弘、そして、参議院から無所属であった松下新平、荒井といった四名で結成されたため、政党要件である「五人の国会議員」を集めることは、結党当初は達成できなかった。これが達成できたのは、無所属の西村眞悟が参加することになった、結党後一月ほど経った九月二四日であった。また、結党直後の九月一日には福田康夫首相の辞意表明もあり、この新党の結成のインパクトを有権者に印象づけることもできなかった。さらにまた、改革クラブは必ずしも何らかの事件などの契機があったわけではなかったため、結党の必然性を疑問視され、当初から、「理念なき数合わせのための政党」という批判を受け、逆風の中での船出であった。

そしてこの改革クラブは当初から、自民党に非常に近い立場をとっており、二〇〇八年九月の麻生政権成立の際の内閣総理大臣指名選挙では、参議院の改革クラブの議員は麻生に投票するなどしたことにもその姿勢は明らかであった。さらに二〇〇九年衆院選の政権交代選挙の際には、麻生政権の継続を訴え、「自民党の別働隊」と揶揄されながらも、自公政権の政権維持のための補完勢力を、選挙結果によっては構築することを試みた。しかし、西村の落選に伴って衆議院の議席を失い、一〇月一六日に衆議院の中村喜四郎が入党するまで再び政党要件を喪失することとなるなど、常に政党助成金の交付を受けるための政党要件を獲得することが、組織としての問題点として存在し続けたのであった。

そこで、国会議員の数を集めることに苦労した経験から、政党助成金の交付を受ける政党として存続するためには、第一のオプションである国会議員の数を集めることもさることながら、国会議員の数に頼らない、得票による政党要件の充足を求める第二のオプションも模索することとなった。ここで、党としては個人ベースで大量の票を獲得できる目玉となる代表を待望する素地が存在した。そうしたなかで、改革クラブにとって、自民党の舛添要一は理想的な代表と映った。舛添は東京大学助教授を経てメディアなどで活躍し、二〇〇一年七月の参院選に自民党から出馬して当選を果たし、政治家の道を歩き始めた。政治家としてのキャリアは一〇年ほどであるが、この初出馬のときに一五八万八八六二票を獲得し、比例代表区における自民党候補としてトップ当選を果たし、二〇〇七年七月の二期目の選挙においても四六万七七三五票を獲得し、再び自民党としてトップ当選するなど、参院選におけるその集票力には定評があった。また舛添は、政治家としては二〇〇七年八月二七日に厚生労働大臣に任命され初入閣を果たして以降、安倍、福田、麻生の三人の宰相を支え、二〇〇九年の政権交代まで自公政権の閣僚を務めた経験を持っていた。

しかしこうした舛添は、政権交代以降、下野した自民党の新総裁となった谷垣禎一を中心とした執行部を批判し、徐々に党内で孤立するようになった。そんな中、二〇〇九年には、舛添については自民党からの離党や、新党の立ち上げがたびたびうわさされ、四月一五日には東国原英夫前宮崎県知事と会談し、政策的な連携をするのではないかという憶測も報道されるに及んで、自民党内からはさらなる批判を招くこととなった。この自民党の雰囲気は、同じ一五日に自民党の後藤田正純衆議院議員が舛添を評して、「おおかみ中年になり始めている」と述べたことに表れていた。舛添は、これ以上自民党内で政治活動を続けるのは困難になったと判断し、自民党を離党し、改革クラブの渡辺秀央らと協議を行い、参議院で鳩山政権を倒す勢力の結集を目指すこととなった。

こうして改革クラブは、新たに舛添を党首とした新党改革として歩みだすこととなった。新党改革の政策の根幹を成す「改革八策」の前文には、「子供や孫の世代に素晴らしい日本を残すために、今の鳩山政権が実行しているような過度の社会主義的政策は避けるべきだ」とあり、「そのための天王山の戦いが、来るべき参議院選挙である」とされていた[12]。また、改革八策の中には、「第六に、国際社会における責任を果たすために、日米安保を基軸とした外交・安全保障政策を展開する」、「第七に、新しい時代にふさわしい憲法改正を行う」と述べ、新保守主義的な立場を明確にしていた[13]。

こうした新党に参加した自民党の議員たちは、四月二七日の自民党の党紀委員会において、厳しい処分を決定されることとなった。離党届を提出して新党「たちあがれ日本」に参加した与謝野と、「新党改革」に参加した舛添は、いずれも党からの除名処分を受けることとなった。中曽根弘文委員長によれば、その理由としては、自民党の比例区選出議員として当選しながら、新党結成という「明らかな反党行為」を行ったためであるという。

## 3　政党の形成の理論的側面

二〇一〇年の参院選においては、選挙前に多くの政党が形成された。政党の形成に関しては、多くの説明がなされている。例えばシュタイン・ロッカン（Stein Rokkan）は、政党の起源を歴史的な事件に求めている。ロッカンによれば、政党の起源は、歴史的に決定的な時期（critical juncture）におけるクリーヴィッジ（cleavages）の形成に求められるという。

ロッカンは、一九六五年の「政党システムに関する発展的社会学的分析――仮説的モデルの注解のために」[14]と、それを発展させた一九六七年の『政党システムと投票者編成』[15]において、政党の発生を説明している。彼はタルコット・パーソンズ（Talcott Parsons）の一般モデルとしてのＡＧＩＬ図式を応用し、四つのクリーヴィッジから政党の形成を考察する。[16]そこで彼はパーソンズのＡＧＩＬ図式を応用し、自らのａｇｉｌ図式を展開した。このａｇｉｌ図式に基づいて、政党システムにとって基底的な四つのクリーヴィッジが形成されるという。[17]

このクリーヴィッジは、ヨーロッパの歴史上の二つの革命である「国民革命（National Revolution）」と「産業革命（Industrial Revolution）」により構造的に形成されたものであると説明を行った。これらはそれぞれ、(1)周辺の従属的な人口と中心的ネイション・ビルディング文化とのコンフリクトを反映した「従属文化対支配文化クリーヴィッジ」、と(2)教会とネイション・ステイトとのコンフリクトを反映した「教会対政府クリーヴィッジ」が、「国民革命」の産物として、また、(3)農村の利害と工業的な企業家とのコンフリクトを反映する「第一次産業対第二次産業クリーヴィッジ」、(4)労働者と資本家との間のコンフリクトを反映する「労働者対資本家クリーヴィッジ」が、「産業革命」の産物としてとらえられていた。[18]彼によれば、政党はこれらクリーヴィッジに基づいて形成されるというのである。

クリーヴィッジと政党の対応であるが、それぞれ(1)第一のクリーヴィッジが地方独自の政党を、(2)第二のクリーヴィッジが宗教政党を、(3)第三のクリーヴィッジが農民政党、保守主義政党、自由主義政党を、(4)第四のクリーヴィッジが社会主義政党、共産主義政党をそれぞれ形成したというのである。

ロッカンはさらに発展させて、一九二〇年代のクリーヴィッジ構造が一九六〇年代の政党システムに反映されているという、いわゆる「凍結仮説（freezing hypothesis）」をセイモア・マーチン・リプセット（Seymour M. Lipset）と打ち出すこととなる[19]。この凍結仮説の含意は、普通選挙権の導入された一九二〇年代の投票者と政党との編成が、彼らの執筆した時点の現代の政党システムに反映されている、というものである。

なるほど、これらは、近代以降形成されてきた代表的な政党の類型を網羅していると考えることもできる。しかしながら、個々のデモクラシーにおいて、必ずしもすべての政党の類型が、このクリーヴィッジに沿って出現しているとは言い切れない可能性もあるのではないだろうか。というのも、政党とクリーヴィッジとの関係は、必ずしも一対一ではない。クリーヴィッジに沿った対立が存在するとしても、必ずしも政党表現を伴うものではない可能性も指摘されている。

さて、今回の参院選をひとつの契機として形成されてきた政党は、どう解釈することができるだろうか。これら新党の多くは、保守主義的な傾向を強く持っている。例えば、日本を救うネットワーク（救国ネット）に、これら新党所属の議員の何人かが参加していることを見れば、その特徴は明瞭であろう。すなわち、九三年体制以降の特徴である保守の側のウイングの分離による、「保守主義」と「自由主義」との乖離が引き続き見られるといえるのではないだろうか[20]。これらの新党は、日本政治の中に潜在的に存在はしてきたが、政党表現を持たなかった、「自由主義」と「保守主義」の乖離という、クリーヴィッジに沿って形成された政党と見ることもできるかもしれない（表1−3）。

また、ロッカンらの凍結仮説は、政党を支える歴史上の決定的な時期に構造的に規定された特定の支持集団の形成が前提とされ、その政党と支持集団との間の「編成」（alignment）が前提とされている。そのため、一度形成された政党は、特定の構造的に規定された集団に支持され、その集団が再生産され

**表1-3**　日本の国政におけるクリーヴィッジと政党（55年体制以降）

| | イデオロギー的対立（Ideological Confrontation） | 55年体制（1955 Setup（until 1992）） | 93年体制（1993 Setup（esp. after 2005）） |
|---|---|---|---|
| 従属的文化 vs. 支配的文化（Subject vs. Dominant Culture） | 国家主義，国民主義 vs. 地域主義，エスニシズム（Nationalism vs. Localism, Ethnicism） | **政党表現におけるコンフリクトの不在**（自民党（LDP）） | *新党大地（Daichi），政党そうぞう（Souzou），*<br>大阪維新の会（Osaka Restoration Association） |
| 宗教団体 vs. 政府（Religious Organization vs. Government） | 宗教的（国家超越的）価値 vs. 世俗的（国家的）価値（Religious（Ultranational）vs. Secular（National）Values） | 公明党（Komei） | 公明党（Komei） |
| 第一次産業 vs. 第二次産業（Primary vs. Secondary Economies） | 保守主義 vs. 自由主義（Conservatism vs. Liberalism） | **政党表現におけるコンフリクトの不在**（自民党（LDP）） | 自民党（LDP），*国民新党（PNP），新党日本（2007年まで）（NPN（until 2007）），*<br>みんなの党（Your Party），<br>たちあがれ日本（The Sun Rise Party of Japan），日本創新党（The Spirit of Japan Party），新党改革（New Renaissance Party）<br>**保守の分裂** |
| 労働者 vs. 雇用者，所有者（Workers vs. Employers, Owners） | 社民主義，社会主義，共産主義 vs. 資本主義（Socialism, Communism vs. Capitalism） | 社会党（JSP），共産党（JCP），民社党（DSP），社民連（UDS）<br>**革新の分裂** | 民主党（DPJ），社民党（SDPJ），共産党（JCP） |
| リバタリアン（Libertarian） | リバタリアニズム（Libertarianism） | 新自由クラブ（NLC） | *新党日本（2007年以降）NPN（2007 on）* |

註1：小泉政権下の新党は斜体。
註2：政権交代下の新党は一重下線。
出典：白鳥浩『都市対地方の日本政治』芦書房，2010年，45頁，に加筆，アップデートした。

るために永続化すると考えられる。五五年体制下の自民党の政党支持においては、これまでは、保守主義と自由主義の集団が混在し共通して支持していた。それらが、九三年体制下で、特に小泉政権以降に、自由主義的な自民党と、保守主義的な新党へと乖離していくこととなったのではないだろうか。前述の第三のクリーヴィッジが政党表現を持つこととなる、その第一の契機が、小泉純一郎総裁の誕生であったとかつて述べたが、さらなる第三のクリーヴィッジが政党として現出する第二の契機が、二〇〇九年の政権交代による自民党の下野と政権交代以降、初めての全国規模の国政選挙となった今回の参院選であったといえるのではないだろうか(21)。

## 4　政権与党の選挙戦略——複数区における複数の民主党公認候補と新党候補者

参院選の選挙制度が衆院選のそれと異なることは既に述べたが、最も異なるのは、複数の候補者が当選する選挙区であろう。この選挙区選挙では、選挙区ごとに定数が異なる。そのため、当選者の数も異なり、結果、各政党はその定数に従って公認候補者を擁立するために、選挙区によっては複数の公認候補が同一政党から出馬し、議席をめぐってしのぎを削ることになったのである。東京のように定数の多い選挙区においては、同一政党から複数の候補者が出ることは必ずしも異例ではないが、静岡のように選挙区の定数の少ない選挙区において、同一の政党から複数の公認候補が出馬することは、票の分散を招き、選挙において共倒れになる危険性があり、必ずしも一般的ではなく、通常は公認候補を一人に絞ることが定石であった。

そうした定石を無視し、民主党は二〇一〇年の参院選で候補者を多く擁立する賭けに出た。特に今回の参院選で、改選議席一の一人区において勝利するのみならず、改選議席二の二人区において二議席独占をねらい、民主党の政権基盤を盤石なものとする方針をとった。この方針を策定したのは、政権交代の基盤を作った小沢一郎であった。政権交代選挙を勝利したことで、選挙に強いという「小沢神話」は、二〇一〇年までには民主党内では揺るぎないものとなっていた。これは二〇〇九年の政権交代以降、選挙を取り仕切る幹事長に小沢が就任したことによっても補強されていた。小沢は二〇〇九年九月に正式に幹事長に就任し、二〇一〇年六月にその職を辞するまで、今回の参院選の勝利を念頭に戦略を練ってきた。実際、今回の参院選にあたっての準備は、小沢を中心になされたと見てよい。

参院選の都道府県ごとの四七の選挙区のうち、二人区は一二存在する。これらの一二選挙区のうち、民主党は一〇選挙区で二人の公認候補を出馬させていた。この二人区は、これまでは、日本の中における与党、野党のそれぞれの雄である自民党と民主党という二大政党で議席を分け合うのが通例であった。実際に、前回の二〇〇七年参院選においては、自民党と民主党が議席を分け合った選挙区が一一も存在した。

民主党の二人区における二議席独占の試みは、現場の県連からは批判の声があがった。特に強い姿勢で反対を表明したのは、民主党静岡県連であった。牧野聖修県連会長は、三月二六日に党本部で小沢幹事長と会談し、県連としては二人目の候補を擁立しない方針を伝えることとなった。ここで、小沢は静岡県連の方針を拒否したが、静岡県連が公然と二人擁立方針を批判したことは、それぞれの地方の現実と党中央との認識のギャップを表していた[22]。結局、小沢は三月三一日に静岡選挙区で二人目の候補者である中本奈緒子を擁立することを発表した。県連の関与しない二人目の候補者の擁立は、小沢の今回の参院選への強い姿勢を表すものといえた。

この二人目の候補者擁立に対する静岡県連の否定的な動きは、後の静岡選挙区の参院選に大きな影響を及ぼすものとなった。というのも、静岡県連への活動費の支給が当初は中断される事態に発展したのである。[23] このことは、党中央の方針に反対した静岡県連への報復と見る向きもあった。後に小沢が幹事長を辞任した六月になってから、活動費の支給は行われ、六月一四日に民主党静岡県連は党本部の二人擁立の方針を受け入れ、党本部と県連との間の対立は、とりあえず終息することとなった。しかし、民主党静岡県連も、連合静岡も、二人擁立による共倒れを恐れて、現職の藤本に支援を一本化する姿勢に変わりはなく、小沢主導の二人目の候補者である中本が、どこまで静岡の有権者に食い込むことができるかは不透明であった。

政権与党である民主党のこうした混乱は、他の政党にも影響を与えるものであった。自民党は、新人の岩井茂樹に候補者を一本化し、票の取りこぼしを避けることとなった。しかし、最も影響を受けたのは、新党であったといえよう。自民党が一議席獲得し、民主党の票が分散するとなれば、新党の候補者が得票で二位に滑り込むことは必ずしも不可能ではない。そこで、みんなの党は、全盲のパラリンピック金メダリストであり、知名度の高い河合純一を公認候補として、議席獲得の可能性にかけて選挙に臨むこととなった。

## 5　分析の枠組み——選挙制度、政党システム、有効政党数、派閥

参院選は、改選議席に基づく議員定数が多様である。改選議員定数が一の一人区から、改選議員定数が五の五人区まで存在する。すなわち、一人区は小選挙区制であり、二～五人区はかつて衆議院で採用していた中選挙区制に近い。これらの選挙区の定数の違いと、そこで当選してくる当選者の所属政党の数にはどういった関係があるだろうか。かつてモーリス・デュヴェルジェ（Maurice Duverger）は、小選挙区制は二大政党システムをもたらし、比例代表制は多党システムをもたらすという、有名な「デュ

ヴェルジェの法則」を提起した。[24] 参院選の選挙区選挙は、二大政党システムを指向する小選挙区制と、多党システムを指向する中選挙区制が、異なる地域で同時に行われることである。

中選挙区時代の日本のこの定数（M）に着目して、デュヴェルジェの法則を拡張して研究したのは、スティーブン・R・リード（Steven R. Reed）である。[25] リードは、「定数（M）＋1」の競争によって、選挙区における選挙の競争が成立すると解釈する。つまり、デュヴェルジェの法則は、定数（M）が一のときに、二人の候補の間での選挙の競争になり、全国的にすべての選挙区における定数が一で、選挙の都合上、主要政党がそれぞれ公認候補を一人ずつ立てるとすると、二大政党システムになるという帰結を表しているというのである。これを応用すれば、この定数（M）が二から五の現在の参院選の選挙区選挙の選挙制度の場合においては、定数（M）＋1候補の間における選挙競争になりやすいということを意味する。この「M＋1ルール」が、個々の選挙区における実際の選挙競争を説明していることは、ゲイリー・W・コックス（Gary W. Cox）らによっても、検討されている。[26]

しかし、これは議席を争う候補者の人数については明らかとしてはいるが、その結果としての政党システムを述べているものではない。というのも複数の定数の選挙区では、複数の公認候補者をひとつの政党から出馬させることができるからである。政党ベースでの選挙競合については、それぞれの選挙区における有効政党数について、ライン・ターゲペラ（Rein Taagepera）とマシュー・S・シュガート（Matthew S. Shugart）の研究が存在する。[27] ターゲペラらは有効政党数（N）の求め方を、

N＝1／HH

と定義した。ここでHHとは、ハーフィンダール＝ハーシュマン・コンセントレーション・インデック

ス（Herfindahl-Hirschman concentration index）であり、各政党が「獲得した票の全投票の百分率（%）における割合の二乗の総和」である。

アーレント・レイプハルト（Arend Lijphart）によれば、ここで、政党システムをどう見るかについては、二つの見方があるという。選挙における有権者の投票の配分による政党支持に基づく「選挙政党システム」の有効政党数（effective number of elective parties）と、選挙の結果の議席の獲得数による配分による議会内の議席数に基づく「議会政党システム」の有効政党数（effective number of parliamentary parties）が存在するという考え方である[28]。レイプハルトによると、「議会政党システム」の有効政党数は、「選挙政党システム」の有効政党数よりも低くなることが期待されるという[29]。というのも「選挙政党システム」の有効政党数は、投票が議席にどう反映されるかという「期待」（expectations）についての、選挙制度のデュヴェルジェのいう「心理学的」（psychological）な影響によってのみ影響を受けるのに対して、「議会政党システム」の有効政党数は、それら心理学的な影響である「期待」と現実（actual）の「機械的」（mechanical）過程の両方によって影響されるからであるという[30]。

ここでは、各選挙区における「選挙政党システム」（elective party system）を考慮するために、とりあえず「議会政党システム」に関しては、考察の対象とはしない。というのも選挙の結果、議席を獲得できない政党は0になるからであり、今回の分析の目的とは、そぐわないからである。それぞれの選挙区によって、定数が異なるため、そこで行われる選挙の実質的な競争の結果としての投票に表れる「選挙政党システム」は、個々の選挙区で異なっていく可能性がある。つまりは、定数の異なる参院選の選挙区選挙においては、選挙区ごとに異なる「選挙政党システム」が形成される可能性があり、そこに表れる有効政党数も、選挙区ごとに異なるといえる。後述するが、そうした多様な政党システムを持つ、モザイクのピースとしての各地方のデモクラシーを集めた総体が、参院選に現れた日本のデモクラシーの実像といえるのではないだろうか。

そこで、政党システムの基盤となる日本における個々の政党を、どのように理解すればよいのであろうか。そこにはテクニカルな問題が未だ存在する。それらの問題のうちのひとつが、複数区における同一政党からの公認候補の理解の問題である。これは、組織という一枚岩的な「政党」が存在するのか否かという問題とも関わる。

こうした、複数区における同一政党からの出馬をどうとらえるべきであろうか。ここで政党を単一のアクターととらえることに関しては、懐疑的な意見も存在する[31]。これまで、日本政治においては、政党内の派閥、特に自民党内の派閥の重要性がしばしば指摘されてきた[32]。はなはだしい場合には、日本の政党システムに関して「本当の政党システムとは自民党内の派閥である」という評価すら存在する状況である[33]。従来の日本政治研究においては、五五年体制下における その政権の形成にあたっての自民党内の派閥の均衡の重要性や、中選挙区制下の衆院選の候補者の選好にあたっての、自民党の派閥を基盤とした選出などの重要性から、自民党内の派閥にのみ焦点が当たりがちであった。

ここで、政党派閥に関する誤解のいくつかを正しておきたい。第一に、こうした派閥現象は、日本政治のみしか研究しない研究者にとっては、「日本政治特有の現象」ととらえられているという誤解である。しかしながら、むしろ、派閥現象というのはイタリアやインド、コロンビアにおいても、起こっていることが広く知られており、それらのデモクラシーにおける政党内の派閥の重要性はしばしば指摘されるところである[34]。しばしば、こうした一枚岩ではない政党内の派閥の存在は、そのデモクラシーの後進性として説明されてきたが、アメリカの政党にも派閥が存在するというクラウス・フォン・バイメ（Klaus von Beyme）の指摘は、デモクラシーが「先進的」であるか、「後進的」であるかにかかわらず、肥大した政党内に派閥が派生する可能性が、いかなるデモクラシーにおいてもありうるということを示

唆している。(35)

第二に、派閥の重要性は自民党にしかないという誤解である。たしかに、自民党の派閥は、政権の形成のうえで重要な役割を演じるが、野党の中に派閥がなかったというのは誤りであり、野党の中の派閥の重要性がなかったというのも誤りである。すなわち、自民党以外の政党においても派閥は存在し、その重要性は決して低いものではなかったのである。そのことは日本社会党の歴史をみても明らかであろう。ところが、自民党の派閥がこれほど言及されるにはいくつかの理由があると考えられる。そのひとつの理由として考えられるのは、保守合同に至るまでの日本の戦後政治の歴史が自民党の派閥に反映しているという考え方である。自民党は、政権与党として国民に多様な利益をもたらしてきた。そこで、多様な利益をもたらすために、キャッチ・オール・パーティーであることを要求されると同時に、安定的に政権運営を行うために、議会における多数派を形成するという要請にも応えてきた。そのために、イデオロギー的にも政策的な指向においても異なる、もともと多様な保守主義、自由主義の政党を合同することで、「一つの巨大な政権政党」を形成せざるを得なかった。すなわち、巨大な政権与党を構成しようとすれば、その中に政策的な派閥が形成されてくることは必然的な帰結であったと考えることもできる。とするならば、現在の「巨大な政権政党」である民主党にも派閥は存在すると考えられるのではないだろうか。

そもそも、一九九〇年代にその基盤が形成された比較的新しい政党である民主党には、民主党しか党籍を持ったことがない議員のみならず、かつては自民党、社会党、民社党、新党さきがけ、日本新党などに属していた多様な政党出身の政治家が存在する。そうした出自および年齢などによって、民主党の中には「グループ」と呼ばれる集団が存在していることはよく知られている。現在、民主党内の「グループ」としては、その中心人物となる人間の名前を取って、小沢一郎グループ（一新会、一新会倶楽部、北辰会）、鳩山由紀夫グループ（政権公約を実現する会）、菅直人グループ（国のかたち研究会）、横路孝弘グループ（新政局懇談会）、川端達夫グループ（民社協会）、前原誠司グループ（凌雲会）、野田佳彦グループ（花斉会）、羽田孜グループ（政策戦略研究会）、平岡秀夫・近藤昭一グループ（リベラルの会）、樽床伸二グループ（青山会）、玄葉光一郎グループ（『日本のグランド・デザイン』研究会）などが主要なものとして考えられている。

これらの「グループ」には、重複加入している議員も多く存在し、自民党の派閥よりもゆるい連携をとる集団と考えられているため、派閥とは異なるものと考えられ、それゆえにあえて「派閥」ではなく「グループ」と呼ばれている。しかし、はたしてこれら民主党内の「グループ」は、それほど従来の自民党内の派閥とは異なるものなのであろうか。いや、そうではない。むしろ、この選挙ではこれら「グループ」の機能は、候補者のリクルートなどの従来の「派閥」と同様の機能を果たしていると考えられよう。

例えば、小沢を中心とするグループに「一新会」が存在する。この一新会は、二〇一〇年の参院選において、民主党候補を複数区で二人擁立する際の候補者のリクルートの母体のひとつとなっており、現職でない新人の「二人目の民主党候補者」の供給源として機能していることは注目されたい。そしてこれは、必ずしも現場の県連の支持を得て行われているわけではなく、実際の選挙においては、小沢の決定した「二人目の民主党候補者」は、静岡の事例におけるように、民主党県連のみならず、民主党の支持団体の連合の支持すらも得られないこともあるのである。これは五五年体制下の中選挙区時代の衆院選で自民党の候補者が、派閥単位で公認を得てそれぞれがまったく独立して選挙を戦っていたことを髣《ほう》髴《ふつ》とさせる。[36]

候補者の供給源となり、政党というよりは派閥単位で選挙を行うというやり方は、ある意味で「中選挙制の残滓」が、異なるレベルで、そして政権交代を行った後も、参院選に新たな装いで現れていることを意味している。そうした意味で、参院選の選挙区選挙は、一九九〇年代の政治改革で標榜された、本来の意味での「政策選択」を有権者に迫る「政党中心」の対立には必ずしもなってはいない。むしろ「人物中心」の選択が重要になっていたのではないだろうか。また、民主党の「派閥」に類した「グループ」中心のこうした選挙のあり方は、民主党自体が政権政党とな っ て「既成政党」化したことを、図らずも有権者に対して露呈する結果ともなっていた。こうした旧来の自民党と変わらない選挙のあり方は、マニフェストに基づく政策の選択という「新しい政治」のあり方に期待し、前年の政権交代選挙において「新しい政治」を期待して民主党に投票を行った有権者の期待を打ちこわすものであったものとはいえないだろうか。

## 6　新党の挑戦——東京都選挙区と静岡県選挙区

二〇一〇年の参院選を以下において分析していこう。ここでは、ほとんどすべての主要政党が、選挙区選挙に候補者を擁立して選挙戦を戦っていた東京選挙区と、小沢幹事長時代に県連の頭越しに民主党から二人の候補者を出馬することを決定され、地元の県連と党中央との間に軋轢を生じ、その隙間を新党が議席をねらっていた静岡県選挙区という二つの選挙区を焦点とする。

改選議席が五の東京都選挙区は、定数も多く、今回初めて参院選に挑戦することとなった新党が軒並みそろって議席をねらったという点で、そして、改選議席が二である静岡県選挙区では、政権与党の民主党が議席を独占することができるのか、それとも従来どおり自民党と議席を分け合うのか、また、みんなの党の知名度の高い有力新人候補が議席を制するのかが焦点であった。東京都選挙区は、議席も多く、新党であっても十分当選する可能性がありそうであったし、静岡県選挙区も、民主党中央の選挙戦略と地元の県連、そしてそれを支える連合静岡の方針との齟齬《そご》における混乱から、民主党候補者の共倒れも選挙前には憶測としてささやかれ、新党の候補者が議席を獲得するのも不可能ではないと考えられた。そうした意味からするならば、いずれにしてもこれら二つの選挙区は、他の選挙区にも見られる「新党の挑戦」の成否を占う、今回の参院選のある面での縮図ともいえる問題を焦点とする象徴的な選挙区の事例であったといえよう。

**東京都選挙区――改選議席五**

東京都選挙区には、改選議席五に対して、二四名の候補が立候補を表明した。ここでも民主党は現職の参議院議員を二人（蓮舫行政刷新大臣、小川敏夫党国民運動委員長）擁立し、それに対して自民党も現職である中川雅治元環境省事務次官と新人の元NHKキャスターの東海由紀子の二人を立て、公明党も新人の竹谷とし子、共産党も現職の小池晃、社民党も新人の森原秀樹、国民新党も江木佐織を候補者として、選挙に臨んでいた。この選挙区では、こうした既成政党のみが候補者を擁立していたわけではない。今回初めて参院選に臨むこととなった新党も、みんなの党が松田公太、たちあがれ日本が小倉麻子、日本創新党が山田宏、新党改革が海治広太郎といった候補者を立て、議席の獲得を目指していたのであった。

選挙前から、事業仕分けで有権者に自らの存在を強く印象づけ、知名度が高い蓮舫の優勢が、選挙戦では伝えられていた。このことは、新党を含む他の新人候補者にとって、議席の獲得が困難であることを意味しない、むしろ他の政党に属する候補者の当選の確率が上がるものと予想された。というのも、もしも蓮舫が、民主党の支持者のみならず、浮動票の大半を獲得する結果となり、投票に行った有権者のうち大量の票を獲得して、他の候補者を大きく引き離してトップ当選するとしたならば、もう一人の民主党候補の得票は大きく目減りすることになる。有力と考えられる二人目の民主党の候補者得票が目減りすれば、場合によってはその候補者にとって代わって議席を獲得できる可能性が出てくる。そこで全体の当選ラインは下がることが予想されていた。首都である東京の選挙区で議席を獲得できれば、各政党にとっては、その存在意義を示すことができることとなる。特に、今回初めて参院選に挑戦し、これまでの実績のない新党にとっては、その党の存亡をかけた戦いとして、今回の参院選を位置づけることもできるかもしれない。そこで、新党の候補者の選挙戦も、勢い力の入ったものとなっていった。

ここで、東京都選挙区の新党の候補者の幾人かを見ておこう。

みんなの党は、首都の議席を獲得するべく、コーヒーチェーン店のタリーズ・コーヒー・ジャパンの創業者である松田を東京都選挙区に擁立することを五月一二日に発表した。松田は、三和銀行勤務を経てタリーズを創業したベンチャー企業家として知られ、メディアへの露出も多いことで知られる人物である。五月一二日の記者会見の日に、松田はツイッターで出馬をつぶやくなど、これまでの政治家とは異なる新時代の政治家といった印象を有権者に与えた。実業家としての経歴はたしかに目を引くものがあったが、政治に対する能力は未知数であった。しかし、そうした経営者としての民間感覚を強調することは、みんなの党の、公務員のムダを排除するという政策とオーバーラップし、有権者に新鮮なイメージを植えつけていたことは確かであったのではないか。

こうした知名度のある新人候補者は、なにも松田だけではない。新党のうちの日本創新党は、党首である山田自らが東京選挙区に出馬することとなった。山田は松下政経塾出身の政治家として、東京都議会議員、衆議院議員を歴任し、一九九九年四月二七日から約一〇年間、二〇一〇年の五月三一日まで杉並区長を務めていた。この区長在任時の二〇一〇年四月一八日に、自身が二期出身であった松下政経塾の人脈をもとに、中田らと日本創新党を結成、参院選に臨むこととなった。山田は保守派の論客としても知られ、今回の参院選では自らは維新政党新風の東京都本部の支援を受けることとなった。しかし、山田は知名度こそ高かったものの、これまで都議会議員時代は杉並選挙区、衆院選では中選挙区制の東京四区、小選挙区比例代表並立制導入後は東京八区、また杉並区長選挙では杉並区と、必ずしも東京都全体での選挙を行ったことがなく、杉並区以外の有権者からどれだけの票を集めることができるかという不安も事前からささやかれていた。

**静岡県選挙区――改選議席二**

静岡県選挙区では、改選議席二に対して六名の候補が立候補していた。民主党は、二議席の独占を図るべく、現職の国土交通政務官の藤本、小沢前幹事長の肝煎りで新人の中本の二人を国民新党推薦で立て、それに対して自民党は、新人の岩井一人に絞るという選挙戦略の違いを見せた。かつて岩井は二〇〇九年一〇月二五日投開票の参議院議員補欠選挙に出馬した。そもそも、この補欠選挙は、静岡県知事選挙に当時参議院議員であった坂本由紀子が出馬したことによる欠員を埋めるための選挙であった(37)。もともと自民党の議席であったが、政権交代直後の民主党ブームの中の国政選挙であったこともあり、自民党公認で出馬した岩井は落選する結果となった。しかし、公募で新人の公認候補となった岩井は、その補欠選挙の選挙戦を通じて知名度を上げることに成功した。岩井にとってこの敗戦は、続く参院選の選挙区選挙の公認候補に岩井を内定する路線を敷き、それが二〇〇九年末に正式に決定されるという結果をもたらし、早期から選挙運動への体制を整えることができたといった意味で、次の選挙へとつながる「実り多い敗戦」であった。二〇一〇年参院選に際して、自民党としてはなんとしても一議席確保し、次の政権奪還につなげる足がかりにしたいという強い意気込みがあった。そこで、早い時期から候補者を一人に絞って、参院選において議席の獲得を目指すこととなったのである。

対する民主党は、前述のように、二〇一〇年参院選の選挙直前の六月まで幹事長であった小沢による二議席の独占を目指す選挙戦略の結果、二人の候補者が選挙に出馬することとなった。民主党としても、衆議院は支配しているものの、参議院の政権基盤を安定させるために、あえて当選者を増やすために、候補者の擁立を行ったという側面がある。

さらに、みんなの党にも勝機はあった。というのも政権を失った直後の自民党も、選挙直前に内閣が変わり、新しい首相が増税に言及した民主党も、有権者の支持を必ずしも得ていたとは言い切れないからであった。ここに、第三の選択肢として、今回初めて参院選に挑むこととなったみんなの党が注目を浴びる素地があった。みんなの党の公認候補の河合は、パラリンピック競泳の金メダリストとして県内では非常に知名度のある人物として知られていた。四月二四日にみんなの党の山内康一国対委員長は、河合を公認候補として考えていることを明らかにしていたが、そのことは、五月二五日に渡辺喜美代表が浜松市内で会見した際、正式発表された。全盲のハンディキャップを持ちながらの河合の出馬は、大きな関心を集めるものとなった。

## 7　新党はどれほど各選挙区の既存の政党システムにくいこめたか

これら選挙区の選挙結果は、政党システム論の視点からはどう分析されるだろうか。以下において、「選挙政党システム」を中心に考察していこう。これら選挙区において、既に述べた、デュヴェルジェの法則を変形させたリードらの「M＋1」の法則が成り立つとするならば、東京選挙区においては五＋一＝六人の候補者の争いに収斂されるであろうし、静岡選挙区においては二＋一＝三人の候補者の争いに収斂されるということになるだろう。すなわち個々の選挙区においては、まずはその上位から「M＋1」番目の候補者に入ることができなければ、実際の選挙競争にすら入れず、「独自の戦い」と評価されざるを得ないということになる。(38) そこで、新党の候補者も、小沢が擁立した民主党の二人目の候補者も、無所属の候補者も含めすべての候補者は、選挙の第一歩として「M＋1」番目に入ることを目指すということになるのではないだろうか。

選挙における「選挙政党システム」の有効政党数をどのようにとらえるかに関してであるが、同一政党から出馬していても、既に静岡の事例で述べたように、異なるグループによって支持されて出馬しているととらえたほうが、現実の選挙における「選挙政党システム」に表れる有効政党数をうまく表現していると考えられる。そこで、同一政党から複数の候補者が出馬している場合には、ここではそれぞれ別の政党が候補者を立てて選挙を行っているものととらえる。例えば、二人の候補者が民主党から出ている場合には、仮に「民主A党」「民主B党」のように二政党が存在するととらえ、選挙に表れる投票に基づく有効政党数の分析を行う。それによって、新党が各選挙区における「選挙政党システム」にどれほど影響があったのかを検討することができる。

分析の結果、「選挙政党システム」に対する有効政党数が、「改選議席数M＋1」よりも大きいとするならば、変形したデュヴェルジェの法則を打ち破る何らかの要因（候補者個人の資質、選挙における争点の影響、政界再編期の過渡的な現象など）によって、その選挙区では政治的に有為な政党数が増加していることが考えられ、それが、新党のインパクトの大きさを表すものを示唆している可能性がある。「M＋1」よりも少なく、既存政党が上位を占めることになっているとすれば、変形されたデュヴェルジェの法則は検証されたこととなり、個々の選挙区においては、新党のインパクトはさほど大きくはなかったという解釈を生むこととなる。

さらに、この「選挙政党システム」は、個々の選挙区だけでなく、全国の比例の投票結果にも表れてくるであろう。もしも、個々の選挙区ごとの分析の結果を比較した際に、この分析の結果が、日本全国の比例区の「選挙政党システム」の解釈とは異なる解釈を許容するものであった場合にはどうであろうか。その場合には、個々の選挙区ごとに有権者の投票行動は違い、その結果の選挙区ごとに形成される「選挙政党システム」は異なるといえる。そこでは、日本全体の政党システムについて有権者が一般に考える像と、個々の選挙区ごとに形成される「選挙政党システム」との間の乖離が存在することとなる。だが、それら個々の選挙区ごとに形成される「選挙政党システム」こそが、グラスルーツ・レベルのその選挙区の有権者としての有効政党数を反映したものであり、そこにおける住民の「政党システム」の認識を反映したものといえるだろう。換言すれば、そこにはマクロな国レベルの「政党システム」と、ミクロな地域レベルの「政党システム」の間の乖離があるといえるのかもしれない。もしもその乖離があるとするならば、換言すればそうした「デモクラシーの距離」とでも呼べるものがあるとするならば、こうした乖離を埋めるものが、新党大地とか、政党そうぞうとか、大阪維新の会などの「地域政党」であるのかもしれない。しかし、これらについては、また別の機会に述べることとしよう。

さて、東京都選挙区と静岡県選挙区のそれぞれの「選挙政党システム」の有効政党数は、どうであっただろうか。

東京都選挙区のそれぞれの得票率を見てみると、蓮舫（二八・一％）、竹谷とし子（一三・二％）、中川雅治（一一・七％）、小川敏夫（一一・四％）、松田公太（一〇・八％）、小池晃（九・一％）、東海由紀子（四・九％）、山田宏（三・三％）、小倉麻子（二・〇％）、森原秀樹（一・六％）、海治広太郎（一・三％）、江木佐織（〇・九％）、石原結實（〇・七％）、田中博子（〇・三％）、矢内筆勝（〇・二％）などとなっている。改選議席が五である東京都選挙区の投票結果から見る「M＋1」は、蓮舫、竹谷、中川、小川、松田、小池までの六人であり、松田と次点の小池との差が一〇万三八四二票であるのに対し、小池と東海との差が二五万二八四四票と大きなものとなっている。この小池と東海との差は、東海と山田との差である九万八六五一票よりもはるかに大きい。これは、「M＋1」の敷居が、小池と東海との間に存在していたと解釈することもでき、そうした東京都選挙区の有権者の認識を表しているのかもしれない。

続いて、東京の「選挙政党システム」の有効政党数であるが、計算すると六・七八となる。この数値の意味するところは、東京選挙区における「選挙政党システム」の有効政党数が、六・七八であり、「M＋1」の法則で事前に予想される値の六よりは大きな値となっている。また、当選者の政党も「民主A党」「公明党」「自民A党」「民主B党」「みんなの党」となっており、新党の候補者が当選を果たしている。それ以下の順位を見ても、「共産党」「自民B党」「創新党」「たちあがれ日本」「社民党」「新党改革」「国民新党」などとなっている。この東京選挙区の結果は、「民主A党」「公明党」「自民A党」「民主B党」「みんなの党」「共産党」までの大きな政党と、「自民B党」という小さな政党が存在するという「選挙政党システム」が、東京都選挙区には存在したという結果を示している。

実に、すべて合わせると有権者の一七％以上が新党の候補者に投票した計算となっており、それまでの参院選に新党の候補者が存在しなかったことを考えると、東京都選挙区では新党の候補者が善戦していたと考えることができる。結果、新党のインパクトは東京都選挙区では一定以上に大きなものがあったと積極的に評価することができるのではないだろうか。しかしこれは、選挙区レベルで考えるならば、ここでとりあげた新党の中でも、東京都選挙区における「選挙政党システム」で有効な政党であったと考えられるのはみんなの党だけであり、その他のたちあがれ日本、日本創新党、新党改革は、あまり有効な政党として有権者に認識されていなかったということを表してもいる。また、既存政党の中でも社民党、国民新党なども同様な評価を受けていると解釈することもできよう。ここからは、今回の参院選において、みんなの党が東京都選挙区で一定以上の評価を受けていたことが理解できる。

では、同様に新党であるみんなの党の候補者が参議院議席を目指した静岡県選挙区ではどうだったであろうか。静岡県選挙区のそれぞれの得票率は、岩井茂樹（三二・三％）、藤本祐司（二八・二％）、河合純一（二〇・九％）、中本奈緒子（一二・〇％）、渡辺浩美（五・五％）、中野雄太（一・〇％）となっている。改選議席が二である静岡選挙区では、投票結果から見る「M＋1」は、岩井、藤本、河合までの三人であり、藤本と次点の河合との差が一二万五五二四票であるのに対し、河合と中本との差が一五万三一一三票と大きなものとなっている。この河合と中本との差は、中本と渡辺との差である一一万二四五四票よりもはるかに大きい。これは、「M＋1」の敷居が、河合と中本との間に存在していたと解釈することもできるかもしれない。そうした静岡県選挙区の有権者の認識を表しているのかもしれない。

続いて、静岡の「選挙政党システム」の有効政党数であるが、計算すると四・〇八となる。この数値の意味するところは、静岡県選挙区における「選挙政党システム」の有効政党数が四・〇八であり、「M＋1」の法則で事前に予想される値の三よりは大きな値となっている。また、当選者の政党も「自民党」「民主A党」となっており、新党の候補者が当選を果たしてはいないものの、それ以下の順位では「みんなの党」「民主B党」「共産党」などとなっている。すなわち、この静岡県選挙区の結果は、「自民党」「民主A党」「みんなの党」「民主B党」までの大きな政党と、「共産党」という小さな政党が存在するという「選挙政党システム」が、静岡県選挙区には存在したという結果を示している。

比較してみるならば、静岡県選挙区では敗れはしたものの、有権者の二〇％以上という東京都選挙区よりも多くの有権者が、新党であるみんなの党の候補者に投票した結果となっており、それまでの参院選に新党の候補者が存在しなかったことを考えると、静岡県選挙区での新党のインパクトは東京都選挙区以上に大きなものがあったと積極的に評価することができるのではないだろうか。しかし、新党の中でも、静岡県選挙区における「選挙政党システム」で有効な政党であったと考えられるのは、今回取り上げた新党の中で候補者を出していたみんなの党だけであり、選挙区選挙レベルで考えるならば、その他のたちあがれ日本、日本創新党、新党改革は、有効な政党としては有権者に認識されていなかったことを表してもいる。また、既存政党の中でも社民党、国民新党なども同様な評価を受けていると解釈することもできよう。ここからは、参議院選挙においてみんなの党が静岡県選挙区でも一定以上の評価を受けていたことが理解できる。このみんなの党の躍進は、千葉、神奈川などの選挙区における二〇一〇年参院選のみんなの党の躍進を、ある程度説明する視点を提起するのではないだろうか。

こうした新党の躍進だけではなく、静岡県選挙区で注目すべきは、民主党の二人目の候補者であろう。「選挙政党システム」の有効政党数からすれば、中本の「民主B党」は、静岡県選挙区では十分に有為な存在として考えられるという結果となっていた。同様に「選挙政党システム」としては有為であった、東京都選挙区の蓮舫「民主A党」、小川「民主B党」のみならず、中川「自民A党」、東海「自民B党」といった、派閥、グループを基盤とした「第二の候補」を支持する「政党B党」も有為な政党ということになっている。

これら個々の選挙区に対して全国レベルの「選挙政党システム」はどう形成されていただろうか。比例区における各得票率を見てみると、民主党（三一・五六％）、自民党（二四・〇七％）、みんなの党（一三・五九％）、公明党（一三・〇七％）、共産党（六・一〇％）、社民党（三・八四％）、たちあがれ日本（二・一一％）、新党改革（二・〇一％）、国民新党（一・七一％）、日本創新党（〇・八四％）、女性党（〇・七一％）、幸福実現党（〇・三九％）となっている。ここで計算される全国の比例区の「選挙政党システム」の有効政党数は、五・〇二となる。この結果からは、全国の比例区では、民主党、自民党、みんなの党、公明党、共産党の大きな五党と、社民党という小さな政党までが有効政党として認識されていることとなる。

ここで注目すべきは、第一には、今回初めて参院選に挑んだ新党の結果である。みんなの党は有効政党と認知されているのに対して、その他の新党であるたちあがれ日本、新党改革は、比例区で一議席を得るにとどまり、日本創新党に至っては議席の確保すらかなわなかった。国政選挙の準備に一年ほどの猶予があったみんなの党と、政党が形成されて間もない新党の間の差が出たということであろうか。また、第二には、民主党は、選挙区の結果では必ずしも振るわず、惨敗であったのにもかかわらず、比例区の選挙では民主党が第一党という結果となった。これは、民主党の選挙戦略は批判もされたが、二人の候補者を擁立することによって、全体としての民主党の票が掘り起こされた結果と見ることもできるかもしれない。そうした視点からすれば、小沢の選挙戦略は必ずしも的はずれではなかったといえよう。

## 8　新党の挑戦と二〇一〇年参院選

二〇一〇年参院選は、民主党の惨敗が全国的に報道され、結果として、参議院では政権与党は過半数を維持することが不可能となった。しかしながら、東京都選挙区と静岡県選挙区だけを分析するならば、必ずしも民主党は惨敗したとは言い切れない。東京都選挙区では蓮舫が過去最高の得票である一七一万七三四票を得てトップ当選し、二人目の小川も議席を獲得し、惨敗とは程遠い結果であったし、静岡県選挙区でも現有議席を堅持した。また、みんなの党もそれぞれの選挙区で存在感を示した。こうした参院選の個々の選挙区の分析から、将来の日本のデモクラシーに関してどういった意味を学ぶことができるであろうか。

第一に、同一政党から同一の選挙区に複数の公認候補を立候補させる選挙の、デモクラシーに対する意味である。この、同一選挙区に対して同一政党から複数の候補者を擁立し、グループないし派閥単位で選挙を行うことによって票を掘り起こすという点は示唆深い。しばしば派閥やグループは、政党研究においては「党内党の存在は組織の弱体化を招く」として、さらに政策研究からは「政党の一枚岩的な政策の立案が困難である」として否定的な評価を下されるが、この「選挙政党システム」の分析からは、これらが参院選においては有為な存在であり、各選挙区において、一定以上の有権者を動員し集票を行うことができるといった政治のダイナミズムを生み出す重要な要素として、積極的に評価することのできる可能性を示唆している。これは小選挙区制をとる衆院選においては、選挙制度改革以降見られなくなった現象であるが、「同じ政党から複数の候補者が出馬し、政策が選挙で問われず、違いがわかりづらい」とか、「人物中心で、政策本位の政党対立の選挙にならない」という批判のみを鵜呑みにするのではない、選挙のあり方の意味を教えてもいるのではないだろうか。すなわち、政党間の選択による「政党間民主主義」(inter-party democracy) のあり方だけではなく、肥大した巨大政党の派閥やグループを基盤とした「党内民主主義」(intra-party democracy) にも党員やサポーターではない一般の有権者が参与する機会を与えるものとして、積極的に評価できるのかもしれない。そうした意味では、同一政党からの複数候補の擁立は、有権者にとってはむしろ歓迎すべき現象であろうし、政党の側も、その選択を有権者に任せるという意味で、望ましいデモクラシーへのひとつの方策として、派閥やグループを積極的に使うことを考えてもよいのかもしれない。

第二に、「政党システム」の形成にまつわる「制度」と「実態」の問題である。「選挙政党システム」に表れる有効政党数に関する、全国の比例区における有効政党数(五・〇二)と、東京(六・七八)、静岡(四・〇八)との数値の乖離は、何を意味しているのだろうか。これはひとつには参院選の各選挙区選挙の改選議席による当選議席の数という「制度」によって、それぞれの個々の選挙区の「実態」としての政党システムが影響を受けるというデュヴェルジェ、リードらのテーゼを、ある面では追認する結果といえるであろう。しかしながらこの乖離は、いわゆる全体としての「一般的な日本の政党システム」というものは、個々の選挙区の有権者の認知においては必ずしも存在しないし、それは個々の選挙区における有権者にとっては現実的でもないことを表してもいるであろう。

しかし、分析結果からは、ひとり「制度」のみが、「実態」としてのそれぞれの選挙結果を直接規定するのではないことにも注意されたい。そこにおいては、日本政治に新しい風を起こそうとし、新党を結党する「アントルプルヌーア」（起業家）としての意識にあふれた、エリートレベルの試みも無視できないことも示している。みんなの党の躍進は、「選挙政党システム」における有効政党数の分析からも明らかであった。前回の参院選の時には存在しなかったみんなの党は、この選挙においては、有効政党の一角を成すことになった。たちあがれ日本も議席を獲得し、また、新党改革も議席を獲得するとともに、参院比例区で政党要件を満たす得票率二・〇一％を得ることとなった。こうした新たな試みを行う起業家精神が成功することで、日本政治の改革への原動力を与えていく点を確認できたことは、重要ではないだろうか。

既成政党の主流が、必ずしも有権者の意向を反映していないという「デモクラシーの機能不全」に陥っているとするならば、そうした現状を打破し、個々の選挙区から日本政治にダイナミズムを与えていくのは、政党内の派閥であったり、新党であったりするのかもしれない。

**註**

（1）http://www.your-party.jp/about/declaration.html
（2）同前。
（3）白鳥浩『都市対地方の日本政治——現代政治の構造変動』芦書房、二〇〇九年。

（4）白鳥浩、前掲書、四三、四五頁。

（5）『たちあがれ日本——政策宣言二〇一〇』たちあがれ日本、二〇一〇年、四頁。

（6）日本独自の法令による基準が、世界基準であるわけではない。

（7）「日本創新党の歴史的使命」『日本創新——私たちの理念と政策』日本創新党、二〇一〇年、一頁。

（8）http://www.nippon-soushin.jp/manifesto/introduction.shtml

（9）同前。

（10）同前。

（11）http://www.nippon-soushin.jp/about/kyukoku.shtml http://www.nippon-soushin.jp/

（12）http://shintokaikaku.jp/about.html

（13）同前。

（14）Stein Rokkan, "Zur entwicklungssoziologischen Analyse von Parteisystemen : Anmerkungen für ein hypothetisches Modell," *Kölner Zeitschrift für Soziologie und Sozialpsychologie*, 1965, Jg.17, Heft 3, s. 675–702. ロッカンの研究を収めた著作としては、Stein Rokkan, *Citizens, Elections, Parties : Approaches to the Comparative Study of the Process of Development*, Oslo : Universitetsforlaget, 1970. Stein Rokkan, *Stat, nation, klasse*, Oslo : Universitetsforlaget, 1987. 等がある。また、ロッカンの研究に対する評価については、Bernt Hagtvet, red., *Politikk mellom okonomi og kultur*, Oslo : Ad Notam Gyldendal, 1992. 白鳥浩『市民・選挙・政党・国家——シュタイン・ロッカンの政治理論』東海大学出版会、二〇〇二年、を参照されたし。

（15）Seymour M. Lipset and Stein Rokkan ed., *Party Systems and Voter Alignments : Cross-National Perspectives*, New York : The Free Press, 1967.

（16）Ibid., p. 5.

（17）Seymour M. Lipset and Stein Rokkan, op.cit., 1967, pp. 9–14.

（18）Ibid., p.14. この後のロッカンのクリーヴィッジの発展については、Knut Heidar og Einar Berntzen, *Vesteuropeisk politikk : Partier regjeringsmakt styreform*, Oslo : Universitetsforlaget, 1993, s. 32.

(19) Seymour M. Lipset and Stein Rokkan, op.cit., p. 50.
(20) 白鳥浩、前掲書、四三、四五頁。
(21) 白鳥浩、前掲書。
(22) 二人擁立に反対したのは民主党静岡県連だけではない。三月三一日には連合静岡の吉岡秀規会長は、小沢幹事長に辞任要求を突きつけた。吉岡会長は後の四月六日に、連合の古賀伸明会長から、発言が不適切として厳重注意をうけ、陳謝することとなった。
(23) 五月一三日の藤本祐司参議院議員の集会における静岡県連会長の牧野聖修衆議院議員の発言。
(24) Maurice Duvergier, *Les partis politiques*, Paris : Almond Colin, 1951（岡野加穂留訳『政党社会学——現代政党の組織と活動』潮出版社、一九七〇年）
(25) Steven R. Reed, "Structure and Behavior : Extending Duverger's Law to the Japanese Case," *British Journal of Political Science*, Vol. 20, 1990, pp. 335–356.
(26) Gary W. Cox, "Strategic Voting Equilibria under the Single Nontransferable Vote," *American Political Science Review*, Vol. 88, No. 3, 1994, pp. 608–621. Gary W. Cox and Emerson Niou, "Seat Bonuses under the Single Nontransferable Vote System : Evidence from Japan and Taiwan," *Comparative Politics*, Vol. 26, pp. 221–236. Daniel Kselman and Emerson Niou, "Strategic Voting in Plurality Elections," Political Analysis, Vol. 18, No. 2, pp. 227–224.
(27) Rein Taagepera and Matthew Soberg Shugert, *Seats and Votes : The Effects and Determinants of Electoral Systems*, New Haven and London : Yale University Press, 1989, p. 79.
(28) Arend Lijphart, *Electoral Systems and Party Systems : A Study of Twenty-Seven Democracies 1945–1990*, Oxford : Oxford University Press, 1994, p. 70.
(29) Arend Lijphart, op.cit.
(30) Arend Lijphart, op.cit., pp. 70–72.
(31) Michael Laver and Norman Schofield, *Multiparty Government : The Politics of Coalition in Europe*, Ox-

ford : Oxford University Press, 1990, pp. 14–28.

(32) Steven R. Reed and John M. Bolland, "The Fragmentation Effect of SNTV in Japan," in Bernard Grofman, Sung-Chull Lee, Edwin Winckler and Brian Woodall eds., *Elections in Japan, Korea and Taiwan Under the Single Non-Transferable Vote : The Comparative Study of an Embedded Institution*, Ann Arbour : University of Michigan Press, 1999.

(33) Raymond D. Gastil, "The Comparative Survey of Freedom : Experiences and Suggestions," in Alex Inkeles ed., *On Measuring Democracy : Its Consequences and Concomitants*, New Brunswick, New Jersey : Transaction, 1991, p. 25.

(34) 例えば、インドについては、John B. Goodman, "The Politics of Central Bank Independence," *Comparative Politics*, Vol. 23, No. 3, 1991, p. 341. Paul R. Brass, *The Politics of India Since Independence*, Cambridge : Cambridge University Press, 1990, p. 97. コロンビアについては、John A. Peeler, *Latin American Democracies : Colombia, Costa Rica, Venezuela*, Chapel Hill : University of North Carolina Press, 1985, p. 102. Jonathan Hartlyn, "Colombia : The Politics of Violence and Accomodation," in Larry Diamond, Juan J. Linz and Seymour Martin Lipset eds., *Democracy in Developing Countries : Latin America*, Boulder, Colorado : Lynne Riener, 1989, p. 321.

(35) Klaus von Beyme, *Political Parties in Western Democracies*, New York : St. Martin's, 1985, p. 229.

(36) Rei Shiratori, "Japan: localism, factionalism and personalism," in Michael Gallagher and Michael Marsh, eds., *Candidate Selection in Comparative Perspective : The Secret Garden of Politics*, London : Sage, 1988.

(37) この政権交代選挙の直前に行われた二〇〇九年静岡県知事選挙については、白鳥浩「小泉チルドレンの挑戦」白鳥浩編著『政権交代選挙の政治学——地方から変わる日本政治』ミネルヴァ書房、二〇一〇年、に詳しい。

(38) 「独自の戦い」とは、しばしばジャーナリズムにおいて、泡沫候補を価値中立的に表現するときに用いられる用語である。

# 第2章　政権交代と選挙過程における政党地方組織
——香川県選挙区——

堤　英敬
森　道哉

## 1　選挙を取り巻く環境変容と一人区における自民党大勝

政権交代後、初の国政選挙となった二〇一〇年参院選は、自民党が計五一議席を獲得した一方で、民主党の獲得議席は四四にとどまり、政権政党が参議院で過半数を確保できない「ねじれ国会」が再び出現することとなった。この「自民党勝利」という結果は、二九ある一人区のうち、二一選挙区で自民党が議席を獲得したことに起因する[1]。本章では、こうした一人区で何が起こっていたのかを、香川県選挙区を事例として検討していく。

一人区は相対的に人口が少ない県であり、農村的な色合いを持つ地域が多い。こうした地域では伝統的に自民党への支持が強かったことを考えると、その支持基盤は未だに健在であり、元々の自民党支持者が本来の支持政党に投票したことが、一人区での自民党勝利をもたらしたという可能性が考えられる。しかし、民主党は二〇〇七年参院選において一七（推薦無所属候補も含めれば二三）の一人区で議席を獲得していたし、二〇〇九年衆院選においても、伝統的に自民党が強かった多くの選挙区で自民党か

図2－1　衆議院小選挙区（香川県）

表2－1　香川県選挙区選挙結果

| 香川県選挙区　改選：1 | | | | | | | | |
|---|---|---|---|---|---|---|---|---|
| | 得票数 | 氏名 | 年齢 | 党派 | 推薦 | 新旧 | 当選回数 | 代表的肩書 |
| 当 | 236,134 | 磯﨑　仁彦 | 52 | 自 | | 新 | 1 | (元)航空会社社員 |
| | 189,639 | 岡内　須美子 | 57 | 無 | 民国社 | 新 | | (元)高松市副市長 |
| | 34,037 | 藤田　均 | 50 | 共 | | 新 | | 党県委員 |

出所：総務省ホームページより作成。

ら議席を奪っている。また、こうした地域では、自民党の支持基盤が融解しつつあった一方、[2] 民主党が「浸透」してきたことが指摘されている。[3] さらに、政権が交代したことにより、長年、政権政党との接点を確保すべく自民党を支持してきた様々な利益団体と自民党、そして民主党との関係に変化が生じた可能性もあるだろう。

では、政権交代後、最初の国政選挙となった二〇一〇年参院選で、こうした選挙を取り巻く環境の変化は地方レベルの民主党、自民党にどのような影響を与え、両者はそれにどう対応しようとしたのだろうか。また、有権者や様々な利益団体は、政権交代後初めての選挙でどのような行動をとったのであろうか。本章では香川県を事例として、これらの問いに対する一定の解答を示したいと考える。香川県は、国政選挙でも地方選挙でも長年にわたり自民党が優位にあったが、二〇〇五年に（比例復活ではあるが）衆議院議員が、また二〇〇七年には参議院議員が誕生したほか、二〇〇九年衆院選でも三選挙区中二選挙区で民主党候補が当選するなど、近年は民主党の躍進が著しい。しかし、二〇一〇年参院選では、自民党候補が民主党と社民党が推薦した無所属候補を破っている。つまり香川県は、二〇〇九年までの民主党の全国的な党勢拡大と、二〇一〇年参院選での停滞を生み出した地域の一つといえ、前述のような問題を検討するには好適な事例だと考えられる。

ところで、二〇一〇年参院選を分析するにあたっては、とりわけ中央および地方レベルの政党組織の動向に注目する必要があるだろう。二〇一〇年参院選において自民党は、四七選挙区中一九選挙区で都道府県連による公募や党員投票による候補者選定を行い、中には宮城県や徳島県のように現職候補を公認せず、公募等を通じて新人候補を擁立した選挙区もあった。[4] こうした動きは、「限界」に達したともいわれる自民党の候補者中心の選挙スタイルの転換のようにも見える。一方、民主党では、複数定数区における二人目の候補者の擁立をめぐって、民主党本部と地元都道府県連との間に軋轢が生じていた。

党本部主導で、新潟、福岡両県を除くすべての選挙区で二人目の候補者が擁立されたが、こうした候補者の選挙キャンペーンに地方組織がほとんど協力しないことも珍しくなかった。このように、二〇一〇年参院選は候補者選定や選挙キャンペーンにおいて、中央および地方レベルの政党組織が重要な役割を担うとともに、両者の関係がクローズアップされた選挙であったといえる。

こうした点に鑑みて、本章は地方レベルの政党組織に注目した分析を進めていく。地方における政党組織の役割という点に関しても、香川県は興味深い事例だといえる。自民党香川県連は、公募による候補者選定を行うとともに県連組織を中心とした選挙戦を展開しており、全国的な自民党の選挙スタイルの変容がなぜ生じたのかを知るための手がかりを得ることができるだろう。他方で民主党は、社民党との調整が難航して候補者選定が大幅に遅れ、一人区では唯一、無所属候補を社民党とともに推薦することとなった(5)。香川県では、「地域の事情」が色濃く反映された選挙過程を辿ったといえるが、民主党地方組織の抱える事情が国政選挙に反映された理由の考察を通じて、民主党組織の中央・地方関係の実情に迫ることができると期待される。

以上のような問題関心から、本章では香川県を事例として、二〇一〇年参院選における自民党と民主党の候補者選定過程と選挙キャンペーンの分析を行う（2節、3節）とともに、有権者や各種の利益団体の動きについても検討を加えていく（4節）。これらの分析を通じて、自民党と民主党の地方組織が、政権交代や近年の選挙を取り巻く環境の変化にどのような対応をとったのか、そして二〇一〇年参院選が日本の選挙政治や政党政治にどのような意味を持つ選挙であったのか考察していきたい（5節）。

## 2　自民党——県連による党営選挙

### 公募による候補者選定

二〇一〇年に改選を迎える自民党現職の山内俊夫が、二〇〇九年九月三〇日に、来る参院選には立候補しないことを正式に表明した。これにより、自民党香川県連は参院選で新たな候補者を擁立する必要に迫られるが、同日中に、後継候補の公募を実施し、年内の候補者擁立を目指すことを発表する。自民党香川県連が公募で候補者を選定するのは初めてのことであった。こうした早い段階で公募による候補者選定を決めたことは、二〇〇九年衆院選での敗因が「派閥の長が物事を決めるなど、意思決定過程の透明性に問題があった」点にあり、「党再生に向け、オープンな議論で地方の意見を幅広く吸い上げる」とともに、[6]「広く人材を求めていかないと、今の危機は乗り越えられない」[7]という自民党県連の幹部らの認識を反映していたものと思われる。もっとも、山内の後継候補として有力視されていたような人物が、自民党県連内にいたわけではなかった。

公募の受付は、当初の予定からはやや遅れて一二月上旬に開始された。応募にあたっては、県連に所属する党員二〇人もしくは有権者一〇〇人の推薦と、県連の地域支部もしくは職域支部一カ所以上の推薦がそれぞれに必要とされ、衆院選挙区支部長による面接、国会議員や県議会議員、県内の支部代表ら（一六〇人、後に二一〇人に拡大）で構成される選考委員会の投票によって候補者が選定されることとされた。[8]一月中旬に設定された締め切りまでには二件の応募があったものの、推薦の要件を満たさなかったことから候補者の決定には至らず、公募は二月末頃まで延長されることとなった。[9]

延長された公募に対しては、四名の応募があった。応募者の内訳は、県議会議員二名、文筆業（女性）一名、会社員一名である。三月七日に選考委員会が開催され、各応募者の所信表明と質疑応答の後、選考委員による投票が行われたが、一回目の投票では決着がつかず、決選投票の末、会社員の磯崎仁彦が過半数の票を得て公認候補予定者に選出された[10]。磯崎は四日後の三月一一日に自民党から公認を受ける。磯崎は丸亀市出身の五二歳で、丸亀高校を経て東京大法学部を卒業後、全日本空輸に入社し、大阪支店勤務や法務、人事部門などを経て、当時はＣＳＲ推進室リスクマネジメント部長を務めていた。

この参院選においては、香川県に限らず多くの自民党地方組織が公募による候補者選定を行ったが、一口に公募といっても、その方法は様々であった。公募のように候補者選定過程を広く開放することには、候補者選定の有資格者（selectorate）の規模や、公募を実施する機関のコントロールの程度によって、様々なバリエーションがありうる[11]。事前、事後的なコントロールの手段がなかったり、選考過程への参加者が拡大するほど、どのような人物が候補（予定）者に選出されるかを政党の執行部がコントロールすることは難しくなり、政党の凝集性を低下させる可能性もある[12]。香川県の場合、党員投票は行われなかったにせよ、二〇〇名近い全支部代表らの投票によって候補者選定を行い、自民党とコネクションのなかった候補者を選定していることを考えると、選考委員にとって選択の自由度が高い一方、党本部や県連によるコントロールは比較的弱い公募であったように思われる。

### 県連主体の選挙キャンペーン体制

これまで香川県では、参院選の自民党候補が選挙キャンペーンを展開するうえでは、候補者自身が中心的な役割を担っていた。候補者は自らの個人後援会を整備し、候補者の秘書や後援会幹部が選挙運動全体の取りまとめにあたったほか、選挙運動資金も候補者自身が集めてきた。むろん衆議院議員や県連幹部も選対本部に入っていたが、あくまでも後援会主体の選挙運動をサポートするという立場であった。また、実際の選挙キャンペーンの遂行においては、衆院小選挙区ごとに各選挙区から選出された衆議院議員がとりまとめ役となり、その下で県議会議員や市議会議員、町議会議員が実働部隊として、集会のセッティングや街宣活動、ポスティング、さらには自らの後援会員や支援団体への働きかけといった選挙運動を行ってきたとされる(13)。

こうした候補者中心の選挙キャンペーンのスタイルは、これまでの自民党の参院候補が立候補するまでに、何かしらの政治的経験や資源を既に持っていたがゆえに可能であったといえよう。二〇一〇年の任期満了をもって引退した山内の場合、県議会議員を二期務めた後に参院選に立候補しているし、二〇〇七年の公認候補であり、参議院議員を四期務めた真鍋賢二は、一九七七年に参院選に立候補するまで大平正芳の秘書を務めていた。そもそも、全県を選挙区とする参院選で候補者自身の資源に全面的に依拠した選挙キャンペーンを展開することは、規模の問題から不可能であるとはいえ、磯﨑は民間企業社員からの転身であったことから、スタッフや資金、個人的な支持者といった自前の政治的資源をまったくといってよいほど持っていなかった。磯﨑は三月末に全日空を退社した後、高校時代の同窓生などを中心として個人後援会を結成し、その整備に努めたほか、全日空勤務時の同僚らからも、ボランティアとして選挙運動のサポートを受けている。しかし、かねてから政治家への転身に向けて準備を進めてきたというわけではなく(14)、公認から投票日まで四カ月弱という時間的な制約もあったことから、選挙キャンペーンにおいて中心的な役割を担いうるほどの組織を構築することはできなかった。

このような候補者を当選させるために、自民党香川県連は従来以上に選挙キャンペーンに関与せざるを得なかった。また、公募という初めての試みによって選ばれた候補者を立てての選挙戦ということで、従来とは異なる選挙キャンペーンを展開する必要に迫られたのである。

自民党香川県連は、香川三区選出の衆議院議員で県連会長を務める大野功統を本部長とし、現職の衆議院議員や県連幹部らから構成される選挙対策本部（以下、選対本部）を設置した。先述のとおり、これまでの参院選においても衆議院議員らを中心とした選対が構成されてきたが、あくまで活動の「司令塔」となるのは候補者の後援会であった。それに対してこの参院選では、候補者自身の組織がないに等しかったことから、選対本部が実質的にも選挙キャンペーン遂行[15]において中心的な役割を担ったということになる。選挙事務所の中心的なメンバーは、大野や平井卓也といった地元選出の国会議員の秘書や県連幹部、そして若干名の若手県議会議員らであった。また、従来から、各衆院小選挙区のエリアの選挙運動は現職衆議院議員が取りまとめることになっていたが、今回については、衆院香川一区においては平井の、三区においては大野の秘書が磯﨑の活動を手引きしていた。また二区においては、二〇〇九年衆院選で現職であった木村義雄が落選したために現職不在となり、さらに木村が比例区から立候補したことから、地元の県議会議員がその任にあたった。しかし、衆議院議員のような「指南役」とはなりえず、二区では「ポスターやビラ張りですら思うように進まない」といった状態にあったという[16]。

## 公募候補の選挙キャンペーン手法

磯﨑陣営がとった選挙キャンペーンの手法は、伝統的な自民党の集票手法である、後援会や地方議員、各種団体を通じた間接的動員戦略と、有権者との接触を重視する直接的動員戦略の組み合わせであった[17]。従来の自民党候補がもっぱら間接的動員戦略をとっていたことを考えれば、かなり大きな選挙戦略の転換だといえよう。

間接動員戦略については、現職衆議院議員自身あるいはその秘書の手引きにより、企業や支援団体への働きかけが行われた。また、県連各支部に総会の開催を依頼し、そこで磯﨑を紹介する機会を設けることで、自民党員の磯崎への認知度を高めることを目指した。さらに、自民党所属あるいは保守系無所属の地方議員を介して、彼・彼女らの支持者たちへの接触、浸透が図られた。すわなち、「組織選挙」を展開することで、伝統的な自民党支持者たちの支持を固めていくという戦略が、まずとられたのである。ただし、地方議員の動きは、特に四～五月の選挙戦序盤においては、活発とはいい難い状態にあったようである。一つの理由としては、先述したように衆院二区エリアにとりまとめ役が事実上いなかったため、効果的な活動ができなかったことがある。もう一つの背景としては、政治資金の問題がある。これまで、自民党の国政選挙の候補者は選挙運動を行うための資金を自ら工面し、地方議員の集票活動に必要な費用を賄ってきた。しかし、磯崎の政治的資源は限られており、自身で多額の政治資金を集めることは困難であった。そのため、政治資金についても県連が主導的役割を果たさざるを得なかったが、必ずしも県連が従来どおりの選挙費用を拠出できるだけの資金を持ち合わせているわけでもなかった。その結果、地方議員が集票活動を行うための資金を十分に提供することができず、地方議員の活動が停滞気味になったという[18]。こうした状況を打開すべく、公示が近づいた六月七日に、県連は谷垣禎一総裁や小池百合子元防衛相を招いて政治資金パーティーを開催する。約一二〇〇人が出席するなど盛況であったが、県連が政治資金パーティーを開くのは二五年ぶりのことであった[19]。

こうした間接的動員に加え、知名度を高めたり、選挙によって投票先を変える浮動層にアピールするための街頭演説も、従来の自民党公認候補と比較すると、かなり積極的に行われていた。ある磯崎選対関係者が「空いている時間は、企業回りをするくらいなら街頭に出る」という方針でスケジュールを立てたというように、街頭演説で広く有権者にアピールするとともに、その場にいる有権者と直接会話を交わしたり、握手をしたりといった直接的な接触を心がけたという。また磯崎は、郵送によって全戸に政策パンフレットを配布している。同じ磯崎選対関係者は、これも有権者と直接つながる機会を作ることが目的であったとし、その効果を高く評価していた。磯崎に「公募で選ばれた民間企業出身の候補者」という、自民党の集票ネットワークの外部にある有権者へのアピール・ポイントがあったことや、磯崎の演説への評価が高かったことが、街頭演説をはじめとした直接的動員が重視された背景にあったといえよう。また、磯崎の選対が、従来型の間接的動員戦略に限界を感じていたことも[20]、直接的動員戦略への比重を高めさせることにつながったと見ることができる。

では、磯崎の有権者に向けたアピールの内容は、どのようなものであったのだろうか。磯崎のキャッチ・フレーズは「民間の発想・保守のこころ」であった。「民間の発想」というフレーズは、民間企業に勤めていたこととの関連で用いられたのであろうが、公募で選ばれたこととも併せて、有権者の自民党へのイメージを変えようとの狙いがあったと考えられる。なお、選挙公報や政策ビラには「民間の発想」に関する具体的な政策として、景気回復や雇用創出のための財政出動や、成長が期待される分野への重点的な予算配分、農業のブランド化と経営効率化などが挙げられていた。一方、「保守のこころ」としては、日本のよき伝統を守り、次世代に伝えていくとともに、時代に適さなくなったものを、あるべき姿へと変えていく「挑戦する保守」を謳い、健全な競争意識の育成、道徳教育の推進、愛国心を育む教育、夫婦別姓法案や外国人参政権法案への反対などが示されていた。ここで注目すべきと思われるのは、選挙区に関連する固有名詞、すなわち特定の道路や施設、産業などがほとんど挙がっていない点である。これまでの自民党候補者の公約が、特に現職の場合、選挙区と直接関係する政策に高いウェイトを置いていたこととは対照的であった。

### 公明党との関係

さて、自民党候補の集票システムを考えるうえで興味深いのが、公明党との関係である。自民党と連立政権を組んでいた時期に、公明党は国政選挙でほとんどの自民党候補を推薦してきたが、比例区での自民党側からの協力が十分でないとの不満や、衆院選での大幅な議席減を受けて党再建が急務であったことから、公明党本部は他党との選挙協力を見送る方針をとった。一方で、地域の実情に応じて国会議員や地方議員らが非公式な形で協力することは認めるとしていた[21]。

香川県の場合も、公明党県本部には自民党との関係を維持したいという意向があったようだが、これは自民党が比例区で公明党に一定の協力を行うことが前提であった[22]。香川県においても問題となったのは、二〇〇九年衆院選に香川二区から立候補して落選した自民党の木村が、この参院選に比例区から立候補したことである。これにより、選挙区と比例区との「バーター」を従来と同様に行うことは困難になった。しかし、公示直前になって公明党の比例区候補である谷合正明の後援会と磯崎後援会が政策協定を結び、相互に選挙協力を行うことが決められる。公明党が自民党との協力を決断した背景には、谷合の割り当てが二〇〇四年の近畿・中国ブロックから中国・四国ブロックへと変更されたという事情もあるだろう。四国では谷合の知名度が低いため、従来どおりとはいかないにしても、自民党からの協力を必要としていたと考えられる[23]。

公明党の選挙協力が従来どおりであったのか、弱まったのかについては一概にはいいがたい[24]。しかし、しばしば磯崎の集会が始まる直前に同じ会場で木村が演説を行うなど、両者の関係は最後まで微妙なものであったといわざるを得ないだろう[25]。

## 3　民主党・社民党・連合の「三頭体制」による選挙戦

### 候補者擁立の難航

二〇〇九年衆院選後、民主党香川県連は、翌年の参院選の候補者選定を開始する。県連代表を務める衆議院議員の小川淳也は一〇月三日に記者会見を開き、与党、関係団体と協議・連携をとったうえでオープンな形で選考を進め、早ければ年内、遅くとも翌年一、二月ごろに開く定期大会までに候補者を決めたいとの意向を表明する。これを県内の新聞各紙は、民主党が公募で候補者を選定する意向を示したと報じた[26]。

しかし、結局、民主党による公募は行われず、候補者の決定は大幅に遅れることとなる。その理由は、「関係団体」すなわち社民党香川県連合と連合香川との調整が難航したためであった。民主党は公認候補の擁立を目指していたが、社民党県連合は自党の独自候補もしくは自党候補を無所属として擁立することを主張した。これには、二〇〇七年参院選時に民主党県連と社民党県連合の間で、二〇一〇年参院選を社民党の候補で一本化して戦うことで合意がなされていたという経緯があった[27]。従来から両党の橋渡し役を務めてきた連合香川も含め、三者での調整が進められたが、民主党、社民党ともに自らが候補者擁立を主導することを主張して譲らず、協議は平行線を辿った。

このように候補者調整が難航した背景として、香川県における両党の緊張関係の存在が挙げられるだろう。香川県において民主党が結成された際、社民党は一部の地方議員らを除いて民主党へは合流しなかった。その結果、地方議員数をはじめとした民主党の地方レベルでの勢力は微々たるものにとどまり、常に社民党優位の状態にあった[28]。また、国政レベルにおいても、二〇〇三年衆院選までは、県内の同じ選挙区に民主、社民両党の候補者が擁立されるなど、競合関係にあった。二〇〇九年衆院選では候補者の棲み分けを行うとともに実質的な選挙協力を行い、社民党も推薦した民主党候補二名の当選へとつなげるなど、近年でこそ民主党と社民党の関係は改善されてきたが、こうした歴史的な経緯から、両者は常に一定の緊張を孕んだ関係にあった㉙。

民主、社民両党に対し、長年にわたって協力を呼びかけてきたのが連合香川である。この参院選にあたっても、反自民勢力を結集すべく、民主、社民両党との連携を強化していくとの方針を打ち出している㉚。傘下に民主党系労組と社民党系労組を抱え、両党を支持している連合香川としては、ようやく両党の間に協調体制が定着したにもかかわらず、ここで大きな亀裂が生じてしまうことは、傘下の労組間の関係悪化につながりかねないだけに、避けたかったものと考えられる。

三者間の調整はなかなか進展せず、三月になっても候補者の決定には至らなかった。民主党県連は二〇〇九年衆院選で大勝したこともあって、参院選での勝利には民主党が独自候補を擁立することが必要だと考えていたほか、民主党本部からも、民主党主導で候補者選定を行うよう強く要請されていたようである㉛。そのために、県連独自の公募は断念しながらも、民主党本部の公募応募者の中から、あるいは党本部の公募外の選考も視野に入れていたという㉜。一方で社民党の独自候補擁立の意向も強く、社民党本部に対しても、そうした方向での働きかけを行っていた㉝。

結局、三月一七日になって、高松市副市長であった岡内須美子が無所属候補として立候補することが発表され、民主党と社民党が岡内を推薦することとなった。岡内は五七歳で、高松高校、奈良女子大学理学部を卒業後、一九七五年に高松市職員となり、教育部次長、市民部次長、健康福祉部長などを経て、二〇〇七年五月から副市長に就任していた。岡内の立候補は、連合香川が主導して要請を行い、それを岡内が受諾したことで決まった㉞。社民党県連合内では、独自候補擁立に踏み切るとの議論もあったようだが、民主党、社民党、連合の三者協力を重んじる連合香川が、三者が受け入れられる候補者として岡内に立候補を要請し、社民党も「次の衆院香川三区に社民候補を立てる」ことなどを提示して一本化に歩み寄ったという[35]。

## 「三頭体制」下での選挙キャンペーン体制と選挙戦略

自民党の磯﨑と同様、岡内も政治的な資源を持ち合わせておらず、また、先述したような経緯から、岡内の選挙キャンペーンは民主、社民両党の県連および連合香川の「三頭体制」で展開されることとなった。選対本部は、民主党の参議院議員である植松恵美子が本部長となり、民主党からは衆議院議員の小川淳也と玉木雄一郎が、社民党からは県連合代表の奥田研二と二〇〇九年衆院選の候補者であった米田晴彦が、連合香川からは会長の小川俊が参加して構成された。また、選挙戦遂行の事務的な取りまとめにあたったのは連合香川であった。ただ、選対本部は三者の統合的機能を担うとの位置づけであり、選挙に向けた実際の活動は民主党、社民党、連合香川のそれぞれに設けられた選対によって分担して担われていた。

先述したように、近年、国政選挙における民主党と社民党の協力関係は実質的なものとなりつつあったが、それは一方が擁立した候補者をもう一方が支援するという形態であり、今回のように、いずれかの政党が擁立を主導したわけではない無所属の候補者を、双方が支援するという体制をとるのは初めてであった。そのため、相互に遠慮が存在していたり、統一的な選挙戦略の不在を指摘する声もあった[36]。また、お互いにとって「自前」の候補者でないためか、陣営の熱の入り方が、これまでの国政選挙に比較すると冷めたものであったと振り返る陣営関係者もいる[37]。さらに、参院選の一月半後に知事選を控えていたことも、岡内の選挙キャンペーンにおいて不利に働いたと思われる。二〇〇九年末に、一九九八年から三期県知事を務めた真鍋武紀が引退を表明したが、真鍋は県職員の賃金カットなどを巡って自治労（県職員労組）や社民党と対立的な関係にあった。[38]良好な関係を構築しうる知事を後継としたかった自治労は、知事候補の選定や知事選での選挙活動において主導的な役割を果たしたとされる。[39]つまり、連合香川や社民党の内部には、参院選と県知事選を同時に戦っているグループが存在しており、参院選に全面的な資源投入が行われていなかった可能性がある。

こうした体制の下での岡内の選挙戦略は、自民党の磯崎と同様、間接動員戦略と直接動員戦略の組み合わせであった。岡内陣営は、民主党や社民党の国会議員や地方議員、連合香川傘下の労働組合を通じて、各議員の支持者や組合員に働きかける間接動員戦略を展開したほか、直接動員戦略である街頭演説や小集会の開催にも力を入れていた。もっとも、多数の地方議員を抱えるとともに様々な利益団体との接点を持つ自民党と比較した場合、間接的動員戦略の有効性は低いものにとどまらざるをえないため、相対的には直接動員戦略の比重が高かったといえるだろう。

岡内自身の有権者に向けたアピールについて検討しておこう。まず、選挙公報を手がかりに岡内の政策的な主張を見ると、事業仕分けによる行政の効率化、企業・団体献金の廃止、月額七万円の最低保障年金の創設、子ども手当の金額を維持し残りを現物サービスに充てること、地方自治体への一括交付金制度の創設などが挙がっている。これらは民主党が二〇〇九年衆院選のマニフェストで主張し、政権交代後、実現を目指してきた政策と概ね重なっている。一方で、社民党が強い関心を抱いていた普天間基地移設問題などへの言及は見られなかった。[40]

ただ、有権者の前で具体的な政策的主張がアピールに用いられることはあまりなく、「地方」と「子ども」を重視するとのスタンスが強調されていたように思われる。集会などでは、高松市の教育部次長を務めていた際の「荒れた成人式」改革に携わった経験や、最近、孫が生まれたという私的な出来事を披露して、「地方」と「子ども」のために政治家を目指す決意が語られていた。長年、地方行政に携わり、副市長まで務めたというキャリアや、育児をしながら仕事を続けてきたという岡内自身の経験に基づいたアピールが行われていたということになるだろう。

### 「三頭体制」による選挙キャンペーンの制約

岡内が民主党、社民党推薦の無所属候補であったことは、この参院選についていえば、様々な点で選挙キャンペーンに制約を課すことになった。特に重要であったのは、普天間基地移設問題への対応を巡って、社民党党首である福島瑞穂消費者・少子化担当大臣が鳩山由紀夫首相に罷免され、社民党が連立政権から離脱することを決めたことである。これにより、全国の社民党地方組織で参院選における民主党との協力関係のあり方が問題となった。香川県においても、社民党県連合は福島党首が罷免されたことを受けて、党全国幹事長会議で連立離脱を主張することを決め、全国レベルでは民主党との関係を見直していくとの立場をとる。しかし、連立離脱に先立って、仮に社民党が連立政権から離脱しても、参院選において社民党県連合が岡内への推薦を取り下げることはせず、民主党、社民党、連合の三者が協力して岡内を支援していくことを確認している[41]。

公示後、世論調査の結果などから、岡内が劣勢に立たされていることや、岡内が民主党支持層に十分浸透していない状況が明らかになってくる[42]。こうした背景から、民主党本部は無所属候補である岡内に対しても、公認候補と同様に著名な民主党所属議員を応援に送り込んだ[43]。鳩山から政権を引き継いだ菅直人首相をはじめ、岡田克也外務大臣、前原誠司国土交通大臣らが香川県を訪れたほか、投票日前日には蓮舫行政刷新担当大臣が来県して応援演説を行っている。しかし、こうした「テコ入れ」も、岡内にとっては必ずしも集票にプラスとばかりはならなかったようである。例えば、集会で応援演説を行った他県の選挙区選出の民主党衆議院議員が、民主党の政策のアピールに終始したとして、社民党への配慮が足りないとの不満が選対に届けられたという[44]。また、結果的に与党と野党の双方から推薦を受けることになった岡内自身の立場も、両党の国政レベルでの関係に配慮したものとならざるを得なかった。六月半ばにあった記者会見における、当選した場合は民主党と社民党のどちらに所属するのかという質問に対し、岡内は「今はどちらとも言えない。応援してくれる人と話し合って決めたい」と答えるにとどまった[45]。

このように、岡内陣営は、民主党と社民党との微妙なバランスをとりながら選挙キャンペーンを遂行するという困難に終始直面していたのである。そして、連合香川関係者によれば、こうした国政レベルでの民主、社民両党の関係の変化は、有権者に直接接触する地方議員や社民党系労組関係者の動きを鈍らせたという。

## 4　政権交代と業界団体・有権者の反応

### 政権交代後の業界団体の動き

本節では、様々な利益団体や有権者が、政権交代後初の国政選挙となった二〇一〇年参院選で、どのような行動をとったのかについて検討する。二〇〇九年九月の政権交代によって変化が予想されたのが、様々な利益団体と政党との関係であった。自民党一党優位の時期においては、多様な利益団体が自民党との関係を強め、二〇〇〇年代に入ってもその関係は弱まりながらも基本的に維持されてきた[46]。しかし、利益団体は自らの利益の実現のために政権政党との接点を確保しようとするであろうから、政権交代は、利益団体にとって政党との関係を再考する機会になることが予想される。また民主党にとっても、これまで接点がほとんどなかった利益団体との関係を構築するチャンスであり、いわゆる「陳情の一元化」はそのための手段として理解されている(47)。

香川県においても、民主党は一〇月三日に、自治体や業界団体などからの要望を集約する「地域戦略会議」を設置し、毎月一回会合を開いて寄せられた要望について協議していくことを発表する。そして、意見聴取のため、自治体や各団体の幹部に同会議への出席を呼びかけるとした。また、一二月初旬には県内市町の首長や議長との会合を持ち、国への陳情や要望をする時の方法やルールについて詳しい説明を行ったほか、二月中旬には県農協グループと香川県選出の国会議員三名との懇談会が実現している。

では、政権交代後、香川県における自民党と業界団体との関係に変化はあったのだろうか。全般的な傾向としては、両者の関係はやや弱まっていったように思われる。香川県内における自民党の党員数は、二〇〇九年三月末から二〇一〇年三月末にかけて二万人強から一八〇〇〇人余りへとおよそ一割減少した。そうした「離党者」の八割が業界団体に所属する党員であったという(48)。

とはいえ、長年培われた自民党と業界団体との関係は、政権交代により一気に断絶したというわけではなかった。確かに、組合員一四万人を抱えるＪＡ香川県の政治団体である県農協農政対策協議会や県土地改良政治連盟が自主投票としたほか、県トラック協会が磯崎と岡内の両者を推薦したように、自民党と距離を置いた団体も少なくなかった。しかし、伝統的に自民党を支持してきた県建設業協会に加え、全国組織が民主党寄りの会長を新たに選出した医師会の香川県組織も磯崎を推薦した。また、県歯科医師連盟は比例区で木村を公式に推薦したほか、選挙区でも磯崎支持に回っている(49)。参院選の時点では、政権交代から一年も経過しておらず、民主党政権との関係構築については様子見の状態にあったといえるだろう。また、地方分権の進展により、国政とのパイプと同等かそれ以上に、地方政界との関係が重視されるようになったとの議論を念頭に置けば、[50] 県議会や市町議会で多数を占める自民党との関係は維持しておく必要があるとの計算が働いたのかもしれない。

## 集計データによる有権者の投票行動の分析

続いて、有権者の投票行動について検討していこう。香川県選挙区の開票結果は、表2-2に示したとおりである。磯崎が約二三万六〇〇〇票余（相対得票率五一・四％）を獲得したのに対して、岡内の得票は約一九万票（相対得票率四一・二％）にとどまり、磯崎が四万票以上の差をつけて当選を果たした。県内の有権者の約四割を占める大票田であり、かつ民主党支持の傾向が強かった高松市においても、四・四ポイント差で磯崎の得票が岡内の得票を上回るなど、香川県内の一七市町すべてで磯崎が岡内の得票を上回る圧勝であった。

本項では、簡単な集計データの分析を通じて、こうした結果がもたらされた背景に関する二つの可能性について検討してみたい。一つは、自民党の伝統的な集票システムの頑強性である。すなわち、自民党の動員ネットワークが再び機能した結果、磯崎が大勝したというシナリオである。もう一つの可能性は、自民党へのナショナル・スウィングが磯崎の勝利をもたらしたというものである。前節までの議論との関連でいえば、（少なくとも結果的に）自民党による新たな選挙戦略は功を奏したといえるのか、民主党の得票パターンに変化はあったのかを確認していくことになる。

図2-2は、香川県内一七市町における二〇〇七年から二〇一〇年にかけての投票率の変化と、自民党候補の絶対得票率の変化、民主党候補と無所属候補の絶対得票率の変化の関係を示している。二〇一〇年の岡内については、投票率の増減にかかわらず県内一律に二〇〇七年の民主党植松の絶対得票率を八〜九ポイント下回っていた。これに対して磯崎は、すべての市町で前回の真鍋の絶対得票率を上回っ

**表2－2**　香川県選挙区の市町別開票結果

| | 磯﨑仁彦（自民） | | | 岡内須美子（無所属） | | | 藤田　均（共産） | | | 投票率（%） |
|---|---|---|---|---|---|---|---|---|---|---|
| | 得票数 | 得票率10（%） | 得票率07（%） | 得票数 | 得票率10（%） | 得票率07（%） | 得票数 | 得票率10（%） | 得票率07（%） | |
| 松市 | 91,005 | 48.4 | 37.7 | 82,664 | 44.0 | 55.8 | 14,289 | 7.6 | 6.5 | 56.8 |
| 亀市 | 27,248 | 55.5 | 39.2 | 18,388 | 37.5 | 54.6 | 3,439 | 7.0 | 6.2 | 56.7 |
| 出市 | 14,859 | 56.2 | 43.9 | 9,658 | 36.5 | 50.0 | 1,930 | 7.3 | 6.1 | 57.6 |
| 通寺市 | 8,707 | 56.1 | 44.9 | 5,712 | 36.8 | 49.2 | 1,112 | 7.2 | 5.9 | 57.7 |
| 音寺市 | 15,529 | 52.4 | 42.9 | 11,162 | 37.7 | 51.5 | 2,946 | 9.9 | 5.6 | 58.9 |
| ぬき市 | 11,817 | 49.1 | 40.3 | 10,846 | 45.1 | 56.0 | 1,391 | 5.8 | 3.7 | 56.4 |
| かがわ市 | 8,446 | 49.5 | 42.4 | 7,355 | 43.1 | 53.1 | 1,254 | 7.4 | 4.4 | 60.7 |
| 豊市 | 17,851 | 53.4 | 44.8 | 13,074 | 39.1 | 49.4 | 2,520 | 7.5 | 5.7 | 58.7 |
| 庄町 | 4,552 | 57.2 | 49.0 | 2,932 | 36.8 | 48.0 | 474 | 6.0 | 3.0 | 63.2 |
| 豆島町 | 4,850 | 57.1 | 51.7 | 2,990 | 35.2 | 43.0 | 660 | 7.8 | 5.3 | 62.8 |
| 木町 | 6,614 | 49.3 | 37.3 | 5,909 | 44.0 | 57.6 | 901 | 6.7 | 5.1 | 58.5 |
| 島町 | 881 | 48.2 | 43.3 | 836 | 45.8 | 54.2 | 110 | 6.0 | 2.5 | 69.2 |
| 多津町 | 3,850 | 52.7 | 39.1 | 2,926 | 40.1 | 56.2 | 523 | 7.2 | 4.6 | 55.4 |
| 川町 | 6,454 | 52.2 | 44.0 | 5,141 | 41.6 | 51.3 | 773 | 6.3 | 4.8 | 60.3 |
| 平町 | 2,558 | 53.3 | 42.8 | 1,916 | 39.9 | 50.9 | 323 | 6.7 | 6.2 | 58.2 |
| 度津町 | 5,618 | 49.9 | 38.4 | 4,866 | 43.2 | 56.2 | 785 | 7.0 | 5.4 | 60.3 |
| んのう町 | 5,295 | 57.8 | 44.0 | 3,264 | 35.6 | 50.3 | 607 | 6.6 | 5.7 | 56.2 |
| | 236,134 | 51.4 | 40.6 | 189,639 | 41.2 | 53.6 | 34,037 | 7.4 | 5.8 | 57.7 |

注1：得票率10，得票率07は相対得票率。
注2：得票率07は，同じ政党の候補者が2007年参院選で獲得した得票率。ただし，岡内の列の得票率07は，2007年参院選における民主党候補の得票率である。

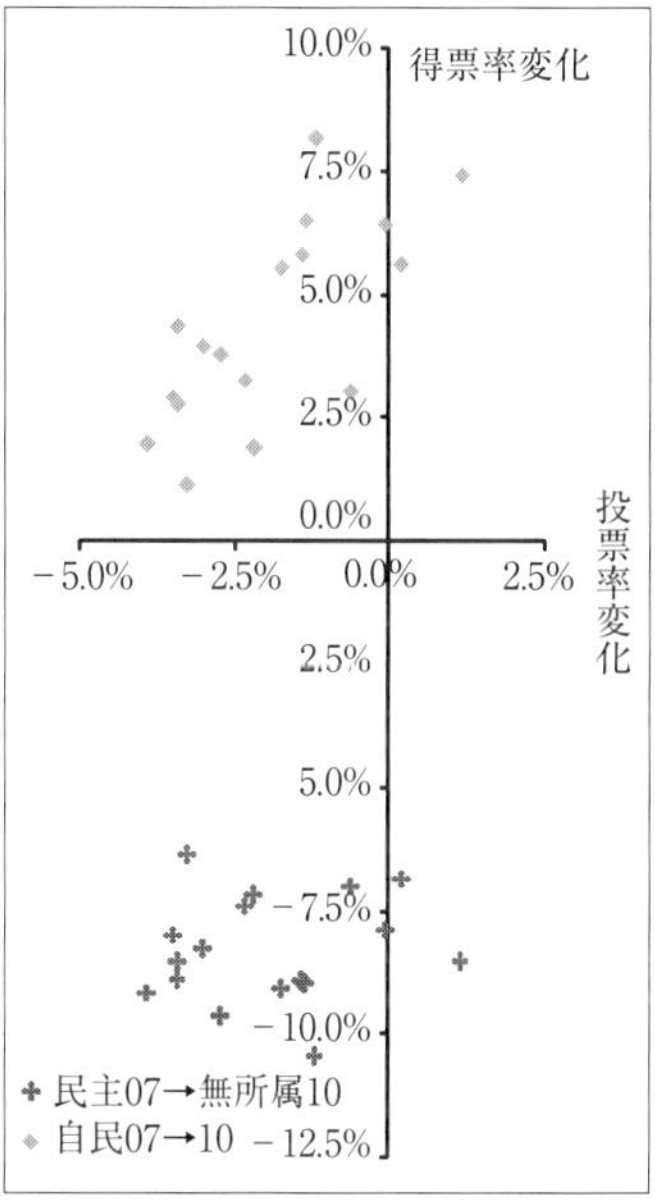


図2－2　投票率の変化と民主党系・自民党系候補の絶対得票率変化（2007～10年）

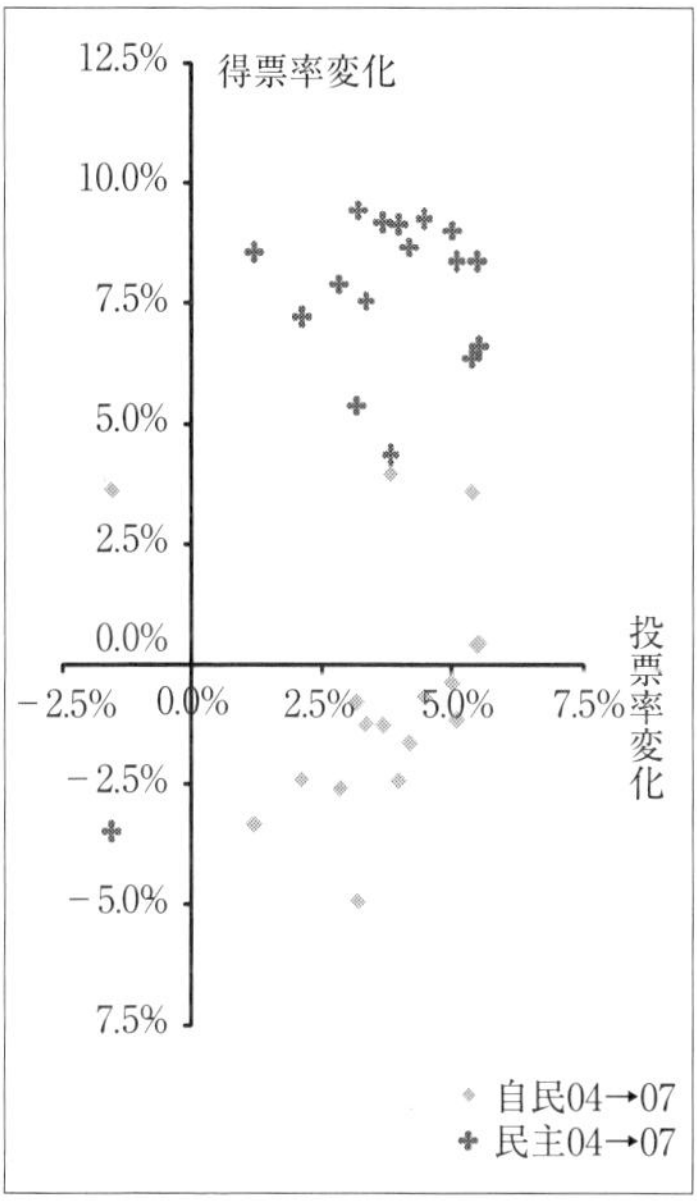


図2－3　投票率の変化と民主党系・自民党系候補の絶対得票率変化（2004～07年）

ていたが、特に投票率が上昇あるいは微減に留まった市町で絶対得票率の伸びが大きくなっていた。では、投票率が維持され、自民党の得票率が伸びたのは、どのような市町であったのだろうか。伝統的な自民党への支持の強さの指標としての六五歳以上人口比[51]と自民党候補得票率の変化、投票率の変化の相関係数を見ると、それぞれマイナス〇・六七八とマイナス〇・六一八となっていた。つまり、この参院選では、元々自民党が地盤としていたような地域では投票率と自民党の得票率がともに低下していたのに対し、必ずしも自民党が強くはなかった地域において投票率は維持され、自民党がより得票を伸ばしていたのである。

　こうした投票率と自民党候補の絶対得票率との正の相関は、二〇〇四年から二〇〇七年にかけても見ることができる（図2‐3参照）。民主党候補が大勝した二〇〇七年参院選で、民主党候補の得票の増加は投票率の増減にかかわらずほぼ一定であったのに対し、二〇〇四年からの投票率の上昇幅が大きかった地域では、自民党候補の得票減少が抑えられる傾向にあった。しかし、六五歳以上人口比率と自民党の絶対得票率の変化との相関係数を見ると、二〇一〇年とは異なり、〇・四九五という正の値となっている（投票率の変化との相関係数も、二つの外れ値[52]を除くと、やはり〇・四四八と正の値を示す）。つまり二〇〇七年の場合、自民党への支持基盤が固いと考えられる地域ほど（例外もあるが）投票率が上昇し、同時に自民党候補への投票も維持されていたということになる。

以上をまとめると、まず民主党については、二〇〇七年についても二〇一〇年についても、地域を問わず一定数存在すると考えられる浮動層の動向に強い影響を受けていたといえる。一方で自民党は、二〇〇七年においては、伝統的な支持者が多い地域で、二〇〇四年に棄権した有権者を動員して自民党に投票させることができていたのに対し、二〇一〇年においては、元来、票田としてきたような地域で自民党支持者を動員することができず、棄権させてしまったと考えられる。それでも、予想された以上の大差で磯﨑が勝利したということは、従来は自民党が弱かった地域での得票の伸びが相当に大きかったためだということになる。その意味で、伝統的に強固な支持基盤を持つとされる香川県のような地域においても、二〇一〇年参院選で自民党は、民主党と同様に浮動層の動向に左右されていたといえるだろう[53]。

## 5　二〇一〇年参院選における政党地方組織

最後に、香川県選挙区において、自民党の支持基盤の融解や政権交代といった選挙環境の変化に自民、民主両党の政党地方組織がどのような影響を受け、どのように対応しようとしたのかを、有権者や利益団体の動きにも目を配りながらまとめていく。これを通じて、二〇一〇年参院選が日本の政党政治や選挙政治においていかなる意味を持つ選挙であったのかを考察し、本章を閉じることにしたい。

まず自民党については、香川県選挙区の事例を見る限り、保守優位とされてきた一人区においても、選挙過程に変化が生じていたことが看取できる。自民党は、初めて公募により候補者選定を行い、自民党香川県連を中心とした選挙キャンペーンを展開した。候補者選定過程を広く開放することは、社会とのリンケージを回復し、社会の利益を代表する政党としての正統性を高める手段となり得る(54)。また、支持者や潜在的な候補者のプールであり、資金や日常活動の労働力といった資源を持つ政党地方組織を再び活性化させるための手段ともなりうるだろう。特に、政権を失って野党となり、選択的なインセンティブの提供が困難になったことは、組織的な支持基盤の再構築を要請し、候補者選定過程を「開放」する誘因を高めたと考えられる(55)。

また、選挙キャンペーン手法に関しては、従来の手法を踏襲した間接型の動員戦略とともに、磯崎の公募で選出された候補という特性を活かした直接的動員戦略が重視されていた。全般的に地方議員の活動は停滞気味で、結果的には4節で示したように従来型の間接的動員戦略は十分に機能していなかったが、その一方で、これまで自民党が相対的に弱かった地域で得票を増やすことに成功している。結果論かもしれないが、自民党のとった選挙戦略は、今日の有権者の動向に合致したものだったといえよう。

では、こうした候補者選定過程の開放と伝統的な支持者に頼らない選挙キャンペーンの展開は、自民党という政党組織にどのようなインパクトを与えるであろうか。ここでは、二つの可能性を示しておきたい。一つには、候補者選定過程の開放は、党内における地方組織のプレゼンスを高める方向に作用することが考えられる。なぜなら、党員投票や大規模な党の集会における投票に基づいて選出された候補予定者には高い正統性が付与され、党本部がそうした「民主的に」選ばれた候補予定者の公認を拒否することには、それを正当化するだけの高い説明責任が求められるからである。他方で、結果としては党本部の影響力をむしろ強化するという議論もある[56]。党の地方組織の幹部による「閉じた」選定過程からは、地方組織の利益を反映した候補予定者が選出される可能性が高い。こうした候補者が当選して議員となった場合、例えば地域利益と集合的利益の対立というように、党本部との間に利益対立が生じることが考えられる。しかし、候補者選出過程への参加者が大規模になれば、一般の有権者に近い人々の選好を反映した候補者が選ばれやすくなる。こうした候補者は、党の地方組織が持つ指向より、むしろ全国的な党勢拡大のために中位投票者の選好に即した政策を打ち出したい党本部の意向と合致した指向を持つことになるであろう。

他方、民主党については、地方レベルにおける社民党との関係が制約要因となった選挙であった。既に述べたような民主、社民両党の歴史的な関係や、二〇〇七年参院選における経緯を背景に、候補者選定過程における社民党との調整は難航し、候補者決定後の選挙キャンペーンも、社民党の政権離脱もあって、効果的に遂行することが難しかった。

この参院選では、香川県のように社民党がいまだにプレゼンスを維持している地域では、政権交代は民主党にとって足枷ともなりうることが示されたといえる。与党となったことで、政策は結果として表れることになり、普天間基地移設問題や消費税率引き上げ問題のように、連立与党間で政策的立場に差異がある場合、それを棚上げすることは、野党時代と比較にならないほど困難になった。特に、社民党が政策追求型の政党という性格を持つことは、政党間の政策的な不一致がもたらす困難をより大きくしたといえよう。

続いて、なぜ香川県における民主党に関しては、「地域の事情」が反映された選挙過程となったのかを考察していこう。まず、社民党の地方組織の立場から見れば、近年の民主党優勢という国政選挙の趨勢の下では、民主党と友好な関係を維持することは社民党に利益をもたらしうるが、他方では、地方レベルでのプレゼンスの確保や党の地方組織の活性化の方が現実的な目標となる。こうした目標のために、（現実的には当選の可能性が低くなったとしても）自党主導の候補者選定を主張することは十分ありうるだろう。また、傘下に民主党系、社民党系労組を抱える連合の立場からすれば、両党がそれぞれに候補者を擁立することは、自らの組織維持の観点から避けなくてはならなかった。こうした両者の意向を民主党が汲まなくてはならなかったのは、結局のところ、民主党の地方組織が脆弱であり、（特に政治的資源をあらかじめ持たない候補を擁立して）自民党との競争に勝つためには、社民党や連合からの協力が不可欠であることによる。

二人区における複数候補者擁立の経緯にも見られるように、この参院選の一連の過程において、民主党本部の地方組織に対する影響力は強まったように見える。しかし、地方レベルにおける政党組織が脆弱で、他の政党や支持団体の支援を必要とする場合、党本部がそれら（あるいはそれらの上位団体）と調整を行ったり、地方組織が必要とする資源を肩代わりできない限り、「地方の事情」が前面に出ざるを得ないのではないだろうか。

二〇一〇年参院選における香川県選挙区の分析結果は、これまで地域の社会経済環境と密接なつながりをもっていた自民党が、こうした地域の固有性からの独立性を高めていったのに対し、民主党は今日でも、政党組織をめぐる地域の固有性に拘束されていることを示唆する。政権交代によって日本の選挙政治や政党政治の何が変わり、何が変わらなかったのか、今後、さらなる検討が必要とされよう。

## 註

（1）複数定数区と比例区での獲得議席を合計すると、民主党の獲得議席が自民党のそれを上回っていた。また、選挙区でも比例区でも、総得票数では民主党が自民党を上回っている。
（2）河村和徳「農業票の行方――宮城四区」白鳥浩編著『政権交代選挙の政治学――地方から変わる日本政治』ミネルヴァ書房、二〇一〇年、二二一～二三四頁。斉藤淳『自民党長期政権の政治経済学――利益誘導政治の自己矛盾』勁草書房、二〇一〇年。
（3）水崎節文・森裕城『総選挙の得票分析――一九五八～二〇〇五』木鐸社、二〇〇七年、七章。堤英敬・森道哉「民主党候補者の集票システム――二〇〇七年参院選香川県選挙区を事例として」『選挙研究』二四巻一号、二〇〇八年、四八～六八頁。河野勝「選挙結果からみた民主党圧勝、自民党大敗の構図」田中愛治・河野勝・日野愛郎・飯田健・読売新聞世論調査部『二〇〇九年、なぜ政権交代だったのか』勁草書房、二〇〇九年、二七～五七頁。
（4）秋吉貴雄「「保守王国」の崩壊――熊本二区」白鳥浩編著『政権交代選挙の政治学』ミネルヴァ書房、一三二～一五六頁。
（5）二〇〇七年参院選では四選挙区（秋田・富山・愛媛・宮崎）で、二〇〇四年参院選では三選挙区（秋田・新潟・高知）でこうした手法がとられていた。また、一人区においては、福岡選挙区で民主党・社民党推薦の無所属候補が立候補している。
（6）『読売新聞』二〇〇九年一〇月一日。なお本章では、特に断わらない限り、新聞からの引用は香川版による。
（7）『朝日新聞』二〇〇九月一〇月一日。
（8）『読売新聞』二〇〇九月一二月一〇日。
（9）『朝日新聞』二〇一〇月一月一六日。
（10）一回目の投票結果は、磯崎七三票、山田正芳県議会議員五一票、文筆業の女性三一票、新田耕造県議会議員一二三票であり、決選投票の結果は磯崎一一六票、山田六〇票であった（『朝日新聞』二〇一〇年三月八日）。このときの様子を取材したマスコミ関係者は、磯崎の所信表明や質疑応答が他候補より優れていたことが、多くの票を集めた要因ではないかとしている。

（11）例えば、Gideon Rahat and Reuven Y. Hazan, "Candidate Selection Methods : An Analytical Framework," *Party Politics*, 7 (3), 2001, pp. 297–322.

（12）Reuven Y. Hazan and Gideon Rahat, "The Influence of Candidate Selection Methods on Legislatures and Legislators : Theoretical Propositions, Methodological Suggestions and Empirical Evidence," *Journal of Legislative Studies*, 12 (3-4), 2006, pp. 366–385.

（13）磯崎陣営関係者へのインタビュー。

（14）磯崎が自民党の公募の延長を知ったのは一月下旬であり、締切間際になって応募を決めている（『朝日新聞』二〇一〇年六月二六日）。

（15）平井は二〇〇九年衆院選で香川一区から立候補し、民主党の小川淳也に敗れたが、比例四国ブロックで復活当選している。

（16）『読売新聞』二〇一〇年六月二〇日。

（17）直接的動員戦略、間接的動員戦略については、Dyron Dabney, "Campaign Behavior : The Limits to Change," in Sherry L. Martin and Gill Steel (eds.), *Democratic Reform in Japan : Assessing the Impact* : Lynne Rienner Publishers, 2008, pp. 39–63を参照。この議論を踏まえつつ、民主候補の選挙キャンペーンを分析したものとしては、堤英敬・森道哉「民主党候補の選挙キャンペーンと競争環境——香川一区・二区」白鳥浩編著『政権交代選挙の政治学』二〇一〇年、三七〜六四頁がある。

（18）マスコミ関係者、地元シンクタンク関係者のインタビュー。

（19）『読売新聞』二〇一〇年六月二〇日。

（20）磯崎陣営関係者へのインタビュー。

（21）『朝日新聞』全国版二〇一〇年三月一五日、『読売新聞』全国版二〇一〇年三月二八日。

（22）『読売新聞』二〇一〇年六月二〇日。

(23)　マスコミ関係者へのインタビューから示唆を得た。
(24)　朝日新聞の出口調査によれば、公明党支持者の自民党候補への投票割合は二〇〇七年から五ポイントほど上昇していた。ただし、二〇〇七年における公明支持者と自民支持者の自民党候補への投票割合はほぼ同程度であったのに対し、二〇一〇年の場合は公明党支持者の方が約一〇ポイント低くなっている（『朝日新聞』二〇〇七年七月三一日、『朝日新聞』二〇一〇年七月一三日）。
(25)　磯崎選対は、自民党公認の比例区候補が磯崎の個人演説会等に出席する場合、登壇して挨拶する時間を設けることにしていたが、木村も一人の比例区候補として同様に扱うという方針をとったという。これに対する公明党の反応は好意的なものではなかったが、結局、この方針は最後まで維持された（磯崎選対関係者へのインタビュー）。
(26)　『朝日新聞』二〇〇九年一〇月四日。『四国新聞』二〇〇九年一〇月四日。
(27)　『朝日新聞』二〇一〇年二月一〇日。『読売新聞』二〇一〇年四月二四日。なお、福島瑞穂党首が「党の県連合の立場を尊重したい」との意向を示していたように（『朝日新聞』二〇〇九年一一月二〇日）、一一月の段階では、社民党本部は基本的に候補者調整には介入しない方針であった。
(28)　二〇〇三年までの全都道府県議会会派を分析した辻は、社民党は国政レベルでの退潮傾向が著しいにもかかわらず、地方レベルでは「意外な『耐性』」を見せていることを指摘している（辻陽「政界再編と地方議会会派——「系列」は生きているのか」『選挙研究』二四巻一号、二〇〇八年、一六〜三一頁）。
(29)　香川県における民主党地方組織の動向や民主党と社民党の関係については、堤・森、前掲論文、二〇〇八年。堤英敬・森道哉「民主党地方組織の形成過程——香川県の場合」上神貴佳・堤英敬編著『民主党の組織と政策——結党から政権交代まで』東洋経済新報社、二〇一一年、九九〜一三四頁を参照。
(30)　『読売新聞』二〇〇九年一一月一一日。
(31)　岡内選対関係者へのインタビュー。
(32)　民主党香川県連定期大会（二〇一〇年二月七日）での小川淳也代表の発言。
(33)　『四国新聞』二〇一〇年三月八日。

(34)　岡内選対関係者へのインタビュー。
(35)　『朝日新聞』二〇一〇年三月二〇日。
(36)　岡内選対関係者へのインタビュー。
(37)　岡内選対関係者へのインタビュー。
(38)　県職員労組は二〇〇七年一〇月に、職員数の削減や給与カットなどで総人件費一三〇億円を削減するとした県の新財政再建方策に反発して、時限ストライキを決行している（『四国新聞』二〇〇七年一一月一日）。また、社民党は二〇〇五年末に真鍋知事が県議会で立候補表明を行った際、所属議員全員が議場を退席するなど、真鍋知事とは対立的な関係にあった（『読売新聞』二〇〇五年一二月一七日）。
(39)　岡内選対関係者、マスコミ関係者へのインタビュー。
(40)　消費税率引き上げ問題や普天間基地移設問題への言及は、集会等でもあまり語られる機会がなかった。民主党、社民党推薦の無所属候補という立場が、こうした問題への言及を避けさせたとも考えられるが、二〇〇七年参院選において、社民党県連から支持を受けていた民主党公認候補の植松が、憲法九条の理念の尊重にしばしば言及していたこととは対照的にも見える（堤・森、前掲論文、二〇〇八年、六四頁）。
(41)　『朝日新聞』二〇一〇年五月三〇日。
(42)　マスコミ関係者へのインタビュー。
(43)　関係者らへのインタビューによれば、民主党支持層に岡内支持が十分に広がっていなかったことから、岡内を民主党公認に切り替えることも検討されたようである。ただ、本人の意向もあって、無所属のままで選挙戦を進めることとなったという。
(44)　『読売新聞』二〇一〇年六月一九日。
(45)　『読売新聞』二〇一〇年六月一九日。
(46)　森裕城「政権交代前夜における団体―政党関係の諸相——弱体化しながらも持続していた自民党一党優位の構造」辻中豊・森裕城編著『現代社会集団の政治機能——利益団体と市民社会』木鐸社、二〇一〇年、一八〇～一九四頁。

(47)『朝日新聞』二〇〇九年一一月三日、一二月六日、一二月二四日。
(48)『読売新聞』二〇一〇年六月二〇日。
(49)『朝日新聞』二〇一〇年七月三日。『四国新聞』二〇一〇年三月四日、四月二五日。
(50) 砂原庸介「もうひとつの政界再編――政党における中央地方関係の変化とその帰結」御厨貴編『変貌する日本政治――九〇年代以後「変革の時代」を読みとく』勁草書房、二〇〇九年、一〇一～一二五頁。
(51) 六五歳以上人口比率と自民党の絶対得票率の相関係数は、二〇〇四年は〇・六〇二、二〇〇七年は〇・七五六、二〇一〇年は〇・五七三と、非常に高い値をとっている。
(52) ここでは、直島町、まんのう町を除いている。
(53) 世論調査データを用いて二〇一〇年参院選の分析を行った谷口らは、自民党以外の政党の候補者もいる複数定数区と異なり、一人区では自民党が反民主党票の唯一の受け皿となったことを、一人区で自民党が大勝した要因として指摘している（谷口将紀・境家史郎・大川千寿・上ノ原秀晃（二〇一〇）「二〇一〇年参議院選挙――民主政権に吹く秋風？」『世界』二〇一〇年一〇月号、六三～六四頁）。
(54) Jonathan Hopkin, "Bringing the Members Back in?: Democratization Candidate Selection in Britain and Spain," *Party Politics*, 7 (3), 2001, pp. 343–361.
(55) 党内の役職者の選定における党員参加の与野党による差異については、Nicole Bolleyer, "Inside the Cartel Party Organisation in Government and Opposition," *Political Studies*, 57 (3), 2009, pp. 559–579を参照。
(56) Richard S. Katz, "The Problem of Candidate Selection and Models of Party Democracy," *Party Politics*, 4 (3), 2001, pp. 277–296などを参照。

## 参考文献

秋吉貴雄「「保守王国」の崩壊――熊本二区」白鳥浩編著『政権交代選挙の政治学――地方から変わる日本政治』ミネルヴァ書房、二〇一〇年、一三二～一五六頁。

河野勝「選挙結果からみた民主党圧勝、自民党大敗の構図」田中愛治・河野勝・日野愛郎・飯田健・読売新聞世論調査部『二〇〇九年、なぜ政権交代だったのか』勁草書房、二〇〇九年、二七～五七頁。

河村和徳「農業票の行方——宮城四区」白鳥浩編著『政権交代選挙の政治学——地方から変わる日本政治』ミネルヴァ書房、二〇一〇年、二一一～二三四頁。

斉藤淳『自民党長期政権の政治経済学——利益誘導政治の自己矛盾』勁草書房、二〇一〇年。

砂原庸介「もうひとつの政界再編——政党における中央地方関係の変化とその帰結」御厨貴編『変貌する日本政治——九〇年代以後「変革の時代」を読みとく』勁草書房、二〇〇九年、一〇一～一二五頁。

谷口将紀・境家史郎・大川千寿・上ノ原秀晃「二〇一〇年参議院選挙——民主政権に吹く秋風？」『世界』二〇一〇年一〇月号、五九～六九頁。

辻陽「政界再編と地方議会会派——「系列」は生きているのか」『選挙研究』二四巻一号、二〇〇八年、四八～六八頁。

堤英敬・森道哉「民主党候補者の集票システム——二〇〇七年参院選香川県選挙区を事例として」『選挙研究』二四巻一号、二〇〇八年、一六～三一頁。

堤英敬・森道哉「民主党候補の選挙キャンペーンと競争環境——香川一区・二区」白鳥浩編著『政権交代選挙の政治学——地方から変わる日本政治』ミネルヴァ書房、二〇一〇年、三七～六四頁。

堤英敬・森道哉「民主党地方組織の形成過程——香川県の場合」上神貴佳・堤英敬編著『民主党の組織と政策——結党から政権交代まで』東洋経済新報社、二〇一一年、九九～一三四頁。

水崎節文・森裕城『総選挙の得票分析——一九五八—二〇〇五』木鐸社、二〇〇七年。

森裕城「政権交代前夜における団体—政党関係の諸相—弱体化しながらも持続していた自民党一党優位の構造」辻中豊・森裕城編著『現代社会集団の政治機能——利益団体と市民社会』木鐸社、二〇一〇年、一八〇～一九四頁。

Nicole Bolleyer, "Inside the Cartel Party Organisation in Government and Opposition," *Political Studies*, 57 (3), 2009, pp. 559–579.

Dyron Dabney, "Campaign Behavior : The Limits to Change," in Sherry L. Martin and Gill Steel (eds.),

*Democratic Reform in Japan* : *Assessing the Impact* : Lynne Rienner Publishers, 2008, pp. 39–63.

Reuven Y. Hazan and Gideon Rahat, "The Influence of Candidate Selection Methods on Legislatures and Legislators : Theoretical Propositions, Methodological Suggestions and Empirical Evidence," *Journal of Legislative Studies*, 12 (3–4), 2006, pp. 366–385.

Jonathan Hopkin, "Bringing the Members Back in? : Democratization Candidate Selection in Britain and Spain," *Party Politics*, 7 (3), 2001, pp. 343–361.

Richard S. Katz, "The Problem of Candidate Selection and Models of Party Democracy," *Party Politics*, 7 (3), 2001, pp. 277–296.

Gideon Rahat and Reuven Y. Hazan, "Candidate Selection Methods : An Analytical Framework," *Party Politics*, 7 (3), 2001, pp. 297–322.

［謝辞］　本章の執筆にあたっては、多くの関係者に聞き取り調査を行った。ご協力いただいた方々に、この場をお借りして厚くお礼申し上げる。もちろん、本章に関する一切の責任は筆者にある。なお、本章は科学研究費（二〇五三〇一〇六）による成果の一部である。

# 第3章　政党のリクルートメント機能不全

――北海道選挙区――

浅野一弘

## 1　番狂わせのなかった北海道選挙区

二〇一〇年七月一一日に行われた第二二回参院選・北海道選挙区の結果は、表3―1のようになった。今回の選挙戦の勝敗は、大方の予想どおりであったといえよう。なぜならば、地元紙の『北海道新聞』は、選挙戦突入直後の「参院選序盤情勢」とする記事で、「道選挙区　徳永氏、長谷川氏　先行　追う藤川氏、中川氏ら」との見出しをかかげていたし、[1]投票直前の「参院選終盤情勢」分析においても、「長谷川、徳永氏優位保つ　参院選道選挙区　藤川氏追う展開」との判断を下していたからだ。[2]

全国誌でも、例えば『週刊朝日』は、当初、「二人区は民主が全選挙区で議席を得て、かつ北海道と宮城は二議席独占の可能性もある」という政治ジャーナリスト・野上忠興の議席予測を掲載していたものの、[3]最終予測においては、長谷川岳、徳永エリの両候補に、「やや有利」の「〇」を付し、藤川雅司には、「追い上げれば当選の可能性も」を示す「▲」しかつけていなかった。[4]加えて『サンデー毎日』でも、四月二日の時点において、政治評論家の有馬晴海は、藤川「△（＝有力）」、徳永「〇（＝当確）」、長谷川「▲（＝劣勢）」との予測を立てていた。[5]だが、五月七日の予測では、徳永と長谷川には「当落線

**図3－1**　衆議院小選挙区（北海道）

**表3－1**　北海道選挙区選挙結果

| 北海道選挙区　改選：2 | | | | | | | | |
|---|---|---|---|---|---|---|---|---|
| | 得票数 | 氏名 | 年齢 | 党派 | 推薦 | 新旧 | 当選回数 | 代表的肩書 |
| 当 | 948,267 | 長谷川　岳 | 39 | 自 | | 新 | 1 | (元)ＩＴ会社役員 |
| 当 | 708,523 | 徳永　エリ | 48 | 民 | 国・大 | 新 | 1 | リポーター |
| | 567,167 | 藤川　雅司 | 53 | 民 | | 新 | | (元)札幌市議 |
| | 320,992 | 中川　賢一 | 43 | み | | 新 | | (元)道職員 |
| | 200,231 | 畠山　和也 | 38 | 共 | | 新 | | 党道政策委員長 |
| | 22,166 | 大林　誠 | 37 | 諸 | | 新 | | 幸福実現党員 |

出所：総務省ホームページより作成。

やや上」の「△$^{+}$」が付され、藤川には「当落線やや下」を示す「△$^{-}$」がつけられたのだ。[6] 三名の候補者に対するこの評価は、同誌の最終予測（六月下旬）でも動かなかった。[7]

こうした予測が出てきた背景には、長谷川、徳永両候補の知名度の高さが大きく関係している。選挙公報に掲載された両者のプロフィールを紹介しよう。前者の長谷川は、「昭和四六年愛知県春日井市生まれ。平成二年北海道大学入学。『企業経営論　NPO経営』を専攻。同六年北海道大学経済学部卒。在学中の同三年、学生仲間五人でYOSAKOIソーラン祭り実行委員会を発足させ翌年第一回祭りを開催」した経歴をもつ。YOSAKOIソーラン祭りは、「以降、毎年六月に開催し現在では観客二〇〇万人以上の北海道有数の観光資源」[8]へと成長しており、北海道内において、長谷川の名前を知らない者はないといってもいいほどであった。また、後者の徳永は、「一九六二年一月一日生まれ。出身・現住所ともに札幌市。家族は長男（一八歳）と母親。札幌市立緑丘小学校、藤女子中学、藤女子高卒、法政大学法学部法律学科（通信教育課程）中退。日本テレビ『ルックルックこんにちは』、TBS『森本ワイドモーニングEye』、テレビ朝日『こんにちは二時』、UHB『のりゆきのトークDE北海道』でリポーターをつとめる」など、お茶の間での知名度は抜群であった。[9]

したがって、二〇一〇年参院選・北海道選挙区は、番狂わせのない選挙であったといえよう。だが、選挙戦を戦う候補者の選定は、きわめて難航した。このことが、今回の北海道選挙区の最大の特徴ともいえる。

そこで、本章においては、自民党、民主党、それぞれの候補者選定のプロセスについて紹介する。その後、今回の選挙の勝敗を決めた要因が何かについて検討を行う。そして最後に、リクルートメントという観点から、民主党が抱える構造的な問題について簡単な私見を述べてみたい。

## 2　候補者選定のプロセス

### 自民党候補――長谷川岳

当初、自民党では、二〇一〇年参院選で改選を迎える中川義雄が、三期目に立候補することとなっていた。事実、二〇〇九年二月一九日に、中川が開いた政経パーティーの場でも、来賓の島村宜伸元農水相や所属派閥会長の伊吹文明元幹事長らは、「中川さんも来年は選挙ですので、みなさんによろしく応援をお願いしたい」とあいさつしていたほどだ[10]。ちなみに中川は、中川一郎元農水相の弟であり、中川昭一元財務相の叔父にあたる人物である。もっとも、選挙の折に七二歳となることが懸念材料ではあったが、地元の自民党関係者からは、「中川さんより知名度があり一次産業に精通している人はいないと思う。もう一期続投でもいいのではないか」との声が出されていた[11]。こうした声が出てくる背景には、「おいの中川昭一が急死したいま、『中川義雄がいなくなったら誰が北海道農業を守るのか』との危機感」が、農業関係者を中心にあったことは間違いない[12]。そして中川自身、「このまま自分が引退したのでは、再起を誓っていた昭一氏も浮かばれない。『中川王国』最後の砦として〝弔い合戦〟に臨む考え」に傾いていたと見てよい[13]。

だが、自民党北海道支部連合会（道連）内では、若手の擁立を求める声が出はじめた。というのは、八月三〇日に行われた第四五回衆院選において、自民党は、北海道の一二小選挙区のうち、一選挙区でしか勝利することができなかったからである（二名が比例代表で復活当選）。そのため、翌月二七日に開催された、北海道代議士会と北海道議会議員代表による会合の場でも、町村信孝元官房長官や武部勤元幹事長らが、「〝勝てる候補〟を擁立しなければいけない」「〝みんなで応援できる人〟を擁立したい」と述べるなど、直接的な名指しこそ避けたものの、中川を候補者としない方針を打ち出した。これは、自民党の参院選挙区に「定年制はないが、あと六年やるとすれば七八歳」となってしまう、「中川さんでは自民党が変わったという印象を与えられない」との思いが、自民党道連内で強かったことを物語っている[14]。しかも、伊東良孝道連会長自身、地元誌記者からの「来夏の参院選北海道選挙区は、現職の中川義雄さんのまま行くのですか」との問いに対して、「道内の業界団体だけでなく、道内二〇〇の自民党支部の中からもさまざまな意見が出てきています」としたうえで、「来年の参院選は必ず勝たなければなりません。勝てる候補者は誰なのか、そして勝てる体制づくりのために、みなさんと候補者選考にこれから当たりたいと思っております」（傍点、引用者）と答えていたのだ[15]。加えて、自民党道連では、一〇月に、全道二〇〇支部を対象とした、「望まれる参院選候補者像」に関するアンケート調査を実施していた。この中で、「現職・中川の三選を望む声も一部あったが、それ以上に党のイメージを刷新できる若手候補の擁立を求める声が多かった」そうだ[16]。このように、「自民党からすると、参院選で二議席民主党に取られて、その何カ月後の統一選に突入すると、知事選はもちろん、道議選、市町村選への影響は大きい」ため、ことさらに、〝勝てる候補〟の擁立を求める声が強まっていったのである[17]。

その後、自民党では、支援団体などからなる「候補選考委員会（一〇〇人委員会）」（委員長：我孫子健二）を組織し、候補者の選定を本格化させた。地元誌の報道によれば、一一月二五日の締切時点では二五名の名前が挙がっていたという。その顔ぶれは多彩で、高橋はるみ知事や吉川貴盛前衆議院議員などに加えて、「テレビドラマ『風のガーデン』の設計者として脚光を浴びた上野砂由紀などの名前も挙がっていた」ようだ[18]。さらに同委員会は、一二月七日になって、候補者を一〇名ほどに絞りこんだ。その候補者リストの中には中川の名前も入っており[19]、自民党道連幹事長の竹内英順も、「中川氏が現段階で有力な候補者の一人であるのは事実」と語っていたほどだ。その理由の一つとして、「候補になるためには知名度やルックスなどもさることながら、資金力が重要な要素。現在、党におカネがないため、公募を行った際も『自分で四〇〇〇万から五〇〇〇万円くらいの選挙資金を出せる人』という条件が内々に伝えられていた」事実を指摘することができよう。そうなると、結局、「『やっぱり中川義雄しかいない』ということになる可能性も十分にある」というわけだ[20]。

ちなみに候補選考委員会の選定過程において、当初は長谷川の名前も含まれていた。だが、一二月七日になって一〇名ほどに絞りこまれた候補者リストに、「当初、有力と見られていた長谷川」の名前はなかった。要するに長谷川は、次の衆院選への出馬が予定されており、対象外となってしまっていたのである[21]。これは、長谷川が、「(二〇〇九年) 衆院選落選直後から『今後も衆院一区にこだわりたい』と公言していた」(カッコ内、引用者補足) ことに加え[22]、二〇〇九年の年末の段階で、「『参院選には出馬しない』との内容を記した文書を後援会関係者などに配付していた」ことが、その最大の理由である[23]。しかし、一二月一四日の候補選考委員会幹事会では、「推薦した候補が対象から外れる理由が分からない」との批判が出て、いったんリストから外れた長谷川を選考対象に戻すこととなった。こうした措置がとられた背景には、どうしても、〝勝てる候補〟を選出したいとの思いが重視され、「これから(選挙戦を)戦う適任者を考える上で、門戸を広げた方がいい」との判断がなされたものと考えられる。この時点で、候補者が一本化されなかったため、当初目標とされていた年内の候補者選定は、事実上、断念されることとなった[24]。こえて二〇一〇年二月一日には、候補選考委員会の場で、長谷川、道議会議員の船橋利実、政治家秘書の武部新、そして、当初は欠席するであろうとみられていた中川の四人が、おのおの参院選にかける決意や自らの政策を表明した。

ところで、自民党では、参議院北海道選挙区の定数が四から二となった一九九五年以降、共倒れを回避すべく、候補者を一本化する戦術をとっている。具体的には、「二次、三次産業の『都市代表』、一次産業の『地方代表』を交互に出すことで、すみ分けを図ってきた」のである。今回、改選期にあたる中川の場合、「地方代表」に位置づけられており、これまでの「慣例を見直すことがあれば、地方から反発を招く」のは必至の状況であった[25]。それにもかかわらず、二月一七日、「都市代表」の長谷川が正式に立候補を表明することとなった。

最終的に長谷川が候補者になったということは、これまでの〝不文律〟が破られたことを意味する。そのため、「地方を中心にした大多数の道議は、参院候補に手を上げた船橋利実道議を推した。いまだに道議の中には『なぜ長谷川なんだ』とわだかまっている部分があり、参院選に力が入らない理由の一つになっている」との声も、自民党道連関係者からもれ伝わっていた[26]。その証左に、二月一日に開催された候補選考委員会の「幹事会では、それぞれの業界団体の幹事にどの候補が適任か意見を求めた。例えば、長谷川を支持したのは水産、林業、自民党札連などだった。建設や党青年局、歯科医師連盟などは船橋を推した。中川支持だったのは農業だけで、武部という人は一人もいなかった。候補は事実上、長谷川と船橋に絞られ、ある幹事は『多数決で決めてはどうか』と提案したが、採用されることはなかった」[27]。だが、「支持団体をつなぎ止めるだけで、もはや選挙に勝てるとは思いません」との伊東・道連会長の言葉にあるように[28]、「結局、『都市部で知名度があり、無党派層の票を取り込める』との意見が強まり、長谷川の擁立が決まった」[29]。ただ、「必ずしも全会一致で長谷川というわけではなかった」ことに留意する必要がある。そうした紆余曲折があったためか、「都市代表」の長谷川の後見人である町村は、「北海道は、農林水産業が元気になるというのが北海道が元気になるということですから、長谷川さんもしっかり意識して、活動しています」「長谷川さんは元気一杯でがんばっていますから、都市でも農村でも全道的に有権者の皆さんからの支持を得られていると感じています」と語っていた[30]。長谷川自身も、こうした点を意識して、選挙期間中、「地域ごとに演説内容を変える」工夫をしていたという[31]。

長谷川の擁立に異論をはさむ声があがったのは、「都市代表」と「地方代表」という〝不文律〟を冒した事実に加え、長谷川自身が始めたYOSAKOIソーラン祭りをめぐる悪いうわさの存在も関係していたように思われる。YOSAKOIソーラン祭りがスタートして五年目の時点で、すでに「長谷川氏は祭りの絶対権限者というか、教祖的な存在になっている。それにともなうプライベートなトラブルも結構ある。それでも組織の中で彼に逆らうことなど不可能。出所はわからないが、出張先などでの金の使い方も物凄い」との声が聞かれた[32]。さらに、YOSAKOIソーラン祭り組織委員会とその関連会社であるyosanetとの間でも、不透明な金銭の流れがあるとの報道がなされている。yosanetとは、そもそも、「YOSAKOIソーラン祭りの高い知名度を生かし、インターネットで祭りの情報発信や道内産品の直販を行う」ことを目的として設立された情報提供会社であり、「祭り組織委から『YOSAKOIソーラン祭り』の商標使用権を受け、祭りのホームページ運営、ネット上での画像の配信、会員制の情報サイト運営」も担うことで、「利益の中から祭りの協賛金を支出し、財政面から支えることも狙う」組織であった[33]。このyosanetの社長を務める中田輝夫は、YOSAKOIソーラン祭り組織委員会会長の要職をも兼務していた。その点をめぐって、二〇〇八年九月中旬の札幌市の監査において、「発注と受注の双方のトップを務めていることは不適切という判断」が下されていたのである[34]。このほかにも、「『長谷川―中田』体制には、数々の疑問点や運営の不透明さが指摘され続けてきた[35]」。

ちなみに、先述したように、長谷川は政権交代が最大の関心事となった二〇〇九年衆院選に北海道一区から自民党公認で出馬しているが、獲得票数は一二万四三四三票（得票率：三六・八五％）に終わり、横路孝弘に敗北を喫している。もっとも、長谷川が横路に負けたのは、これが初めてのことではない。実は、一九九六年衆院選において、長谷川は、「この選挙は横路さんと私の一騎打ちです」と述べ[36]、北海道一区から無所属で出馬したものの、結局、辛酸をなめた経験を有しているのだ。ちなみに、この時の長谷川の得票数は、わずか三万二〇一九票（得票率：一四・三二％）でしかなかった。当時の報道によれば、長谷川は、「社民党から五区で出馬の打診を受けていた」[37]、「長谷川自身、荒井（聰）代議士の初陣選挙では実働部隊のメンバーだったし、昨年（一九九五年）の知事選では明らかに荒井代議士が推す伊東秀子候補寄りと受けとられる公開討論会を仕掛ける」（カッコ内、引用者補足）といった具合に、「政治的な動きもなかなかのもの」（傍点、引用者）であったようだ[38]。なお、この頃、「長谷川が最も心酔している政治家」は、「自由連合の徳田虎雄」であったという。そのせいであろうか、「長谷川の勤める会社も徳州会系の企業」であり、『徳田が来れば長谷川は運転手役』を務めるほどの関係であったそうだ[39]。

さて、今回の参院選で、有力と目されていた中川が候補者の選定からもれたのは、高齢以外にも理由があった。例えば、六年前の二〇〇四年参院選の時の地元誌の報道を見ると、そこには、「中川は党内の評判が悪すぎて、みんな表向きとはうらはらに、本音では〝やる気ゼロ〟」と記されていた。同誌によれば、中川の「評判が悪い理由は二つある」そうで、「一つは『態度がでかい。威張りすぎだ。何様のつもりだ』というもの」で、『二つ目は『バッジをつけてから六年間、普段は全然顔も見せないで選挙のときだけ来てもダメだ』という声が道内全域にあることだ」という。しかも、一九九八年参院選で、「中川義雄を自らの手で候補に選び、選挙も物心両面から全力を上げてやった武部勤」自身、今回、中川を強く推そうとしなかった。というのは、当選後、中川は、武部のいる山崎派ではなく亀井派に所属し、「武部は顔にドロを塗られた格好」となっていたからだ[40]。こうしたマイナス面がありながら、先述したように、農業問題に精通する中川を支持する声があったこともまた事実である。これは、中川の兄である一郎が作りあげた「中川王国」の威光のゆえであろう。昭一亡きいま、〝中川ブランド〟を受けつぐ唯一の人間として、農業関係者が義雄にかけた期待はきわめて大きかった。

結局、候補者選定からもれた中川は、たちあがれ日本の比例代表候補として選挙戦を戦う決意を固めた。この動きは、「参院選候補者選定において新人と同列にされたあげくに『引きずり降ろされた』中川氏の道連に対する不信感と遺恨は想像以上」であったことを物語る好例といえよう[41]。また、皮肉にも、中川の息子である中川賢一は、みんなの党の北海道選挙区から出馬することとなった。

## 民主党候補

### （1）藤川雅司

民主党の候補者選びも、当初から難航した。というのは、峰崎直樹財務副大臣が、二〇一〇年参院選で四選目を目指そうとしたからである。ここで、峰崎の経歴を簡単に紹介しておこう。「峰崎は一九四四年一〇月一四日、広島県呉市生まれ。一橋大学大学院修了後、鉄鋼労連書記を経て、七四年四月に自治労全道庁調査室主任研究員になった」人物である。もともと北海道と縁のなかった峰崎を北海道に呼びよせたのは、「当時、社会主義協会（向坂派）の〝北海道のドン〟と呼ばれた森尾昇」であった[42]。

周知のように、民主党では、「参院の選挙区で労組の支援を受け当選している議員は、三期一八年で勇退する」という〝不文律〟が存在する[43]。現に、民主党北海道代表であった三井辨雄も、「民主党には、参議は三期一八年を超えないという〝不文律〟がある。それを超えることは難しい」との認識を示していた[44]。そのため、今回の参院選への峰崎の出馬は、きわめて困難であることが予想されていた。だが、二〇〇九年秋の時点では、地元紙において、「藤井裕久財務相が峰崎氏を『税の大家（たいか）だ』と高く評価し、副大臣に起用したことで『得意の経済分野で活躍の場を得た峰崎氏は引退しないのでは』との見方が強まっている」との報道がなされていたほどであった[45]。加えて支持基盤の連合北海道の執行部も、「余人に代え難い」として、峰崎の四選出馬を支持していた[46]。連合北海道の理屈としては、「組合組織はトップダウンでいきなり末端までというわけにはいかない」ため、「新しい候補はこういう人物だということを組合員に知ってもらうためには、ある程度の時間はどうしても必要」であり、「われわれは現職を降ろして新人を出すのであれば、最低でも一年以上前でなければ組織として戦えない」というものであった(47)。さらに、連合北海道のある幹部などは、「党は不文律に随分こだわっているようだが、明確に規定されているわけでもなく、四期目出馬に問題はないはず」とのスタンスをとっていた(48)。いうまでもなく、民主党北海道にとって連合北海道の意向はきわめて重要で、「民主党北海道が政治的決断をするとき」は、連合北海道、北海道農民連盟、北海道農民政治力会議の三団体と「しっかり協議する」必要があり、「常にこの〝三軸〟で合意形成を図っている」とされる(49)。それにもかかわらず、民主党北海道は、峰崎拒否の立場を貫くこととなった。

このように、民主党北海道が、最大の支持基盤である連合北海道の意向をかたくなに拒絶した理由はどこにあるのか。その一つは、横路グループの一員である峰崎が、公認権を持っていた小沢一郎幹事長に対して、終始、敵対的スタンスをとってきたからだ。当時の「民主党の体制を考えると、小沢さんに嫌われている人が出てくるのは厳しい」わけで(50)、峰崎は、「本命と目されていたはずが一転擁立見送りとなった」(51)。しかも、このとき民主党北海道の代表を務めていたのは、「小沢一郎幹事長から『君は国対(国会対策)をよく知っている。今回（二〇〇九年）の衆院選で一四一人も新人議員が誕生したが、彼らを教育できるのは君しかいない』と直々に特命がくだり、国対委員長代理を引き受けること」(カッコ内、引用者補足)となった、三井であった(52)。さらに峰崎は、新党大地代表の鈴木宗男を「『日本一ダーティーな政治家』と名指しし、裁判にまでなった」過去を持っており、「前回の参院選でも鈴木との仲をこじらせている」など、「峰崎では新党大地の鈴木宗男の支持が受けられない」という事情も大きく関係していた(53)。現に鈴木自身、「峰崎さんが出たのでは二つ取れない。後進に道を譲るべきだ」と述べ、峰崎擁立に否定的な見解を示していた[54]。

その後も、四選目をねらう峰崎の処遇をめぐって、民主党北海道と連合北海道の間で、せめぎあいが続いた。そうした中、民主党側は、二〇一〇年「一月中に決定しなければ党本部が頭越しに決める姿勢も見せた」。党本部による公募候補の擁立に難色を示していた連合北海道は、一月上旬の段階で、「北海道の候補は北海道で選ぶ」方針を民主党北海道との間で確認するなど、「同党と連合は一気に歩み寄った」。そして、一月中旬、「藤川氏しかいないと瞬間的に一致した」そうだ[55]。そして一月二三日、藤川は立候補を正式に表明した。それまでの経緯をふりかえって、当時の民主党北海道代表の三井は、「改選期に当たっている峰崎直樹さんは、かねて後進に譲ると考えていたんだが、政権交代して財務副大臣という大事な政務を与えられた。そこで、迷いが出たのは事実だ。が、道連執行部と根本的に対立したわけではない。現に、藤川さんの名前が挙がって、『彼なら大丈夫』とほっとした表情だった」と語っている[56]。だが、一月二三日に行われた民主党北海道第一九回定期大会の場において、峰崎は、「参議院議員は三期一八年で交代という不文律を機械的に適用していいのか。八〇歳を超えても立候補する人もいる。年齢による差別は感心しない。菅直人財務大臣からも強い慰留を受けた」と述べるなど、四選出馬を阻止されたことに対する不満をぶちまけた[57]。

それでは、峰崎以外に、連合北海道がベストと考える候補者はいなかったのであろうか。実は、北海道教職員組合（北教組）出身で、道議会議員を務める勝部賢志という選択肢が存在した。勝部は一九五九年生まれということもあり、候補者の若返りを図れるなど、期待も大きかった。だが、周知のように、二〇〇九年衆院選の北海道五区において、北教組からの違法献金が小林千代美陣営にわたった事件をめぐって、裁判が行われていたこともあり、早い段階で、勝部という選択肢も消えてしまっていた[58]。

さらに地元誌によれば、連合北海道が峰崎の四選出馬に固執した背景には、「三年後に改選期を迎える小川勝也氏」の存在があったという。四七歳の小川勝也は、峰崎同様、三期目の参議院議員であり、「前例さえつくれば、小川四選もやりやすくなる」という読みがあった。同誌は、そのための準備として、「小川氏の後援会役員に元連合事務局長の船水博氏が就いた」事実に注目している。そして、船水周辺が、「峰崎四選を連合に働きかけ」て、「格好の前例」を作ろうと目論んでいたということだ[59]。このように、民主党の候補者選定過程は、様々な思惑がからみあって展開していった。

これまで見たような紆余曲折はあったものの、最終的に連合北海道は、藤川を全面支援することとなった。ここで藤川の略歴を紹介しておくと、「一九五六年七月一五日　苫小牧市生まれ。一九六九年札幌市立二条小学校卒業。一九七二年　札幌市立啓明中学校卒業。一九七五年　北海道札幌西高等学校卒業。一九八〇年　慶應義塾大学法学部卒業。一九八〇～二〇〇二年　札幌市役所に勤務。二〇〇三～二〇一〇年　札幌市議会議員」となっている[60]。

ちなみに地元誌には、「藤川は若手をまとめて市職員との勉強会を開いたりしていて、若手からの人望があるようだ」との札幌市役所幹部の声が紹介されていたが[61]、藤川と同期採用の市役所関係者によると、そのような見方は間違っており、「役所内において、藤川は、まったくといっていいほど、人望がない」とのことだ。そして、「今回、候補者に選ばれたのが不思議なくらい」とまで、もらしていた[62]。また、すでに藤川が正式に立候補を表明する以前の段階で、労働組合関係者の間では、藤川という「タマが悪い」候補を出馬させ、「峰崎をおろすのはもったいない」との不満が出ており、藤川の「当選は無理」との評価もなされていたほどであった[63]。

（2）徳永エリ

さて、民主党のもう一名の候補者選定に目を転じよう。候補者の選定基準としては、「浮動票をさらう候補」を第一に、「①女性で②知名度があり③独身で④若い―こと」が重視されたという。そして、二〇〇九年一一月末までの時点で、北海道内の五～六名の三〇代女性アナウンサーをリストアップしたようだ[64]。そのリストをもとに、小沢幹事長が自ら最終選考した二名の女性アナウンサーに対して、佐野法充民主党北海道幹事長が出馬の意向を問うたという。だが結局、二名ともに断られ、佐野幹事長の一五年来の知人である徳永に白羽の矢が立つこととなった。地元誌によれば、二〇〇九年の「暮れも押し迫ったころ、徳永氏と三井代表、佐野幹事長は三人で食事をしながら、直接立候補の話をした」そうだ[65]。徳永は、その場での即答は避けたものの、二〇一〇年一月一九日に正式な立候補表明を行った。

ちなみに、民主党が女性アナウンサーに食指をのばしたのは、これが初めてではない。二〇〇四年参院選では、ＮＨＫアナウンサーの森田美由紀の名前が挙がっていた。一九五九年に札幌で生まれた森田は、「高校は札幌南、大学は北大文学部卒。ＮＨＫ札幌放送局のまちかどリポーターから同社職員になり、八八年に東京転勤。全国放送のニュースキャスターなどを務めた」経歴を持つ。当時、地元誌でも、「もし擁立に成功すれば、東京の蓮舫氏よりも大きな話題を呼ぶことは必至」とまで記されていたほどだ[66]。だが民主党は、このとき森田の擁立に失敗している。二〇〇七年参院選でも、民主党は、再度森田に出馬要請を行ったものの、擁立を断念している。

二名の候補者の擁立をなしとげた民主党北海道の当時の代表・三井は、「これで、一人は女性、もう一人は連合型と理想的な候補が揃ったわけで、あとはわれわれが二議席確保という至上命題をどうクリアするかだ」と、意気込んでいた[67]。

かくして、自民党、民主党の三名の候補者が確定した。だが、「知名度だけでいえば自民の長谷川岳氏がダントツ。ＹＯＳＡＫＯＩソーラン祭りの創設者で、昨年の衆院選に一区から出馬している。徳永氏は、オジさんは知らなくても主婦層の知名度は抜群。著しく劣っているのが藤川氏だ」との労働組合元幹部の言葉にあるように、選挙戦に突入する以前の段階から、藤川の苦戦が当然視されていた。(68) しかも、これら三名の「有力候補はみな、札幌が地盤」であり、「組織票、浮動票とも奪い合う激しい戦いになる」ことも、事前に予想されていた。(69) そのためであろうか、民主党選対関係者からは、「二議席獲得が目標だが、ホンネは『一議席で十分』と思っている人も多い」との声も聞かれた。(70)

## 3　選挙分析

### 長谷川候補の勝因

さて、「民主、自民とも、出馬に意欲的だった現職をあえて降ろしてまで新人を立てたことが吉と出るか、凶と出るか」(71) が問われるかたちとなった、参院選の結果について検証してみよう。

まず、自民党の長谷川候補である。今回の選挙を前に、「町村信孝が、長谷川担ぎ出しに異様なほどの執念を燃やしたことで、中川義雄だけでなく、武部勤あたりも町村へ の反発から〝長谷川選挙〟には冷ややかな視線を向けている」との指摘が、地元誌でなされていた。(72) 加えて、北海道内の農業関係者の間では、「長谷川の選挙はやらない」との声も聞かれたという。なぜなら、「農業団体は、これまでずっと中川を支援してきた」経緯があり、しかも、その「中川を追い落とした長谷川に、いい印象を持っていない」農業関係者が多数存在したからだ。加えて、「中川が自民党在籍中、長谷川を自分の後継として認めることは最後までなかった」(73)。このように、長谷川陣営にとって、「当初目論んでいた現職・中川義雄氏の選挙協力が、中川氏の離党と『たちあがれ日本』からの比例区出馬によって得られなくなったことは大きな不安材料」であった。(74) もちろん、「これまで自民支持で旗幟（きし）を鮮明にしてきた道内の医師連盟、歯科医師連盟、看護連盟、道経連、商工連盟、建設連盟、農協政治連盟、水産政治協会、土地改良政治連盟のうち、自民のみを支持し続けるのは看護連盟だけ」という状況のなかで[75]、長谷川がなんとかして中川の持つ農業票を獲得したいと考えたのは当然であろう。そのためもあって、長谷川は、「離島を含む全二七九市町村をほぼ二巡するなど地方を遊説の中心に据え、ひたすら一次産業重視の姿勢を訴え続けた[76]」。具体的には、「北海道は広大な農地や優秀な農林水産業者、本州の一〇倍の水資源、風力などの自然エネルギーに恵まれています。世界的な食料やエネルギー不足の問題を考えると、そうした強みは政治の力で大きな財産に転換していける。だからこそ政治が大切なんです」などと、ことあるごとに、北海道農業の意義を説いた[77]。また、長谷川にとって幸運であったのは、ホクレン農業協同組合連合会出身で中川の政策秘書だった荒木真一が、選挙運動を手伝うことになった点だ。荒木は筋金入りの自民党員であったために、中川の自民党離党を機に中川と袂を分かち、自民党道連会長・伊東の秘書へと転じていた。その荒木のサポートこそが、農村部では弱いといわれていた長谷川にとって、大きなプラス要因となった[78]。

また、自民党の元国会議員によると、今回の選挙で九四万八二六七票を獲得した「長谷川は、予想以上に票を伸ばした」とのことだ。なぜなら、「北海道の自民党の基礎票は、七〇〜七五万」しかないからである。つまり、無党派層の票が長谷川に流れたという点も大きいが、それ以上に長谷川陣営が「公明票をまとめた」点に留意する必要があるようだ[79]。これは、正式な選挙協力は見送ったものの、北海道選挙区で立候補した長谷川と、公明党の北海道における比例代表の重点候補・横山信一との「バーター」はできた」ということを意味する[80]。そのためであろうか、長谷川は、当選確実を受けて行われたインタビューにおいても、公明党への感謝の気持ちを述べるなどしていた[81]。

事実、これまでも長谷川は、公明党ときわめて良好な関係にあった。先述したように、長谷川は、二〇〇九年衆院選に北海道一区から出馬している。このとき、長谷川は公明党の北海道ブロック比例代表候補の稲津久と並んだポスターの掲示が北海道内で唯一認められた、自民党候補であった。衆院選を前に、「長谷川陣営は選挙運動で一区内の創価学会世帯を軒並み訪問。わざわざ上京し、都議選の公明党候補の応援にも入った。そんなことから、創価学会の青年部の集会に軒並み呼ばれるほか、今回のツーショットポスターも道内自民党候補のなかで唯一、許された」というわけだ。周知のように、「公明党はギブ・アンド・テークを重視する」政党であるが、こうした長谷川の活動を目にして、「公明党は一区で長谷川をかなり積極的に支援」した過去があるのだ[82]。

長谷川と公明党とのこうした密接な関係の背後には、かつてYOSAKOI組織委員会会長の座にあった中田の存在が大きいように思われる。中田は、「札幌商工会議所政策委員会委員長」という肩書きで、二〇〇七年度に札幌市行政評価委員会の委員に就任したが、これは公明党側からの強い要請を受けた結果であったという[83]。このように、かつて長谷川が立ちあげたYOSAKOI組織委員会の会長職にあった中田と公明党とが密接な関係にあるのであれば、同党が長谷川に対して特別な支援を惜しまないのも、なんら不思議なことではない。

ところで、今回の参院選で自民党は勝利したものの、候補者を選定する過程で様々な思惑が錯綜し、自民党道連の中で大きな亀裂が生じたことを忘れてはならない。前出の自民党の〝不文律〟に従うと、今回、「都市代表」の長谷川が出馬したために、次回の参院選では、「地方代表」からの激しいまきかえしが予想される。加えて、二〇一三年参院選で、従来の「都市代表」として、「札幌清田区選出道議の岩本剛人を担ぎたかった」道議会内のグループからの攻勢も十分に想定される[84]。しかも、「自民党では、中川氏や今回非改選の伊達忠一氏など、参院選の新人候補を道議の中から選ぶ流れが定着していた。今回、指定席とも言える『道議枠』が否定された形となり、『選挙の実動部隊であるわれわれの支援は不要なのか』と不満を口にする議員」も数多くいたようであり、次回の参院選の候補者擁立は容易ではなかろう。(85) このように、今回の選挙で勝利こそしたものの、自民党道連は、三年後の参院選に向けて、大きな課題を抱えこむこととなった。

## 民主党候補の勝因と敗因

### (1) 徳永候補の勝因

周知のように、「民主党北海道が全国の民主党組織の中で出色な点は、組織力」にあるといわれる。それは、北海道の場合、一九九六年の民主党結党時に「社民党道連がほぼ丸ごと民主党北海道に移行した」からであり、「連合も旧総評系は民主党支持に回った。いうならば、社会党王国と言われた旧社会党の勢力がそのまま民主党に生まれ変わった」というわけだ。しかも、その後、「さきがけ、日本新党、旧新進党系の民政党や自由党などが加わっていった。新進党が消滅後は、旧同盟系も民主党支持になり、連合も一体となって民主党を支持している」状態である。「全国的に民主党は当初、議員の後援会の寄り集まりで、社民党時代の県連組織や都道府県の連合の全面的バックアップを受けているところは少なかった」ものの、「民主党北海道は、人材が多様になり、組織も重層化していった」といわれる。(86)

そのためであろうか、当初、民主党北海道のある幹部は、「自民党の金城湯池だった建設業界は不況と政権交代のため、身動きが取れない。もう一つの強力な支援組織の農業団体の足も今度は鈍らざるを得ないだろう」との見立てをし、「わが党は道内に一七〇万票がある。(87) 新党大地の協力も見込める」ので、「二議席独占は十分可能だ」との余裕の姿勢を見せていたほどだ。だが、その後、普天間飛行場移設問題をめぐる鳩山由紀夫首相の発言が二転三転したこともあって、民主党への風あたりが強まった。

そうした逆風の中、徳永は見事に勝利を果たした。徳永自身、「自分の中ではＴＶリポーターとして立候補している気持ちはありません」と語ってはいたものの、お茶の間での知名度が、無党派層の票につながったと見てよかろう[88]。この点に関連して、徳永選対の関係者も、「運動量では長谷川さんを凌いでおり、広い北海道の無党派層の票を固められた」と総括していた[89]。現に地元紙の分析においても、六名の候補者のうち、無党派層の票を最も多く獲得したのは、徳永とされていた（得票率：二七・八％）[90]。

ところで、「民主党は今回、二つの改選議席の独占を目指し、国会議員や地方議員を中心とした党側が徳永氏、連合側が藤川氏をそれぞれ支援する『縦割り』の選挙戦を展開した」[91]。そのため徳永は、「出馬当初は民主党から主要な支持組織として道農民連盟しか割り当てられ」なかった[92]。だが徳永は、「リポーターの知名度を生かし浮動票を獲得するとともに、新党大地の支援を受け保守層への食い込みを図った」。そのため地元紙は、「支持母体となる大きな組織を持たない中で勝利をもぎ取った結果だけを見ると、そうした戦略が奏功したといえる」と分析していた。しかし同時に、「徳永氏が組織に頼らなかった分、基礎票さえつかみ切れておらず、大地票がどれだけ上乗せされたかは判然としないのが実情だ」（傍点、引用者）とも総括していた[93]。ちなみに今回の選挙では、鈴木が地盤とする根釧地域の全市町村において、最も多くの票を獲得したのは、新党大地が全面支援する徳永ではなく、自民党の長谷川であった[94]。この事実からも、新党大地の影響力が確実に弱体化してきていることをうかがいしれよう。こうした趨勢は、すでに、二〇〇九年衆院選の折にも見られた[95]。また、参院選を前にした四月一八日の帯広市長選挙でも、新党大地の勢力の低下を見せつけられるかたちとなった。というのは、新党大地が民主党とともに推薦した候補者・米沢則寿（元投資会社役員）は、わずか一三八票の差で、辛うじて当選を果たしたからだ。この市長選挙では、米沢と自民党・公明党が推薦する前帯広市議会議長の上野敏郎との事実上の一騎打ちとなった。事前の「下馬評では米沢優勢が伝えられていた」。それは、「これまで自民党を支持してきた帯広建設業協会、帯広商工会議所、帯広市川西農協などは、国政与党の民主に配慮する形で自主投票を決めた」からである。しかも、「もともと鈴木宗男派だった」上野が、「市議当選後、徐々に中川昭一に近づいていき、今では鈴木と完全に袂をわかっている。そのため、新党大地が〝上野憎し〟で、米沢の選挙を必死でやるとみられていた」からだ。[96]

加えて、二〇〇九年衆院選のときに、新党大地の比例名簿二位で出馬した八代英太は、今回の参院選で民主党の公認候補となった。これは、「鈴木代表は『バッジを付けさせられずに申し訳ない』などの思いから、私（八代）を民主党に推薦し」（カッコ内、引用者補足）たからである。そして、最終的に八代は、「民主党公認、新党大地推薦で出馬すること」となった。こうした経緯もあって、八代自身、「まず、新党大地支持のみなさんには、『八代をお願いします』と呼びかけたい」と語っていた。[97] したがって、民主党公認とはいえ、八代が新党大地の最重点候補であったことは間違いないはずだ。しかしながら、北海道内において八代個人が得た票は、わずか一万四九二〇票でしかなかった。こうした事実も、新党大地の勢力の低下を裏づけるものといえよう。

（2）藤川候補の敗因

さて、ここで、民主党のもう一人の候補者・藤川の敗因についても簡単にふれておこう。藤川自身、「私は党の役員を務め、市職員や市議として条例作りなども経験してきました。こうした地方自治の経験を生かし、国会で法律の制定や予算編成などを即戦力としてやっていきたい」と述べ[98]、徳永との差別化を図ろうと試みた。しかし、結局のところ、藤川は、終始、知名度不足に悩まされてしまったといえよう。もっとも、藤川の最大の支持基盤である連合北海道も、この点は織り込み済みであった。そこで連合北海道は、参院選において初めて、社民党道連と事実上の選挙協力を行う措置までとった。[99] これは、北教組の違法献金事件を受け、連合北海道や民主党北海道内では、早い段階から、「連合が擁立した藤川にとっては苦しい選挙になる」「労組系の候補は、このままでは相当に厳しい」といった、「うめきにも似た声ばかり」がささやかれていたからであった[100]。その意味において、連合北海道の加盟労組として、上から四番目の規模となる、およそ一万九〇〇〇名の組合員数（組織率：三四・二％）を誇り[101]、「自治労と同じで、各市町村に組合員がくまなくいることが強み」とされる北教組が[102]、表立った選挙活動をできないという現実は、藤川にとって大きなマイナスであった。この点に関連して、藤川は、「勤労者の代表として、働く人たちが安心して生活できる社会にすることを訴えています。これが連合型候補として重点テーマです。このことを真剣に訴えていけば、北教組がどうのとか、連合がどうのとか、マスコミで報道されているような影響はないと思いますし、感じてはいません」と語っていたが、労組の側から従来どおりの十分な支援を受けることができなかった事実はきわめて大きかった[103]。

加えて、これまでの選挙結果を見ても、藤川自身、決して選挙に強い候補者とはいえなかった。その証左に、例えば、第一六回統一地方選挙（二〇〇七年四月八日）時の札幌市議選における藤川の当選順位は、七名中、四番目であった（得票率：一二・三〇％）[104]。こうした背景には、先述したように、市役所内において藤川があまり人望を集めていなかった点や、「立候補を考えていながら、人に頭を下げることもせず、つねに横柄な態度をとっている」といった点が、大きく関係しているように思えてならない[105]。

もちろん、藤川に関しては、「最終盤の引き締めで基礎票とされる五〇万票は超えた」ものの、これまでの民主党の「組織内候補としては過去最低の得票にとどまった」事実を忘れてはならない[106]。ここに、「一九九〇年の結成以来、参院選道選挙区では無敗の連合北海道の組織内候補」が初めて敗北を喫し[107]、「連合が全面的にサポートした候補の〝不敗神話〟も崩れ去った」のである[108]。このことが、良きにつけ、悪しきにつけ、今後の北海道の政治力学に大きなインパクトを与えることは間違いなかろう。

ちなみに、今回の選挙戦を通じて、徳永を全面支援した新党大地代表の鈴木は、藤川の落選に関して、「二七万票を持つ連合が一人三票持ってくれれば藤川氏は当選した。連合の運動量が足りなかった」

との批判を投げかけている。[109] 鈴木が連合北海道に対して怒りをぶつけた背景には、次のような一連の動きがあった。先述したように、今回の参院選は、「札幌市労連出身で組織内候補の藤川を連合が受け持ち、テレビリポーターで無党派層の票が見込める徳永を事実上、党が担当する組織割り」で展開していた。だが六月二〇日になって、連合北海道の高柳薫会長が、民主党北海道代表の三井と会談し、「二人当選に向け、党がもっと動いてほしい」との要望をぶつけたという。これは、連合北海道側が、「暗に運動の比重を徳永陣営から藤川陣営に移すよう求めた」ことを意味する。それほどまでに、藤川は苦戦を強いられていたというわけだ。[110] それまでは、「民主党の道議や市議の多くは、藤川の出身の自治労系議員以外、組織のない徳永を支援してきた」ものの、「ここにきて連合は、来春の統一地方選での選挙応援をちらつかせて藤川を支援するよう促す」戦法にも出た。[111] そうした連合北海道側の意向を受けて、一〇日後の三〇日、三井は民主党北海道の幹部を集め、「『どちらか迷っている』民主支持者には、藤川への投票を促せ！」と記された、「緊急提起」と題する文書を配付したという。[112] さらに七月二日の集会において三井は、「夫婦で、ご主人は徳永、奥さまは藤川。うまく分けていただきたい」とも述べた。[113] しかも、投票を三日後に控えた八日からは、「最重点候補」と書いたシールが藤川の選挙ポスターに貼られるなど、「陣営関係者は『徳永の票をひっくり返してでも、票を上積みする』」との意欲を示していたほどだ。[114] これは、当初の組織割り＝すみわけ戦術の転換・崩壊を意味した。そのため、鈴木は怒りをあらわにしたというわけだ。しかも、連合北海道は、鈴木を「日本一ダーティーな政治家」と呼んだ峰崎の強固な支持基盤でもあった。

いずれにせよ、「取り巻く環境が厳しいことは重々承知していますが、目標に向かって一生懸命努力していきます」として、「参院選北海道選挙区の〝二議席完勝〟という旗は絶対に降ろさない」との意気込みを語っていた佐野・民主党北海道幹事長であったが、[115] 民主党に対する逆風が吹き荒れる中で、二名の候補者を出すという戦略自体が正しかったのかという疑問が生じる。なぜなら、北海道において、「過去、民主が二議席を独占した実績はない」からである。(116)

ここで、過去二回の参院選の結果を見てみよう。実は、参院選北海道選挙区において、民主党は、公認・推薦を含めると、これまでも二名の候補者を擁立してきた実績がある。それは、当時の民主党北海道代表・鉢呂吉雄の「政権交代をめざす政党としては当然」との考えが背景にあった。(117) 二〇〇四年参院選では、「現職の峰崎直樹が連合北海道主導の組織選挙を展開するのに対し、組織がつかない西川（将人）」（カッコ内、引用者補足）が出馬した。(118) その結果、支持基盤を固めた峰崎が、六一万八二七七票（得票率：二二・二五％）を獲得し、当選を決めたのに対して、西川の方は、五五万二九九三票（得票率：一九・九〇％）で辛酸をなめることとなった。続く二〇〇七年参院選においては、連合北海道の全面支援を受けた前職の小川が、一〇一万八五九七票（得票率：三六・〇三％）を獲得し、当選を果たした。だが、「公示直前に、当選後の民主党会派入りを明言し、『民主の二番手』を前面に運動を展開」(119)し、民主党、国民新党、新党大地の三党から推薦された新党大地副代表の多原香里は、六二万一四九七票（得票率：二一・九八％）で敗退した。二〇〇四年の選挙で、民主党は、二名の候補者を合わせて一一七万一二七〇票（得票率：四二・一六％）を獲得した。これを単純に二等分すると、候補者一名あたりの得票は、五八万五六三五票（得票率：二一・〇八％）ということになり、自民党の中川の七四万一八三二票（得票率：二六・七〇％）には及ばない。他方、二〇〇七年の選挙においては、二名の得票合計は一六四万九四票（得票率：五八・〇一％）で、一名あたり八二万四七票（得票率：二九・〇一％）となり、二名ともに自民党の伊達忠一の七五万七四六三票（得票率：二六・七九％）を上回ることになる。要するに、二〇〇七年参院選の折に、票割りがうまくいっていれば、民主党側の二議席独占も不可能ではなかったのだ。ただ、ここで留意しておかなければならないのは、二〇〇七年参院選は、年金記録問題などが争点化し、民主党にとって、大きな追い風が吹いていたという事実だ。それとは異なり、今回の二〇一〇年参院選において、民主党は二名合わせて一二七万五六九〇票（得票率：四六・一〇％）を獲得したものの、一名あたりの票数は、六三万七八四五票（得票率：二三・〇五％）でしかない。ということは、どれほどうまく票割りを行ったとしても、長谷川の九四万八二六七票（得票率：三四・二七％）には及ばず、今回の選挙での二議席独占は不可能であったということになる。

## 4　リクルートメントの視点から見た民主党北海道

もともと、「鳩山由紀夫内閣が誕生した当初、民主党北海道は、①参院選北海道選挙区（定数二）で複数候補を立て完勝②札幌市長選で上田文雄の三選③知事選で高橋はるみを倒し、道政奪還④道議選で空白区を埋め過半数を制する──という目標を掲げた」そうだ[120]。したがって、民主党北海道にとって、二〇一一年四月の「知事選のための地ならしとして、地方都市の首長を民主党系に塗り替えていくという戦略と同時に重要視されているのが、一〇年夏の参院選」であった[121]。しかしながら、今回の参院選における候補者選定過程を見ても、決してリクルートメントという側面がうまく機能したとはいえない。これは、民主党北海道が重視していた北海道知事選挙においても同じことがいえる。二〇一〇年九月二八日には、高柳・連合北海道会長が、「わたくしども大会は、一〇月の二八日に臨時大会を開催する予定でございますので、ここを目途に、候補の選考作業を急いでいただく」と述べていたにもかかわらず、候補者の選考はずれこみ、一一月一日には、荒井聰・民主党北海道代表が、「今月いっぱいをめどに、わたしが中心になりまして、選定をしていきたい」と語らざるを得ない状況であった。しかし、民主党の候補者が出馬の正式表明を行ったのは、二〇一一年一月一六日になってからのことであった。

ちなみに『現代政治学事典』によれば、政党の機能には、「政治システム内で発生するさまざまな個人・集団から表出された利益・要求を決定作成の場で処理するに適した数セットの政策選択肢にまとめる」、「利益の集約」機能に加えて、「政治システム内のさまざまな役割・構造（例えば、大統領、首相、国会議員）に個人を導入・就任させる」、「ポリティカル・リーダーの補充・選出」の機能がある。[122]

民主党北海道は、過去二回の知事選挙でも候補者の選定に手こずり、最終局面で国会議員が出馬するというかたちをとってきた。このように民主党北海道の場合、政党の重要な機能の一つである「ポリティカル・リーダーの補充・選出」という機能がきわめて弱い。これは、同党が政治学的な意味における政党の体を成していないということを意味する。

こうした深刻な問題を抱えながらも、北海道において民主党はきわめて強いといわれる。例えば、「昔の北海道はまさに『社会党王国』。今は、看板を塗り替えてもやはり『民主党王国』だ。選挙になれば、自治労、北教組など官公労を核とした労働組合の人とカネが物を言う。北海道は民間企業が少なく官庁が強い分、労働組合も官公労が強い。労組までもが官依存」であって、「昨夏の総選挙も、民主党候補の立て看板が、国道の隅々まで行き渡っていた。さすがに動員力の差である」との声もあるほどだ。[123]そのためであろうか、北海道の民主党は、党員・サポーターの獲得・維持にもあまり熱心でない印象を受ける。現在の民主党北海道の「党員・サポーター数は約一万二〇〇〇人強。八割はサポーターだ。一〇年前は一万六〇〇〇人。単純に一年間に三〇〇人ずつ党員・サポーターが減っていったという計算になる」といわれている。[124]現に、熱心な民主党員である労働組合関係者も、「最近の民主党を見ていて、党員をやめようと思っている」と、その心情を吐露しているほどだ。[125]

このように、政党としての機能を十分果たしきれていない民主党に対して、党員・サポーターを含め、今後、北海道の有権者がどのような対応をとっていくのかが大いに注目される。

## 註

(1)『北海道新聞』二〇一〇年六月二七日。
(2)『北海道新聞』二〇一〇年七月七日。
(3)『週刊朝日』二〇一〇年六月一八日号、一二七頁。
(4)『週刊朝日』二〇一〇年七月一六日号、一五八頁。
(5)『サンデー毎日』二〇一〇年四月一八日号、二一四頁。
(6)『サンデー毎日』二〇一〇年五月二三日号、二二頁。
(7)『サンデー毎日』二〇一〇年七月一一日号、二四頁。
(8)『平成二二年七月一一日執行　参議院　選挙区選出議員選挙　選挙公報』二面。
(9)同前、一面。
(10)『財界さっぽろ』二〇〇九年四月号、一九三頁。
(11)『財界さっぽろ』二〇〇九年一二月号、五九頁。
(12)『財界さっぽろ』二〇一〇年一月号、三二二頁。
(13)『クォリティ』二〇〇九年一一月号、四七頁。
(14)『財界さっぽろ』二〇〇九年一二月号、五八〜五九頁。
(15)『財界さっぽろ』二〇〇九年一一月号、九一頁。
(16)『財界さっぽろ』二〇一〇年一月号、三二二頁。
(17)『クォリティ』二〇一〇年二月号、一五頁。
(18)『財界さっぽろ』二〇一〇年一月号、三二二頁。
(19)このほか、リストの中には、「衆院一区の公認から漏れた杉村太蔵」、「先の衆院選で敗退、政界引退を表明した石崎岳」および「現職道議でかねて中央政界を狙っていると いわれていた高橋文明」らの名前があったようだ（『クォリティ』二〇一〇年一月号、四一頁）。
(20)『財界さっぽろ』二〇一〇年一月号、三二二頁。

(21) 同前。
(22) 『クォリティ』二〇一〇年三月号、一九一頁。
(23) 『財界さっぽろ』二〇一〇年三月号、二二七頁。長谷川が、参院選への出馬を決意した理由として、「YOSAKOIは全道的なものだから、その方が票は取れる」(『クォリティ』二〇〇九年九月号、一二一頁)、あるいは、「事業家でもある長谷川さんは、とにかく忙しくて金のかかる衆議より、比較的事業と両立しやすい参議の道を選んだ」などの指摘があることを付言しておく(『クォリティ』二〇一〇年三月号、一九一頁)。
(24) 『北海道新聞』二〇〇九年一二月一五日。
(25) 『財界さっぽろ』二〇〇九年一二月号、五九頁。
(26) 『財界さっぽろ』二〇一〇年七月号、六二頁。
(27) 『財界さっぽろ』二〇一〇年三月号、二二七頁。
(28) 『財界さっぽろ』二〇〇九年一一月号、九一頁。
(29) 『財界さっぽろ』二〇一〇年三月号、二二七頁。自民党道連の関係者によれば、「正直、どなたも〝帯に短し、タスキに…〟というのが選考委員の大多数の意見だった」ようだ(『クォリティ』二〇一〇年三月号、一九一頁)。
(30) 『クォリティ』二〇一〇年七月号、三一～三二頁。
(31) 『北海道新聞』二〇一〇年七月六日。
(32) 『財界さっぽろ』一九九六年七月号、七五頁。
(33) 『北海道新聞』二〇〇一年一月一八日。
(34) 『財界さっぽろ』二〇〇八年一二月号、四八頁。
(35) 『クォリティ』二〇〇九年六月号、三三頁。
(36) 『財界さっぽろ』一九九六年一二月号、二一四頁。
(37) 同前。

(38)『財界さっぽろ』一九九六年七月号、七五頁。
(39)『財界さっぽろ』一九九六年一二月号、二一五頁。
(40)『財界さっぽろ』二〇〇四年三月号、三二一～三三頁。だが、今回の候補者選定の過程において、長谷川の後見人的存在である町村に「主導権を握られたくない武部勤は、最終選考で残っていた息子では厳しいと感じ、中川周辺に『もう一期やってはどうか』とアプローチした」といわれる（『財界さっぽろ』二〇一〇年三月号、二二八頁）。
(41)『クォリティ』二〇一〇年五月号、一二頁。
(42)『財界さっぽろ』二〇一〇年一月号、三二〇頁。
(43)同前。
(44)『クォリティ』二〇一〇年一月号、四二頁。
(45)『北海道新聞』二〇〇九年九月二〇日。
(46)『財界さっぽろ』二〇一〇年一月号、三二〇～三二一頁。
(47)『財界さっぽろ』二〇一〇年二月号、五八～五九頁。
(48)『クォリティ』二〇一〇年一月号、四二頁。
(49)『財界さっぽろ』二〇一〇年二月号、三五頁。
(50)『クォリティ』二〇一〇年二月号、一五頁。
(51)『クォリティ』二〇一〇年一月号、四三頁。
(52)『財界さっぽろ』二〇〇九年一一月号、八六頁。三井に関しては、「小沢一郎幹事長の側近ということで権限、情報も集中している。道内自治体や各団体は三井さんがキーパーソンだと強く認識している」とまで評価するむきもある（『クォリティ』二〇一〇年二月号、一四頁）。
(53)『財界さっぽろ』二〇一〇年一月号、三二〇～三二一頁。
(54)『クォリティ』二〇一〇年一月号、四三頁。
(55)『財界さっぽろ』二〇一〇年三月号、二二五頁。ちなみに、民主党本部は、公募候補の中から、北海道出身の三〇代の男性の擁立を試みたものの、「労組とかかわりの薄い候補の擁立に連合側が拒否反応を示した」ということだ（『北海道新聞』二〇一〇年一月二一日）。連合北海道の側にしても、「『このままでは徳永氏への票が偏り、連合型候補が落ちる可能性もある』と目をつけたのが、大票田である札幌の組織内候補。札幌市職労（自治労）出身の藤川雅司市議」であったというわけだ（『クォリティ』二〇一〇年三月号、一八九〜一九〇頁）。

(56)『クォリティ』二〇一〇年二月号、一八四頁。
(57)『財界さっぽろ』二〇一〇年三月号、二二四頁。
(58)『財界さっぽろ』二〇一〇年一月号、三二一頁。
(59)『財界さっぽろ』二〇一〇年二月号、五八〜五九頁。
(60)『平成二二年七月一一日執行　参議院　選挙区選出議員選挙　選挙公報』二面。
(61)『財界さっぽろ』二〇一〇年二月号、四三頁。
(62) 関係者へのインタビュー（二〇一〇年七月二日）。
(63) 関係者へのインタビュー（二〇一〇年一月二〇日）。
(64)『財界さっぽろ』二〇一〇年一月号、三二一頁。
(65)『財界さっぽろ』二〇一〇年三月号、二二五頁。
(66)『財界さっぽろ』二〇〇四年五月号、四五頁。
(67)『クォリティ』二〇一〇年三月号、一八四頁。
(68)『財界さっぽろ』二〇一〇年七月号、五七頁。
(69)『アエラ』二〇一〇年三月一五日号、六八頁。
(70)『クォリティ』二〇一〇年七月号、二〇頁。また、地元誌の記者座談会では、「民主党の二議席は実際にありえる?」との問いに対して、「過去の常識からすればばない」との冷ややかな見方もなされていた（『クォリティ』二〇一〇年二月号、一五〜一六頁）。
(71)『クォリティ』二〇一〇年三月号、一九一頁。

(72)『財界さっぽろ』二〇一〇年四月号、四九頁。
(73)『財界さっぽろ』二〇一〇年七月号、六一頁。
(74)『クォリティ』二〇一〇年七月号、二〇〜二一頁。
(75)『財界さっぽろ』二〇一〇年六月号、五三頁。
(76)『北海道新聞』二〇一〇年七月一二日。
(77)『北海道新聞』二〇一〇年六月二七日。
(78)『財界さっぽろ』二〇一〇年七月号、六一頁。
(79)元国会議員へのインタビュー（二〇一〇年一二月一五日）。地元紙の出口調査によれば、長谷川は、公明党支持層の六九・三%を固めたとされる。ちなみに無党派層では、二四・九%が長谷川に投票している（『北海道新聞』二〇一〇年七月一二日）。
(80)『クォリティ』二〇一〇年八月号、二七頁。
(81)『北海道新聞』二〇一〇年七月一二日。
(82)『財界さっぽろ』二〇〇九年一〇月号、三三頁。
(83)関係者へのインタビュー（二〇〇七年一一月二九日）。
(84)『財界さっぽろ』二〇一〇年三月号、二二七頁。
(85)『北海道新聞』二〇一〇年二月二日。
(86)『財界さっぽろ』二〇一〇年二月号、三八〜三九頁。
(87)『財界さっぽろ』二〇一〇年一月号、三二一頁。
(88)『財界さっぽろ』二〇一〇年七月号、六五頁。
(89)『クォリティ』二〇一〇年八月号、二六頁。
(90)『北海道新聞』二〇一〇年七月一二日。
(91)『北海道新聞』二〇一〇年七月一四日。
(92)『北海道新聞』二〇一〇年七月一二日。

(93)『北海道新聞』二〇一〇年七月一四日。徳永は、新党大地支持層の四一・三%を固めたものの、同党支持層の二四・〇%の票が、長谷川にも流れている。
(94)『北海道新聞』〔地方版〕二〇一〇年七月一三日。
(95)くわしくは、拙稿「ブームに乗れなかった民主党候補——北海道七区」白鳥浩編著『政権交代選挙の政治学——地方から変わる日本政治』ミネルヴァ書房、二〇一〇年、八三頁を参照されたい。
(96)『財界さっぽろ』二〇一〇年六月号、五二頁。
(97)『財界さっぽろ』二〇一〇年七月号、七三頁。
(98)『北海道新聞』二〇一〇年六月三〇日。
(99)『北海道新聞』二〇一〇年六月二九日。だが最終的に、社民党支持層で藤川に投票した者は、三四・五%にとどまった。
(100)『クォリティ』二〇一〇年四月号、三四頁。
(101)『財界さっぽろ』二〇一〇年四月号、六七頁。
(102)同前、六九頁。
(103)『財界さっぽろ』二〇一〇年七月号、六九頁。もっとも、選挙戦の「終盤に来て、連合をはじめ労組が高柳薫連合北海道会長の号令のもと組織の引き締めを図った」ことを付言しておく(『クォリティ』二〇一〇年八月号、二六頁)。
(104)http://www.city.sapporo.jp/senkan/kekka20070408/html/d/201100.html(二〇一〇年一二月二四日)。
(105)関係者へのインタビュー(二〇一〇年一月二〇日)。
(106)『北海道新聞』二〇一〇年七月一二日。なお、地元紙の出口調査の結果、徳永が、民主党支持層の四六・三%を固めたのに対して、藤川は、同党支持層の三八・七%しか固めることができなかった。しかも、無党派層の中で藤川に票を投じたのは、わずか一三・七%であった。
(107)『北海道新聞』二〇一〇年七月九日(夕刊)。
(108)『クォリティ』二〇一〇年八月号、二六頁。

(109)『北海道新聞』二〇一〇年七月一二日。
(110)『北海道新聞』二〇一〇年六月二二日。ちなみに、同月一七～一九日に実施された北海道新聞社の世論調査において、徳永が民主党支持層の四割超を固めたのに対して、藤川は、三割弱しか固めきれていなかった。
(111)同前。連合北海道側が、こうした戦術転換を決意した一因として、「連合ＯＢは『藤川がぶざまな票で負けるようなことがあれば、連合北海道の求心力は決定的に低下し、執行部の責任問題にも発展しかねない』」ともらしていたという（『北海道新聞』二〇一〇年七月五日）。
(112)『朝日新聞』〔北海道版〕二〇一〇年七月二日。
(113)『北海道新聞』二〇一〇年七月五日。
(114)『北海道新聞』二〇一〇年七月一〇日。
(115)『財界さっぽろ』二〇一〇年四月号、八三頁。
(116)『アエラ』二〇一〇年三月一五日号、六八頁。
(117)『クォリティ』二〇〇九年一一月号、三二頁。
(118)『北海道新聞』二〇〇四年七月八日。
(119)『北海道新聞』二〇〇七年七月三〇日。
(120)『財界さっぽろ』二〇一〇年一二月号、三〇頁。
(121)『財界さっぽろ』二〇一〇年一月号、三二五頁。
(122)岡沢憲芙「政党」大学教育社編『現代政治学事典』ブレーン出版、一九九一年、五六五頁。
(123)『月刊イズム』二〇一〇年六月号、一三頁。
(124)『財界さっぽろ』二〇一〇年二月号、三三頁。
(125)関係者へのインタビュー（二〇一〇年一一月九日）。

# 第4章　江田ブランドと溶解した自民党組織
## ——岡山県選挙区——

山口希望

### 1　「順当」だった江田五月の勝利

二〇一〇年参院選では、全国的に民主党への逆風が吹き荒れる中、岡山県選挙区の民主党現職である江田五月が、報道各社の特別番組冒頭、開票率〇％で当選確実が打たれる、いわゆる「ゼロ当確」第一号となった。江田は終始安定した戦いを進め、一人区を制した。

江田は、(1)一人区現職であること、(2)衆院四期、参院三期というキャリアは、岡山県政界での最長老であること、(3)参議院議長として「ねじれ国会」を運営してきた実績に加え、(4)父の江田三郎（社会党元委員長代行）以来の「江田ブランド」などによって、当初より有利と考えられていた。しかも、自民党が候補者公募を開始するよりも前の二〇〇九年一〇月には、立候補の表明を行っていたのである。こうしたことから、江田の当選は順当といえた。

しかし、全国的には、民主党は四四議席にとどまる惨敗だった。五一議席を獲得した自民党が改選第一党となり、参議院では再び与野党が逆転する事態となった。参院選の帰趨を決めるといわれる二九の一人区で、民主党はわずか八選挙区でしか議席を獲得できなかったのである。

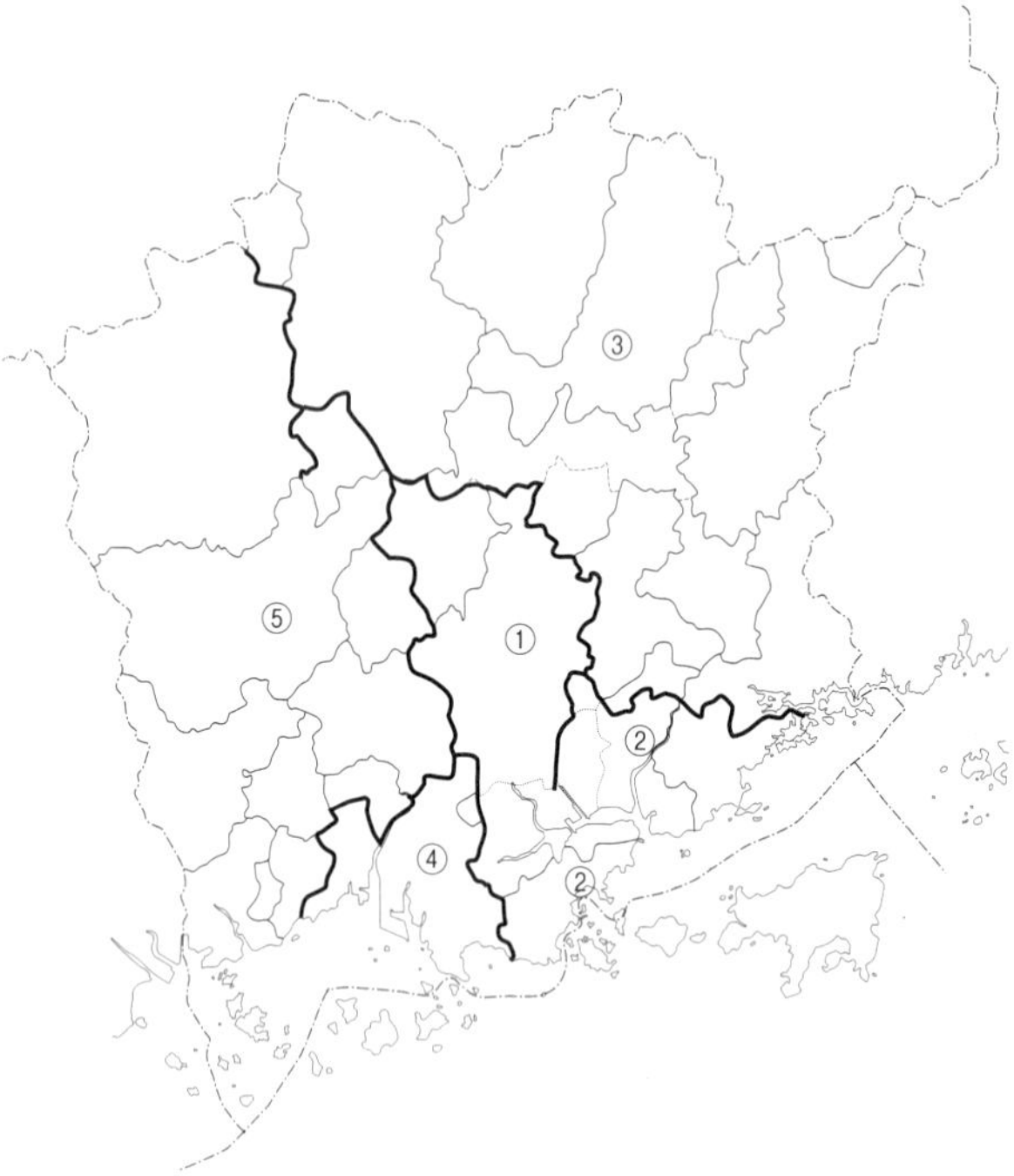


図4－1　衆議院小選挙区（岡山県）

表4－1　岡山県選挙区選挙結果

| 岡山県選挙区　改選：1 | | | | | | | | |
|---|---|---|---|---|---|---|---|---|
| | 得票数 | 氏名 | 年齢 | 党派 | 推薦 | 新旧 | 当選回数 | 代表的肩書 |
| 当 | 474,280 | 江田　五月 | 69 | 民 | 国 | 現 | 4 | 参議院議長 |
| | 325,143 | 山田　美香 | 42 | 自 | た | 新 | | 党県常任顧問 |
| | 65,298 | 垣内　雄一 | 45 | 共 | | 新 | | 党県常任委員 |

出所：総務省ホームページより作成。

本章では、選挙中、逆風の原因となった消費税引き上げ発言を行った菅直人総理と盟友であることを公言し続けてきた江田が、民主党がとりわけ苦戦した一人区で逆風を受けることなく勝利することができた要因について、これまでの江田の、選挙を中心とした岡山県における国政選挙の変遷をたどる。あわせて、「保守王国」といわれた岡山県における自民党の選挙基盤がどのように溶解していったかについて考察する中から、その解答を探りたい。

## 2 江田五月と岡山県における選挙の変遷

### 政治家江田五月の誕生まで

江田五月は、二〇一〇年参院選までに、三三年という岡山県内の国会議員としては最も長いキャリアを持ち、参議院議長として圧倒的な知名度を持つに至っていた。ここで江田の選挙を中心に、岡山県における国政選挙をふりかえる。

江田は、日本社会党書記長を務めた江田三郎の長男として生まれた。学齢期までの一時期を中国で過ごしたのち、高校まで岡山市内で過ごし、一九六六年に東京大学法学部第三類（政治コース）を卒業した。[1] 政治コースでは丸山眞男ゼミに所属したが、必須科目以外のほとんどは法律の講義を選んだという。

そして、「せっかく法律を勉強するのだから、何か目標を決めようと思い、二年の秋の試験が終わった頃に司法試験を受けてみようかと思い始め」、「三年の後期試験（三月）を終わって、春休みに、横路孝弘〔現衆議院議長＝引用者注〕君ら数人と、短答式試験について若干勉強した。これが唯一の司法試験対策の勉強だった」という。[2] 結果は現役で一発合格だった。

江田の父である江田三郎は、一九五〇年の第二回参院選で初当選以来、参議院議員二期、衆議院議員五期当選を数える。一九六〇年の浅沼稲次郎委員長刺殺事件によって、書記長兼委員長代行として、浅沼亡き後の社会党の顔となり、一躍スター議員となった。白髪で諄々と語りかける江田三郎は、それまでの絶叫型の社会党幹部とは違い、テレビ受けした。国民的な人気を誇った江田三郎だったが、左派優位の中、自ら左派に属しながらこれにあきたらず、独自の道を探ったものの「右派」のレッテルを貼られ、孤立させられていく。その後、現実的な政権交代を目指して江田三郎が提唱した社公民三党による政権構想は、党内の理解を得られず、彼は一九七七年四月に追われるように離党することになる。そして、政権交代可能な政治勢力を目指して、のちに首相となる菅直人らと社会市民連合（のちの社会民主連合）を結成した江田三郎だが、参議院全国区に出馬の準備途中の五月二二日に急逝する。

江田三郎は死の前年の一九七六年九月、国会議員永年在職表彰を受け、「政戦五〇年、余命幾ばくぞ、政権交代ならずして、入るべき墓もなし」と嘆いていた[3]。長男である江田五月は、自らが永年在職表彰を受けた二〇〇四年一〇月二七日の参議院本会議で、「政治家の家に育ったので、政治への関心は強かったのですが、大学卒業の後、父の悪戦苦闘ぶりを見て、日本の政治の可能性に絶望し、その対極にある司法に職を求めて」いたとして、以下のように続けている。

　ところが、本院に一二年、衆議院に一三年、永年表彰も受けた父が、その年の春、政治生命を懸けて新しい道を踏み出し、その直後に中道に倒れました。それも、私の誕生日に合わせるように、急いで旅立ったのです。政治に一身をささげ尽くすその姿を目の当たりにし、小ざかしい理屈で政治に絶望などという己の愚かさを悟り、父の残した道に従って、夏の参議院全国区選挙に立候補。今も本院に御在職の田英夫さんに続き、百三九万余の皆さんの御投票で、第二位当選の栄誉を与えていただきました。[4]

この時以来、江田は「市民の政治」と「政権交代のある政治」を一貫して求め続けていく。江田三郎の葬儀が行われた五月二四日、江田五月の立候補会見が行われた。「父を殺した政治が憎い。その敵打ちのため政治をやる」「政治は嫌いだ。思うようにできなかったら、いつでもやめる」「政治家になっても一日八時間しか仕事しない」「家族に犠牲がかかる政治は嫌だ」「財界、官界との交際やスポーツにまで文句をいわれる筋合いはない」「いまの市民運動ではダメ。生まれ、つぶれ、また生まれという繰り返しが必要だ[5]」など、まだ若い江田の発言は、現在の温和さからは想像できないほど激しく、また混乱していた。

急遽立候補した江田だったが、全国区で一三九万二四七五票を獲得し、二位当選を果たした。特に岡山県内では、一三万九二二二票と群を抜く得票だった。江田自身、のちに「岡山県では、一区、二区とも衆院選でも当選できそうな数の票が集まった。故郷のありがたさを身にしみて感じた」と述懐している[6]。この時の得票が、江田を故郷での出馬に向かわせたのである。

## 衆議院旧岡山一区時代

「政治家として一歩踏み出した以上は、いずれ衆議院に議席を持たなくてはならないと思っていた」江田は、衆議院への転身を図るため、八一年四月に岡山市内に転居する。改選を迎える前年の八二年一一月には、衆議院旧岡山一区（定数五）からの出馬を表明した。父・江田三郎の選挙区は岡山二区であるが、世襲はよくないと考え、「自分の手で開拓し、努力して自分自身の選挙区の基盤を作っていくことが父の志を引き継ぐこと」であるとして、あえて岡山一区からの出馬を表明したのである[7]。

江田は、一期目の参議院議員の任期が切れたのち、約五カ月をノーバッジで過ごし、一九八三年一二月の衆院選で、トップ当選を果たす。この時、衆議院岡山一区では、総評の主力組合のひとつである全電通（現在のNTT労組）が、社会党候補ではなく江田を推薦した。全電通は、同盟系、中立労連系の労働組合とともに、野党勢力全体を増やすことを大目標として江田選挙を担ったのである。現在の連合の枠組みを先取りした選挙ともいえるが、江田選挙をめぐる労組の混乱の始まりでもあった。

全電通の動きは、かつての社会党内における江田（三郎）―反江田の構図を外部化したものでもあった。

だが、江田三郎は支援労組をあてにして社会党から飛び出したのではなかった。むしろ孤立無援の離党だった。江田五月選挙における社会党系労組の支援は全電通だけが例外だった。したがって、江田の選挙は、一部労組の支援を受けつつも、市民ボランティアを中心とした選挙スタイルを確立していく方向に進んだ。

江田の選挙は、後援会である江田五月会が選挙の中心となる。しかし、それは自民党のように地縁・血縁に浸透したものではなく、市民ボランティアを中心としたものであり、町内会単位での動員などは行われない。たとえば、自民党の後援会であれば婦人部にあたる「アゼリア会」は、「独立採算制をとり三〇名の役員が合議制で運営する、まったく独自のグループ」(8)であり、ゆるやかな市民運動型の選挙が目指されている。

この時の選挙から始められた、毎週月曜朝七時半からの「おはよう七時三〇分です。江田五月です」は、現在も民主党の朝の定例街宣として続いている。ミニ集会（個人演説会）と街頭演説を中心とする江田自身の選挙スタイルもこの時からスタートしており、この点は二〇一〇年参院選でも同様だった。

## 小選挙区への対応と知事選出馬

以後、江田は中選挙区制の下で一九九三年衆院選まで四期連続トップ当選を果たす。一九九三年には、三八年間の自民党政権に代わって実現した細川連立内閣において、科学技術庁長官に就任した。しかし、細川内閣は短命に終わり、続く羽田内閣の総辞職によって、自社さ連立政権が成立した。江田はこの時、自らが代表を務めた社民連を一九九四年五月二二日に解散し、日本新党に合流、そして同年一二月の新進党結党に参加する。

わずか二六三日間の細川内閣だったが、日本の選挙制度に大きな変革をもたらした。衆議院選挙における小選挙区比例代表並立制の導入である。これにともない、新進党では九五年五月、小沢一郎幹事長の裁定で新岡山一区に日笠勝之、新二区に江田、新三区に元自民党県議の西岡憲康（現備前市長）、新四区に加藤六月の擁立が決められた。江田陣営も一九九五年六月には新岡山二区から出馬の準備を始めていた。(9)同年一一月には、新一区における公明党出身の日笠勝之との票のバーターを行うため、江田と日笠の陣営は相互に応援に入り、来るべき衆院選に備えていた。だが当時、公明の日南香岡山県本部長は、(10)創価学会へのアレルギーが強いとされる江田支持者の票をそのまま獲得することは大変難しいとしたうえで、「江田票」といわれる独特の票の出方について、「空気みたいなもの。江田さん自身も読めないのではないか」と語っている。(11)固い組織票を持つ公明幹部にとって、江田の「空気みたいな」集票力は測りかねるものだったのである。

ここまで順調だった江田の議員生活に転機が訪れるのは、一九九六年一〇月二七日に予定されていた岡山県知事選に、「勝てる候補」として江田を推す声が同年三月ごろから高まってきてからである。当時、岡山県で現職五人を各小選挙区に配置した自民党に対抗するには、中央における自社さの枠組みではなく、非自民勢力の結集が必要だった。新進党と社民党は、連合を媒介とした選挙協力によって、自民党に対抗しようとしていた。新進党は当時、労組などにいまだ根強い集票力を持っていた社民党の協力を期待し、社民党は江田の転身による新二区での候補擁立を期待していた。また、非自民の勢力結集は、連合の「非自民反共産」という政治方針にも合致していた。こうして、六月には新進党、社民党、連合岡山の三者によるトップ会談で江田への出馬要請が決められたが、江田は七月一日、知事選出馬を正式に断っている[12]。

これに対し、橋本龍太郎首相は、連立与党の社民党、新党さきがけはもとより、新進党、公明党も含めた超党派の相乗り候補で知事選を乗り切ろうとしていた。出馬に意欲を示していた自民党の現職参議院議員の片山虎之助では党派色が強過ぎ、さらに国会で創価学会攻撃の急先鋒だったことが障壁になった。橋本は、相乗りのための「無色」の候補として、建設省審議官の石井正弘を擁立したのである。

度重なる出馬要請に加え、橋本のトップダウンによる石井擁立への反発が江田を翻意させた。江田は、七月二一日、知事選への立候補を表明した。石井に比べ知名度で圧倒的に勝る江田に対しては、新進党、社民党に続き、公明も推薦を決め、市議会議長会や岡山市議会などの県下の有志議員なども次々に推薦を決めていった。社民党の一部や労組のOB組織などからは、「江田は政党を渡り歩いた」との批判から石井支持への動きも出ていたものの、江田有利の世論が広がっていった。

一九九六年九月二七日に召集された第一三七回臨時国会は冒頭解散となり、小選挙区比例代表並立制の下での初の総選挙が一〇月二〇日に行われることになった。新潟県知事選など、二七日に予定されていた知事選挙が二〇日に繰り上げられる中、岡山県知事選は当初の予定どおり、一〇月二七日投票に決まった。自民党は、有利と見られている衆院選で勝利し、その余勢を駆って知事選を突破しようとしたのである。

岡山県自民党は鉄壁の強さを見せた。県内の五つの小選挙区は自民党に独占された。解散直後の九月二九日に結成された民主党は、比例中国ブロックでの二人当選に止まり、岡山県関係では、二区で自民党の熊代昭彦に敗れた中桐伸五が比例区で復活当選しただけだった。知事選までの一週間、自民党は、総選挙での圧勝を受け、知事選での石井の知名度不足を補うために徹底的な組織選挙を展開することが出来た。

それでも、非自民の象徴として期待されていた江田の人気はゆるがなかった。報道各社の世論調査でも有利とされていたため、江田の選挙対策本部は、選挙中から勝ちムードで高揚していたほどだった。しかし、江田はわずか五七一二票差で石井に敗れる（表4－2）。その敗因は「ゆるみ」とさえいわれた。江田にとって、初めての敗北だった。

しかし、敗れたとはいえ、知事選で岡山における非自民勢力である民主党、新進党、社民党、地方議員でつくる公明、さらには連合が、江田五月知事実現に向けて結集したことによって、時の首相が全面支援する自民党推薦候補に肉薄したのである。

なお、解散権を持つ首相と県議会での圧倒的勢力を誇る自民党県議団の組み合わせがなければ、このような選挙日程を組むことは不可能であった。選挙を一週間ずらして業界団体をフル動員し、知名度不足を挽回するという自民党の戦術が功を奏したのである。その効果は、比例区で候補者を立てている業界団体と小選挙区の候補者が連動することで増幅される。しかし、のちに見るように自民党は、公明党などとの比例区バーターによって、こうした重層的な組織選挙が出来なくなるのである。

**表4－2　1996年岡山県知事選結果**

| | | |
|---|---|---|
| 当 | 石井　正弘 | 441,696 |
| | 江田　五月 | 435,984 |
| | 前　律夫 | 45,786 |

## 参議院岡山県選挙区へ

知事選に敗れた江田は、政治活動のかたわら、弁護士事務所を開いた。しかし、一九九七年四月に「県民党の立場を堅持し、次期知事選を見すえながら、その間の行なわれる国政選挙をしっかりと視野にいれ、政治家として再出発[13]」することを宣言し、同年一〇月には、一九九八年参院選に「無所属県民党の立場で立候補することを決意[14]」したとの記者会見を行った。これは現職の一井淳治（一九九七年一月に社民党から移籍）を擁する民主党岡山と、一井を推薦する連合岡山にとって歓迎すべき事態ではなかった。一九九六年の知事選では非自民の象徴だった江田が、一九九八年参院選では混乱の火種になったのである。

一九九八年参院選は、二人区ながら大激戦が予想された。江田と、一九九七年一二月に解党した新進党から出馬する予定だった加藤六月の女婿で元大蔵省官僚の加藤勝信（無所属）に加え、自民党現職の加藤紀文、民主党現職の一井、さらに社民党の小挽光男、共産党の垣内雄一が立候補を表明し、六人の主要候補による熾烈な選挙戦が予想されていた。自民党が候補者を加藤紀文一人に絞る中、この時点での江田の出馬表明は無謀といえた。

ところが、三月八日に、民主党岡山代表で自治労組織内議員である中桐伸五が、江田支援を表明し、代表辞任の意向を明らかにする。さらに四月二七日に、民主党、民政党、新党友愛、民主改革連合が合流して新「民主党」（党名は民主党のまま）が結成されることが決まったことで、事態は流動化した。この時点ではどの党派にも属していなかった江田が、三月一六日に「新「民主党」結成に当たって（私の決意[15]）」を発表、新民主党に積極的に参加すると表明して、それまでの無所属県民党の立場を撤回したのである。江田にとっては、「悲願の政権交代実現のために最もよく設計された政党として、新「民主党」が立ち上がったので、当初からこれに参画することは当然の帰結」であった[16]。

民主党岡山および連合岡山[17]は、不快感を露わにした。ところが、民主党中央は、四月一〇日、すでに公認が内定している一井に加え、岡山県選挙区で江田を擁立することを発表したのである。四月二九日、岡山市内の一井淳治事務所を訪れた鳩山由紀夫幹事長代理は、「菅代表を中心に、（江田五月氏に対して）ほかの選挙区でどうかという話を率直に申し上げた経緯もあるが、ご本人の思いが大変強く、残念ながら一人の候補者にまとめるということができなかった」と語った[18]。結成間もない民主党本部には、調整能力がなかったといえるが、民主党新代表となった菅との盟友関係が江田の公認につながったと見ることができよう。

民主党中央は、五月一八日に江田と一井の公認を正式に発表した。連合岡山の幹部は、「労働運動の一本化は我々の念願だった。それなのに江田は破壊者だ」と語った[19]。しかし、連合もこれまでの経過から江田を推す傘下の労組の動きについては黙認せざるを得なかった。この時、一井選対の事務局長は日教組、江田選対の事務局長は全電通の出身であり、総評の主力部隊であった両組合が対決することになった。

選挙終盤の世論調査では、江田、加藤紀文が安定した支持で優勢であり、一井は伸び悩み、加藤勝信は支持が広がらないとされた[20]。この時の政党支持率は、自民党二七％に対し、民主党はわずか七％だった。混戦を制したのは、知名度で勝る江田だった。共倒れを避けて候補者を一人に絞り込んだ自民党の加藤紀文は、二位当選に甘んじた。江田の三六万三六九七票に対し、加藤紀文は二七万七二八五票だった。投票率は六二・二九％に達し、前回よりおよそ一五％も増加したことが江田の勝因といわれた。出口調査によれば、江田は無党派層の四九％の票を獲得していたのである[21]。また、公明はこの選挙で自主投票だったが、「知事選の流れでほとんどが江田に投票した」と、のちに公明党の地元幹部が語っている[22]。これには、神崎武法（江田五月と司法修習同期）が代表を務める、衆議院議員のみの政党「新党平和」が江田五月を推薦したことの影響も大きいと思われる。

一九九八年参院選では、橋本内閣の経済失政に対する批判、無党派層の増大、自民党の支持基盤の縮小に加え、投票率の増大によって自民党が大敗したのであり[23]、橋本首相は引責辞任に追い込まれた。この時にすでに始まっていた自民党の支持基盤の縮小は、のちに見るように自公連立政権の成立に伴う両党の選挙協力によって、構造的に避けがたいものとなる。

そして、この選挙が二人区（定数四）としての参議院岡山県選挙区最後の選挙となった[24]。一九五〇年から一九九九年までの補選を含む一八回の参院選は、すべて与野党が一議席ずつを分け合ってきたことになる。

## 一人区で崩れた与野党住み分け

岡山県選挙区は定数見直しによって、二〇〇一年参院選から改選議席が一議席（定数二）になった。この選挙は、小泉純一郎首相の初の国政選挙として、自民党が復調を見せた選挙だった。一九九五年参院選では新進党の石田美栄の選挙（二〇〇一年参院選では民主党）を担った公明党は、連立与党である自民党の片山虎之助の選挙を支援した。現職同士の対決を制したのは、片山だった。これに先立つ二〇〇〇年衆院選で、自民党は再び小選挙区の議席を独占し、民主党は二区の中桐伸五が復活当選を果たすこともできずに落選していたため[25]、岡山県における民主党の国会議員は江田だけになった。

しかし、続く二〇〇四年参院選では、江田が再び加藤紀文を圧倒し、一人区を制した。岡山県における一人を選出する国政選挙で初めて自民党以外が勝利するという画期的な出来事でもあった。この選挙では民主党が初めて改選第一党となり、比例票でも自民党を上回った。しかし、この選挙でも江田の選挙態勢は万全とはいえなかった。一九九八年の一井淳治選挙を担った労組とのしこりで、連合岡山はまだ一枚岩とはいえなかったし、投票の約一週間前に岡田克也代表を招いた集会でも半分が空席だったのである[26]。

一方、加藤陣営では「知名度では江田にかなわない」として、従来型の組織選挙で対抗しようとしていた。これに対し、江田は知名度を背景に無党派層の掘り起しを図り、世論調査でも先行していた。危機感を強めた自民党は、特に公明党との選挙協力を重視した。

公明党は、二〇〇三年衆院選の岡山県比例区で一七万票を獲得していたが、参院選では、岡山県を重点選挙区とする新人の谷合正明の当選のために二〇万票獲得を目標としていた。上積み分の三万票が自民党に要求された。実際に自民党は三万人の後援会名簿を公明党に渡したとされる[27]。しかし、自民党の安倍晋三幹事長は「（参院選では）『比例は公明に』という呼びかけはできない」と発言して公明党の不信を呼んでいた。

こうした中、世論調査における江田と加藤の差は開くばかりだった。加藤も最終盤では「比例は公明に」と訴えざるを得なくなった。しかし、創価学会幹部は「岡山は追いつかない。全然ダメだ」と語っていた[28]。

出口調査では、公明党支持層は加藤に五六％、江田に三四％に分かれた。この点について当時の報道では、「江田さんは九六年の知事選と九八年の参院選で、現在の公明支持者の多くの支援を受けた経緯があり、自民県連幹部は「公明支持者も急には『加藤』に変えられなかったのではないか」と見ている[29]」とされている。しかし、公明党には自民党の「見返り票」に対する不信があったと思われる。比例区での目標二〇万票に対し、実際の得票は一八万二二八〇票だったのである[30]。

この選挙で、江田は公明党支持層の三四％に加え、自民党支持層の三一％、民主党支持層の九二％、無党派層の七三％の支持を得ている[31]。その集票力は政党支持をも横断しており、「草の根」のように有権者に浸透していたといえよう。

自民党は、比例区は公明にと投票を呼びかけたものの、期待どおりの結果を出せなかったといえるだろう。しかも自らの比例区候補者である業界団体などの候補者との連携は希薄化せざるを得なかった。このことから、支持基盤のさらなる縮小が予想されるだろう。

そして、二〇〇七年参院選において、自民党は歴史的大敗を喫する。岡山県選挙区でも、「姫の虎退治」で全国的に注目を集めた民主党の無名の新人、姫井由美子に、自民党参議院幹事長を務める大物議員、片山虎之助が敗れたのである。江田に続いて姫井が当選したことによって、参議院岡山県選挙区は自民党空白区となった。

この選挙における民主党大勝は、参議院における政党布置に地殻変動を起こした。自民党は、一九五五年の結党以来、参議院で一貫して保持し続けてきた第一党の座を民主党に引き渡すことになり、民主党の江田が議長に選出されたのである。衆参で第一党が違う「ねじれ国会」によって、自公政権の国会運営は困難を極め、参議院では福田康夫総理、麻生太郎総理への問責決議案も可決された。野党が主導権を持つ参議院の運営を担う江田は、これまでの議長とは違い、野党の主張を踏まえながら、政府提出法案中心の審議を進めていくという困難な役割を担った。しかしながら、二〇〇九年衆院選で政権交代が起きるまで、政府法案を否決できる参議院議長としての江田への注目度は、歴代参議院議長の中でも最大級であった。二〇一〇年参院選に向けて、江田の知名度はゆるぎないものとなっていたのである。

## 「保守王国」＝「抵抗勢力」が崩壊した二〇〇五年衆院選

ここで、衆議院における議席の推移についてふりかえっておきたい。表4-3に見られるように、岡山県の小選挙区の議席は、一九九六年衆院選から二〇〇三年衆院選まで、自民党が五議席を独占する「保守王国」だった。

ところが、小泉旋風が吹き荒れた二〇〇五年郵政選挙において、岡山県は自民党が例外的に敗北した

**表4－3　岡山県における小選挙区の議席推移**
（カッコ内は比例復活当選）

| | 1区 | 2区 | 3区 | 4区 | 5区 |
|---|---|---|---|---|---|
| 1996 | 自民 | 自民(民) | 自民 | 自民 | 自民 |
| 2000 | 自民 | 自民 | 自民 | 自民 | 自民 |
| 2003 | 自民 | 自民(民) | 自民 | 自民 | 自民 |
| 2005 | 自民 | 民主(自) | 無所属(自) | 民主(自) | 自民 |
| 2009 | 自民(民) | 民主 | 無所属(自) | 民主 | 自民(民) |

地域なのである。

小泉首相が福田派を継承する森派に属し、一九七〇年代の「角福戦争」という、自民党内の派閥抗争を意識的に継承していたことを考えると、田中派を継承する橋本派の領袖である橋本龍太郎の牙城である「保守王国」岡山県は、「抵抗勢力」の地といえた。小泉は「自民党をぶっ壊す」と宣言したが、道路公団の民営化から郵政民営化に至るまで、「小泉改革」とは、橋本派の利権構造を破壊することだった[32]。

小泉は、一九九五年の自民党総裁選では橋本に惨敗したが、二〇〇一年の自民党総裁選では「本命」の橋本に大勝していた。これ以降、橋本は急速に影響力を失う。とりわけ小泉政権下の二〇〇四年七月に発覚した日本歯科医師連盟の闇献金問題では、平成研究会（橋本派）会長を辞任するとともに、次期衆院選で岡山四区からの出馬断念を表明する。それでも、「もう少し比例区で働かせてやろうと言ってくれるなら光栄だ」と述べ、比例区単独の立候補に意欲を示していた橋本だったが[33]、小泉執行部はこれを認めず、引退に追い込まれた。橋本は、後継には「親族や家族は立てない」と公言していたが、次男の岳が後援会からの要請で衆議院解散後に岡山四区から立候補を決意する。しかし橋本岳も準備不足で、民主党の新人、柚木道義に僅差で敗れたのである。

こうした状況の中、二〇〇五年衆院選では、岡山県で小選挙区の議席を維持できたのは、郵政民営化に賛成を表明していた一区の逢沢一郎と

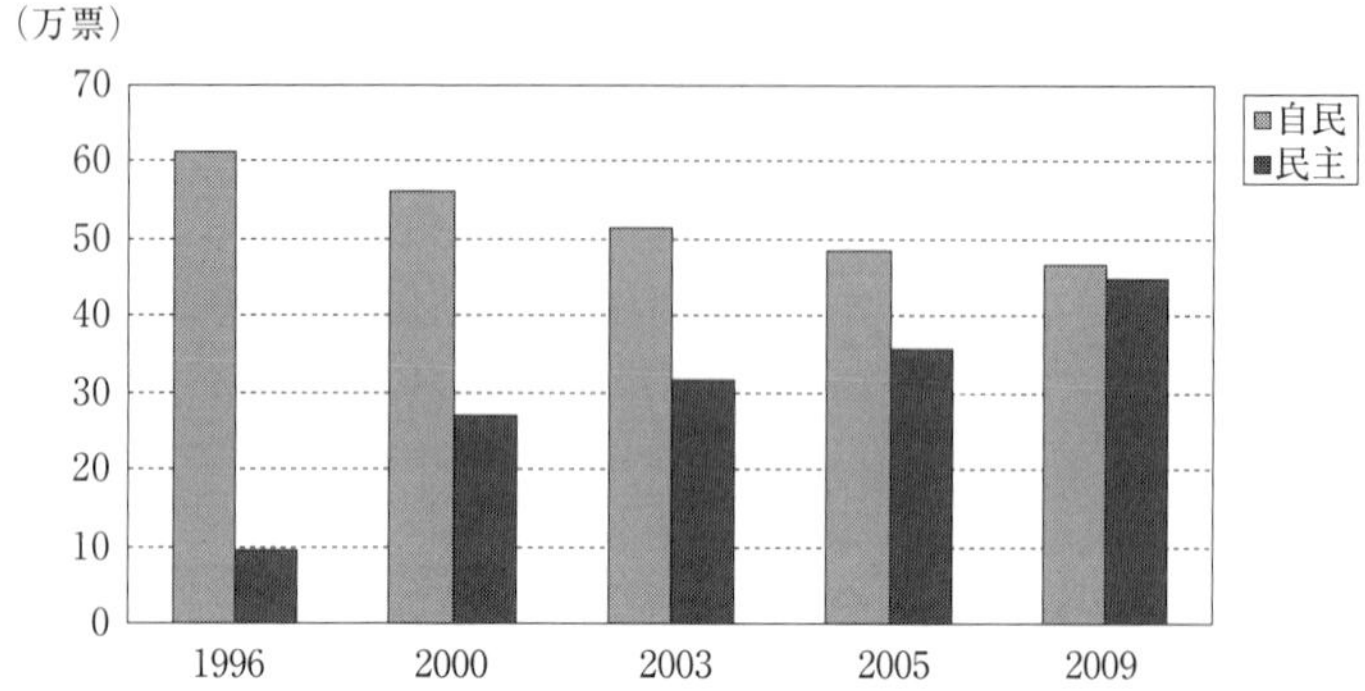


**図4－2**　岡山県衆議院小選挙区における自民党と民主党の得票推移（全候補者の合算）

五区の村田吉隆だけだった。二区では、現職の熊代昭彦が郵政造反議員として公認を得られずに出馬を断念し、刺客として送りこまれた経産省出身で当時岡山市長だった萩原誠司は、民主党の津村啓介に敗れた。三区においては、刺客となった日本看護協会副会長の阿部俊子が平沼赳夫に敗れ、平沼は無所属候補として当選した。

　こうして、岡山県における自民党の小選挙区独占が初めて崩れた。萩原、阿部、橋本岳は比例復活を果たしたものの、小選挙区での議席は五議席から二議席と半減以下となり、民主党と並ぶことになった。

　全国的には、自民党の得票は郵政選挙を例外として低下している。しかし、岡山県においては、図4-2のように郵政選挙によって自民党組織が破壊されたため自民党の得票率は一貫して減少していくのである。

　政権交代選挙となった二〇〇九年衆院選においては、小選挙区での構図は変わらなかったものの、一区と五区で民主党の候補者が比例区で復活当選を果たし、二区の萩原と四区の橋本岳は比例復活を果たすことなく落選、民主党のさらなる台頭を招いた[34]。

　こうして、自民党岡山県連は、郵政選挙と小泉改革のダメージから回復することができないまま、二〇一〇年参院選を迎えようとしていた。

民主党躍進の背景としては、第一に、自民党政権下においては、長引く経済不況の中、小泉改革とも相まって公共事業は減少し続け、その選挙資源が減少していったことがあげられる。第二に、政策的次元から見れば、子ども手当や農業における直接所得保障などの「分配政策」を打ち出した民主党の政策を、岡山県民は選択していったことがあげられるだろう。

## 3　二〇一〇年参院選

### 江田五月の出馬表明

江田は、二〇〇九年一〇月五日、二年間の「ねじれ国会」における参議院議長としての実績と、さらに二〇〇九年衆院選での政権交代を背景に、参院での四選を目指して岡山市内で出馬表明を行った。

江田は会見で「私も長くやっているし、若いわけでもない。そういうところを鋭く突かれるような候補者が出てくれれば、激しい選挙になる」と述べた。これは、二〇〇七年参院選での「姫の虎退治」を意識したものであろう。また、議長職にあるため、公認候補ではなく、推薦を民主党岡山県総支部連合会に依頼する意向も明らかにした[35]。この時点で自民党はまだ候補者公募の発表も行っていなかった。

連合岡山は、一〇月一五日に執行委員会で江田の推薦を決定し、同二五日には政策協定を結んだ。また民主党県連も、同日の常任幹事会で江田の推薦を党本部に上申することを決定し、一二月二三日の常任幹事会で、参院選に向けた選対本部を設置した。二〇一〇年一月一七日には、国会議員らと県内の経済六団体トップとの「経済懇談」が、政権交代をきっかけに初めて開かれた[36]。江田のこれまでの選挙の中で最もスムーズなスタートといえた。

しかし、「政治とカネ」をめぐって鳩山内閣の支持率が低迷する中、岡山でも民主党に逆風が吹き始めた。四月一一日投票の浅口市長選で、民主党が支援した姫井成《しげる》が元自民党県議会議員の栗山康彦に敗れたのである。姫井は、菅直人副総理兼財務大臣の義兄であり、夫人菅伸子の実兄（菅夫妻はいとこ同士）である。菅自身、三回も現地入りし、民主党岡山県連も全面的に支援した姫井の敗因は、民主党への逆風といわれた。

こうした中、五月九日には岡山市内の中心地に江田五月選挙事務所が構えられ、事務所近くの公園で事務所開きが開かれた。「ゆるぎない情熱」をキャッチ・コピーとすることも発表された。江田五月会、民主党岡山県連、連合を三位一体とすることが確認され、三区を除く小選挙区に国会議員が配置され、小選挙区ごとに二〇の地域事務所が配置された。

五月三一日、普天間基地移設問題で社民党が連立を離脱したことを受け、社民党岡山県連は江田の推薦見送りを決め、参院選には自主投票で臨むことを決めた。ちなみに、社民党は、社会党時代を含め、江田の推薦を一度も行っていない。そして、鳩山内閣は六月四日に総辞職を行った。

しかし、この段階で自民党候補者の山田みかは、党内のあいさつ回りをしており、知名度もほとんどないといってよかった。江田陣営からは「ダブルスコアで勝つ」というような声も聞かれた。こうした状況から、江田は「負けるはずがない」との認識が広がり、選対のムードは盛り上がらなかった。公示後も、序盤は連合岡山の動員がかからず、個人演説会の集まりも悪かった。連合は江田選対内で緊急執行委員会を開き、動員の徹底を図ったほどである。

江田選対は、「高い知名度ゆえに「江田は大丈夫」の大合唱に、陣営を選挙モードにするのに大変苦労した」のである[37]。しかし、ムードによりかかった気の「ゆるみ」こそ大敵であることが、九六年の知事選での教訓であった。毎朝開かれた、江田事務所、民主党県連、連合による江田五月選対本部打ち合わせでは、日を追うごとに「江田リードの報に油断は禁物」、「知事選の過ちを二度と繰り返さないために徹底した投票呼びかけを」のメッセージが発出された。

## 生かせた菅首相との絆と「二十一世紀ビジョン」

江田と菅は、ミニ政党としての社民連のほぼ全期間（社民連と日本新党が合流する前の一九九四年一月に菅はさきがけ入りしている）をともに過ごし、一時期はさきがけと新進党に分かれはしたものの、菅が民主党代表となった九八年には、江田が民主党に参加している。選挙中の江田の演説では、しばしば「父の最後の弟子」である菅と父・江田三郎の出会いから始まり、江田自身が菅と出会ったのは亡くなった父・三郎の枕頭であったこと、ミニ政党として出発した社民連以来、二三年間苦楽をともにしてきたこと、イラ菅と呼ばれる首相に意見が言えるのは自分だけであることなどが繰り返し語られた。菅内閣の支持率は、日に日に低下していったが、首相に意見を言えるという江田の発言は、ご意見番として、むしろ肯定的にとられたようである。

菅首相自身の応援は、逆風下の参院選の中、党本部から「強い候補」と認定されたため、果たせなかった。しかし、長男の菅源太郎が江田選対に配置され、県下をくまなく遊説したことはプラスだった。菅源太郎自身も二度岡山一区から出馬している。江田とともに社民連を結成した頃の菅直人の面影を強く残す菅源太郎は、人気の弁士だった。選挙最終盤における倉敷の個人演説会では菅伸子首相夫人と菅源太郎の親子競演も話題を呼び、大盛況となった。

また江田は、今回の選挙ではどんな状況でも選挙に勝つための万全の策として、「党のマニフェストだけでは足りない」ため、「個人の努力」として「二十一世紀ビジョン」(38)を作成した。江田は、「マニフェスト選挙ははやりだが、それは三、四年程度の短中期的なものであり、長い先までの展望を出すべきだ。とりわけ参議院選挙ではそうである」[39]と説明している。これは、あさのあつこ（作家）、江橋崇（法政大学教授）、ジェラルド・カーチス（コロンビア大学教授）、榊原英資（青山学院大学教授）、佐々木毅（学習院大学教授）、杉田敦（法政大学教授）、炭谷茂（恩賜財団済生会理事長）、水島広子（精神科医）らの意見をまとめたものである。こうした幅広い人材から意見が聴取できるのは、江田ならではの強みである。どのような状況でも「江田五月は国会に必要な政治家だ」というメッセージ性を持たせるため、江田五月会やアゼリア会の有志によって、最後まで推敲が重ねられ、作業は江田選対や江田の自宅でも発表直前まで進められた。こうした著名人と市民ボランティアとの協同作業などは、江田選挙への参加意識を高めるものだろう。

### 自民党の候補者公募と平沼復党工作

一方、自民党では二〇〇九年衆院選での惨敗を受けて、岡山県連に作られた党再生委員会（県議会議員八人）が、候補者の公募を決定した。二〇一〇年参院選の候補者選考では、大物国会議員不在の中、定数五六人のうち三六人が自民党会派という圧倒的な勢力を誇る自民党岡山県議団が主導権を握っていたのである。

この時点で自民党県連は、二つの戦術を構想していた。一つは、選挙区には公募の新人を立てること、もう一つは、比例区からは片山虎ノ助を出馬させるとともに、片山と親しい平沼赳夫を復党させることによって、小泉「改革」以前の「保守王国岡山」の復活を図ることである。

公募については、民主党が衆院選で若い候補者の公募で成功を収めていることに着目し、ベテランの江田に新人をぶつけようとしたのである。「姫の虎退治」への意趣返しともいえた。一一月三〇日、自民党県連は、党公認候補の公募要綱を発表した。希望者には、応募申請書のほか「自民党の目指すべき道」をテーマにした論文（二〇〇〇字以内）と政策アンケートの提出が求められ、県関係国会議員、県連幹部らが二〇一〇年一月までに選考することになった[40]。

続いて自民党岡山県連は、一二月二日に平沼に復党を要請する。平沼は、安倍政権下の二〇〇六年の造反議員復党問題ではただ一人、誓約書に署名せずに復党を見送っており、二〇〇九年衆院選においては、自民党の刺客候補である阿部（比例復活当選）と民主党の公募候補の西村啓聡を退け、一〇期目の当選を果たしている。平沼は二〇〇七年の参議院選挙において、自民党現職の片山を支援していたため、復党を要請しやすい環境があった。

これに対し、二〇〇九年衆院選において二区で落選した萩原については、党本部から岡山二区支部長に再任するよう打診があったにもかかわらず、「萩原氏の意志や活動を見ながら判断する」として決定を見送った[41]。

自民党岡山県連は、片山の比例区擁立と、片山と友好関係にある平沼の復党によって、衆院三区および比例区での票の上乗せを目指しただけでなく、二〇〇五年郵政選挙以前の「保守王国」を復活させようとしたのである。それは、現職の阿部の小選挙区での当選よりも平沼の復党を優先させたことと、萩原の支部長再任を拒否したことからも明らかである。小泉の刺客は敬遠されたのである。

## 公募辞退の衝撃と山田みかの出馬

自民党県連による公募は一二月一日から一八日まで行われた。そして、二〇一〇年一月一五日には第三次最終審査が行われるはずだった[42]。

ところが、公募候補者のうち、最終選考に残っていた三人が相次いで辞退を申し出たのである。候補者最終決定のために一月一五日に岡山市内のホテルに集まった県連幹部らは、公募打ち切りの報告を聞いた[43]。同日の県連総務・選対会議では、最終審査に「辞退者（三名）があり該当者なし」との報告・承認がなされた。野党となった自民党の求心力低下が露呈したのである。

事態打開のため、自民党県連は片山虎之助に選挙区からの出馬を要請するが、すでに比例区での出馬準備に入っていた片山に拒否される。だが、片山が目指していた比例区の出馬も、七〇歳定年制に例外を設けないとの党本部決定により、断念に追い込まれる。一月二九日、大島理森幹事長から片山に非公認の方針が伝えられた。片山は、定年制の例外として検討されていた経緯に触れ、執行部への不満を述べつつも、岡山県選挙区から立候補する意思もないことを表明した[44]。

公募断念の発表後、自民党岡山県連はすぐに次の行動に移った。フランス在住で現地の日本法人に勤めていた山田みかへのアプローチである。

山田は、一二月に応募してまもなく、選外となった通知を受け取っていた[45]。自民党県連の天野学幹事長は、公募にあたって「全国から募集するができれば県内からの応募が望ましい[46]」としており、山田は書類選考の段階で外されていたと思われる。

例年どおりに年末年始の帰省を終えてフランスに戻った山田に、自民党岡山県連から立候補の意思確認の電話がかかってきた。山田が「一度出したからには」と応じると、「すぐに帰ってこれないか」という打診があった。仕事の都合があるからといったんは断ったものの、週末を利用すれば帰ることができると考え直した山田は、二〇一〇年一月二三日に帰国した。二四日の自民党大会に参加し、党本部にもあいさつに行った。この時の面接で県連幹部から「手続きを踏まないといけない」とは言われたものの、「その場の雰囲気はもういってしまいそうだなと感じ」、その夜ホテルから会社の欧州統括担当役員に電話し、選挙に出るかもしれないと伝えている。この時、立候補にあたっての打ち合わせなどは、ほとんどなかった。二月五日の県議団総会で山田の擁立が了承され、二七日の自民党岡山県連総務・選対合同会議での決定を経て、山田の擁立が公表された。岡山市内で記者会見した山田は、「市民感覚を備え、若くて女性である私が、新しい風を吹き込む原動力になると信じ立候補を決意した」と述べた[47]。

自民党はようやく、江田が立候補時に懸念していた「若さ」を強調した女性候補を擁立したのである。岡山県連会長の村田吉隆も、参議院民主党の「ツートップ」は、議長の江田と議員会長の輿石東（山梨選挙区）であり、これらの選挙区で自民党がともに若い女性候補を立てたため、「自民が民主に一矢報いる象徴区、最重点区として党本部にも協力を求めていく」ことを強調した[48]。同日付で自民党本部に公認申請がなされ、三月二日に山田みかの本部公認が決定された。前年一〇月の江田の立候補表明から五カ月、参院選投票日まであと四カ月だった。

## たちあがれ日本と新党改革の結党

選挙区の候補者はようやく決まったものの、自民党県連は四月になっても片山の比例区での公認を求め続けていた。また、岡山市の保守系市議有志が結成した「片山氏を支援する会」や、高谷茂男岡山市長、伊東香織倉敷市長、高木直矢笠岡市長も、自民党本部で大島幹事長に会って、片山の公認を要請していた[49]。しかし、自民党本部の翻意は得られなかった。

こうした中、平沼は四月一〇日にたちあがれ日本の結成を発表し、片山も方向転換を図ることになる。片山は、たちあがれ日本から比例区での公認内定を得たのち、二〇日に自民党本部に離党届を提出し、二六日に、たちあがれ日本から比例区で立候補することを正式に表明した。同日、自民党県連から衆議院第二区支部長の推薦を得ることができなかった萩原も、新党改革（舛添要一代表）からの比例区出馬を表明した。

たちあがれ日本と新党改革の両党は、選挙区では山田を支援することを表明し、一時は江田包囲網が形成されたといわれた。しかし、実際には比例区でのバーターは公明党との関係から難しかったうえ、それぞれの地方議員の「しがらみ」もあり、自民党は効果的な対応をとることができなかった。

公募候補者はようやく決まったものの、自民党岡山県連が目指した片山の比例区出馬、平沼の復党という目的は、いずれも達成することができなかった。かつて「保守王国」を形成した自民党は、たちあがれ日本、新党改革の三党に分裂したのである。

## 自民党の「しがらみ」

山田のキャッチ・コピーは「真っ赤な情熱　真っ白な市民感覚」に決まった。しかし、江田の「ゆるぎない情熱」の二番煎じに見え、市民型の選挙で勝ち抜いてきた江田に「真っ白な市民感覚」では、江田キラーとしてのインパクトに欠けた。さらに山田陣営は、独自の候補者事務所を持つことができず、一区の逢沢一郎事務所を間借りすることとなった。敷地は広いものの、場所は岡山市中心部から離れており、与党時のような人の出入りもなかった。後援会長も決まらず、山田選対の事務局長も不在のままだった。

また、地域ごとの演説会でも、地方議員には片山と関係の深い議員が岡山市や倉敷市に多いなど、それぞれの「しがらみ」によって、公明党、たちあがれ日本との連携に温度差があった。山田の演説会でも、公明党とたちあがれ日本の地方議員らが出席して牽制しあうような場面があり、江田包囲網は有効に働かなかった。(50) こうした状況について、山田は以下のように語っている。


県会の先生方は三六名いらっしゃり、各選挙区・後援会で様々な事情もあり、足並みを揃えるのは非常に難しく、皆さまそれぞれの立場でどうにか応援してくださったのだと思います。

また、私が片山虎之助先生を蹴落としたというか、先生を差し置いて出るって、そう受け取っている方もいらっしゃった。そして比例区で片山先生が出られているから、やはり公明党も面白くなかったと思います。

それでも地力で勝る自民党は最終盤に追い上げを図る。山田自身が「手ごたえなのか、自分の気持ちの高まりなのか、あるいはたまたま地域だったのか。結局、最後の三日くらいが倉敷、岡山だったので、自分でも手ごたえを感じた。気持ち的にはあと一週間あれば（江田を）抜けていたとすごく感じる。そうすれば体力的にも勝っていただろう[51]」と語っている。これについては、江田選対も「圧倒的な地方議員の数の差（投票所に足を運ばせる力）」と「相手国会議員の危機感が最後の三日間は凄まじかった[52]」と総括しているように、自民党は最終盤に本来の行動力を取り戻したのである。

## 4　選挙結果から

### 得票比較

江田は、四七万四二八〇票を獲得し、次点の自民党候補山田の三二万五一四三票を大きく引き離して当選を果たした（表4-4）。得票数は二〇〇四年参院選からわずかに減ったものの、得票率ではわずか〇・八一％しか減っておらず、しかも県内二七市町村のうち、二町村（いずれも衆議院三区）を除く二五市町村で他候補の得票を上回ったのである。しかし、二町村で敗れたとはいえ、新庄村ではわずか二票差、奈義町でも二九票差である。これは、保守地盤が強いとされる県北部まで含め、地域の隔たりなく江田票が浸透していることを示すものである。また、年代別選挙区候補への投票割合においても、すべ

表4－4　選挙結果

| 候補者 | 得票数 | 相対得票率（%） | 絶対得票率（%） |
| --- | --- | --- | --- |
| 江田　五月 | 474,280 | 54.85 | 30.07 |
| 山田　みか | 325,143 | 37.60 | 20.61 |
| 垣内　雄一 | 65,298 | 7.55 | 4.14 |

ての年齢層で江田が山田を上回っている[53]。

比例区での得票を見ても、民主党は前回参院選から大幅に減票しているものの、二二市町村で一位であった。自民党の一位はわずか四市町村にとどまり、しかも、平沼の選挙区である衆議院第三区のいくつかの市町村ではたちあがれ日本が一位、新党改革の比例候補者である萩原の出身地である西粟倉村[54]では新党改革が一位となり、民主党に次ぐ第三位の得票に甘んじた[55]。

このように、岡山選挙区では一人区であるにもかかわらず、苦戦どころか、江田の得票は死角のないものになっており、事前の報道各社の世論調査でも山田の追随を許さなかった。岡山県では、民主党への逆風よりも、自民党の退潮と分裂傾向が目立つ結果となっている。

図4-2で見たように、岡山県において自民党は得票を減少させながらも、二〇〇九年衆院選においてさえ、小選挙区での得票力は民主党を上回っていた。参院選ではこれとは対照的に、二〇〇一年に片山が民主党現職の石田美栄[56]を破ったのを最後に民主党に三連敗しており、二〇〇七年参院選からは参議院空白区となっている。衆議院と参議院における自民党の集票力の乖離は、後援会中心の衆院選と、知名度やとりわけ「風」に左右される参院選との違いであるかもしれない。たしかに一九九八年と二〇〇四年の参院選は、ともに自民党に逆風が吹いた選挙だった。

しかし、江田の得票は、図4-3に見るように一九九六年の知事選では惜敗したものの、その後は常に自民党候補を上回っている。候補者が乱立した一九九八年参院選を除けば、今回も含め五〇万票近い票を安定的に獲得している。

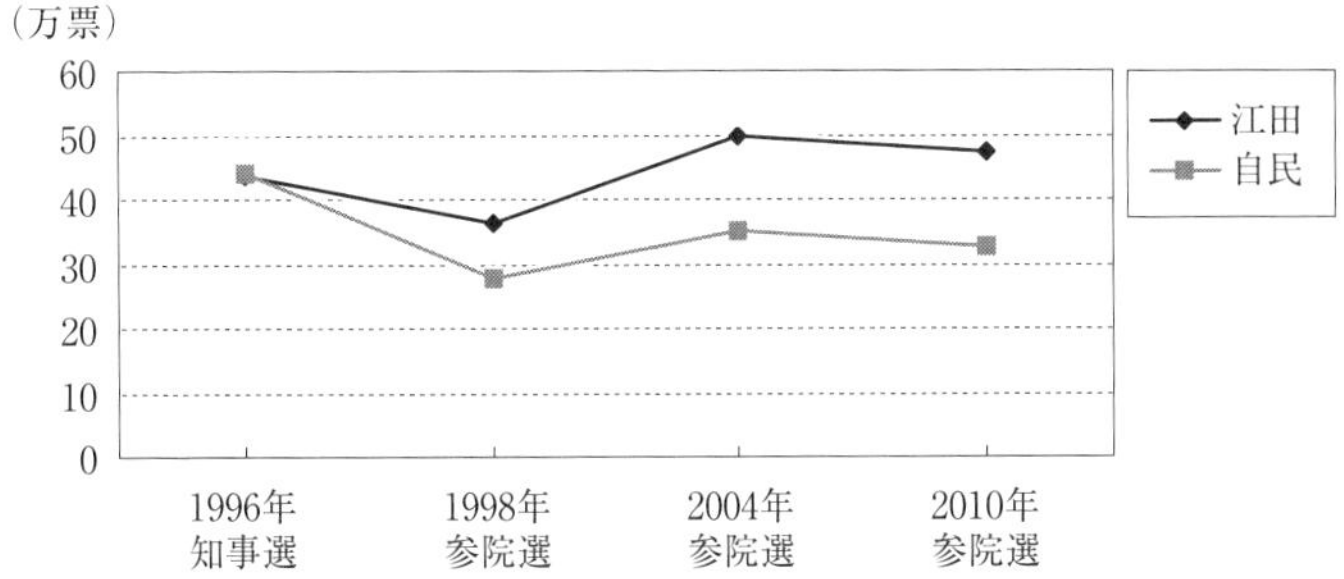


**図4－3　全県下の選挙における江田五月と自民候補の得票**

江田の選挙では、常にその知名度が勝因として挙げられてきた。参議院全国区出馬を前に急死した父・江田三郎の遺志を継いで立候補したという衝撃的な政界へのデビューによって、江田は当初よりその名を全国に知られた政治家であった。以来、社民連代表、科学技術庁長官、さらには「ねじれ国会」における参議院議長を歴任してきた全国的な知名度にはゆるぎないものがある。

一九九八年と二〇〇四年は、自民党に逆風が吹いた選挙であったとはいえ、必ずしも江田に順風だったわけではなかった。すでに見てきたように、一九九八年参院選では民主党と連合を分断する中での立候補であったし、二〇〇四年にはまだそのしこりが残っていた。しかし、江田は知名度を背景に無党派層に浸透し、政権批判の受け皿となることにより、追い風を受けることに成功してきたのである。

これに対し、二〇一〇年参院選は、江田にとって初めての守りの選挙になるはずだった。しかし、当初は参議院議長としての実績と圧倒的知名度で、独走が予想され、陣営もダブルスコアを期待していたほどだった。自民党は、公募によって新人の山田を擁立したものの、有権者が山田に対する予備知識を全く持っておらず、山田が二〇〇七年参院選における「姫の虎退治」のようなブームを起こせなかったことから、投票は江田への信任投票に近いものになると思われた。

だが山田は、候補者としては二〇〇四年の加藤紀文とほぼ遜色のな

**表4－5**　2004年と2010年の得票比較
（カッコ内は得票率%）

| | 2004 | 2010 |
|---|---|---|
| 江田　五月 | 474,280（55.66） | 498,515（54.85） |
| 自民参候補 | 349,219（38.99） | 325,143（37.60） |
| 接戦度 | 0.17 | 0.17 |
| 自民比例 | 272,151 | 173,638 |

い得票で、善戦したと見ることができる。山田は、「選挙のあと、周りに話を聞くと、三〇万台は出ないと思っていた方がかなりいらっしゃるようだ」と語っている。江田選対も認めるとおり、自民党も国会議員と地方議員の層の厚さから後半は追い上げを図り、山田は自民党候補者としての基礎票を出したといえるのである。支援者から「天真爛漫だね」と指摘された山田のパーソナリティが浸透し始めたということでもあろう。それが、菅内閣の支持率低下による自民党への追い風と結びつけば、さらなる追い上げが可能だったはずである。

山田は、選挙後半、全県を回って自民党の層の厚さを実感し、勝てるという実感すら持っていたという。しかし、山田は「どこからあんなに江田先生の票が出たのか。どこに江田先生を支持する皆さんがいらしたのかなって。どこも満遍ない得票だったので」と江田票の不可解さを語っている。ともに選挙を戦った候補者でさえ、「空気のような」江田票の所在を見きわめることが困難なのである。

たしかに山田の票は、表4-5に見るように業界団体の自民党離れや比例区での票の分散にもかかわらず、自民党政権下だった二〇〇四年参院選と比べ、得票、得票率、票差もほぼ同じ水準を維持しており、接戦度[57]も同じである。民主党の逆風の中、自民党国会議員と、民主党を圧倒している地方議員が、山田の候補者としての得票を支えたのだ。しかし、のちに見るように、比例区票の分散が票の伸びを抑えたといえるのである。

## 自民党の初動の遅れと従来型の選挙手法

今回、自民党の直接の敗因は、やはり擁立の遅れを最後までカバーできなかったことと、参議院議長を務める大物議員である江田に対抗するための効果的な選挙キャンペーンが出来なかったことであろう。山田が結果としてブームを巻き起こすに至らず、江田に「ゼロ当確」第一号を許したのは、やはり浸透不足であり、それは選対の姿勢にも問題があったといえる。自民党内の議員や組織を回ることに重点が置かれ、江田の独壇場である無党派層への浸透対策は検討されなかったからである。

江田の出馬表明は、二〇〇四年参院選においても前年一〇月に行われており、今回も充分に予想できたはずだった。自民党の候補者公募の発表が江田の出馬表明より遅れたという事態から考えられることは、県政与党であり、議会で多数を占める自民党県議団には、国政レベルにおける危機感が欠けていたのではないのかということである。

民主党参議院議員会長の輿石東が出馬した山梨県選挙区において、やぶれたとはいえ得票差〇・八％にまで肉薄した宮川典子の出馬表明が二〇〇九年一二月だったことからも、岡山における初動の遅れが指摘できるだろう。党本部による公認発表が三月では、実質三カ月の選挙戦だったのである。

山梨との決定的な違いは、候補者の注目度を上げることによって知名度不足をカバーするという選挙キャンペーンが行われなかったことである。「日教組のドン」である輿石に対し、松下政経塾出身で元教員の宮川は、外国人参政権付与や夫婦別姓に反対する候補者であり、ゆえに安倍晋三元首相やたちあがれ日本の平沼、石原慎太郎東京都知事など、「右系」の政治家がこぞって来援した。宮川は僅差で敗れたとはいえ、輿石キラーとしての話題性や、全国注目の選挙区となったことで、そのキャンペーンは一定の成果を収めた。これは、二〇〇七年に姫井選対が採用した「姫の虎退治」型のキャンペーンといえよう。山梨よりさらなる短期決戦となった岡山選挙区こそ、こうした選挙キャンペーンが求められたはずである。

二〇〇七年参院選の姫井選対では、「姫の虎退治」を全国的にアピールすることによって、姫井の認知度を上げることに全力が挙げられた。選対からは、日を追うごとに「虎を檻に閉じ込めた」、「北風戦法に太陽戦法で草の根選挙を行う」などの効果的な発信がマスコミに向けて行われた。こうしたイメージ戦略に押され、結果として片山が他県への遊説に出ずに岡山県選挙区に張り付いたことで、大物議員が「張子の虎」であるという印象を与えることに成功したのである[58]。

しかし、山田陣営では、「公募後の二カ月を国会議員、県議会議員の支援者に挨拶に行くことで時間を費やしてしまった」ため、「初動の段階から広く一般に向けたアピールをすべきだった」にもかかわらず、「従来の方法だけに頼った戦術しかとることができなかった」のである[59]。こうした手法では、無党派層への浸透は不可能であろう。

しかし、仮にこうした戦術を自民党がとったとしても、それを熟知する江田選対にどの程度通用したかは疑問である。実際、江田は（かつて片山が自称していたように）大将然としていなかったし、選挙期間中は選挙区に張り付いていたからである[60]。また、女性の応援弁士を大量動員するなどのきめ細かな対策もおこたらなかった。

なお、菅総理の発言で、敗因の一つといわれる消費税増税発言については、民主党も自民党もともに増税が不可避であることは認めていた。この問題は、消費税増税の実施時期や上げ幅、適切な使途をめぐる、いわゆる合意争点であり、一九八九年参院選で社会党が掲げた反消費税のような対立争点ではなかった。この問題について、江田はあまり踏み込んだ発言をしなかったのに対し、山田は自民党のマニフェストによって税率を当面一〇％にすることの正当性を競ったため、有権者の期待するような対立争点にはなりえなかった。それぞれの候補者から政策を聞くための公開討論会は三回行われたが、いずれも百人から二百人程度の参加者で低調だった。

### 自民党支持基盤の溶解

自民党の敗因として、中長期的、あるいは構造的な要因として挙げられるのは、選挙協力と支持基盤の溶解による自民党比例票の分散である。

かつては自民党の「集票マシン」だった業界団体は、政権党を支持していればよく、それは長らく自民党だった。しかし、二〇〇九年の政権交代によって、岡山県においても業界団体の対応は、与党となった民主党の権力と、自民党とのこれまでのしがらみの間で、揺れ動くことになる。

表4‒6に見るように、かつての自民党の集票マシンの多くは、民主党に対しても並列推薦を行っている。また、一四万人の組合員を持つJAグループの農政連盟は、選挙に「ノータッチ」と言いきっていた。もともと支援を受けていない民主党にとっては、「自民への票の流れに歯止めをかけられただけでもプラス」なのであり[62]、自民党にとって一方的なダメージとなるものであった。

それは、直接的には電話作戦や集会への動員などへの「人手不足」となって表れた。山田事務所が企業や団体から派遣されたスタッフでにぎわうことはなかった[63]。それに加えて、比例区での公明党とたちあがれ日本との選挙協力が、比例区の自民党候補との連携を希薄にし、支持基盤を伸張できないという悪循環に陥っていたのである。

**表4－6**　主な業界団体の岡山選挙区対応[61]

| | | |
|---|---|---|
| 県医師連盟 | 民 | 自 |
| 県歯科医師連盟 | 民 | 自 |
| 県トラック政治連盟 | 民 | 自 |
| 県商工政治連盟 | 民 | 自 |
| 県病院政治連盟 | 民 | 自 |
| | （ともに支援） | |
| 県農政連盟 | 自主投票 | |
| 郵政政策研究会 | 民 | |
| 県看護連盟 | | 自 |
| 県建設政治連盟 | | 自 |
| 県土地改良政治連盟 | | 自 |

## 公明支持層の動き

自民党の得票能力は、支持基盤である保守系団体の組織率の低下とともに下降しており、政権を維持できたのは、一九九九年からの公明党との連立政権成立によって同党の選挙協力が得られたからだとされる[64]。

しかし、岡山県においては、すでに見てきたように公明党との選挙協力が成功していたとはいえない中で、自民党の比例票は一貫して減少している。二〇〇四年参院選での自民党候補加藤紀文の得票において、公明党支持層は加藤に五六％、江田に三四％が投票しており、一定の票が江田に流れている。二〇一〇年においても、公明党支持層は、山田に四九％に対し、江田にも三五％が投票している[65]。堅固な組織を持つ公明党の性格上、この票割りは意識的なものと思われる。

二〇一〇年一月三一日に岡山を訪れた公明党の山口那津男代表は、参議院選挙での自民党との選挙協力について、「基本的に白紙で臨む」との考えを表明していた。だが、「それぞれの地域では積み上げた人間関係がある」とし、岡山選挙区については「（自民党から）推薦依頼があれば、地元の意見を聞きながら最終的に検討したい」と選挙協力に含みを持たせた[66]。だが、山口代表が岡山で自民党の候補者が決まる前に会見を行ったのは、江田へのメッセージとも考えられる。これまでに見たように岡山では、江田と公明党の間には、野党時代からの選挙協力によって「積み上げた人間関係がある」からだ。

山田は選挙後、「創価学会にあいさつにいった時に、選挙区で公明党は候補を立てていなかったけれども、積極的に応援することもしにくかった」と言われたという[67]。

こうした公明党票の票割りについては、選挙協力に対する自民党への不信感もある。今回の参院選においても、自民党と公明党の選挙協力は功を奏していないのである。特に公明党がバーターを期待する比例区において、自民党支持層は公明党に七％しか投票しておらず、たちあがれ日本に二四％が流れている[68]。岡山県での自公協力は公明党にとって、割に合わない選挙協力だったのである。

## 選挙協力による支持基盤の溶解

山田が自民党の基礎票を維持したといえることとは対照的に、自民党の比例区得票は二〇〇四年に比べ九万八〇〇〇票余り減っている。既に見てきたように比例区での選挙協力は、構造的に自党の比例候補者との連携を希薄化する。自民党が単独与党時代には、選挙区候補者の後援会と、比例区候補者の業界団体の連携による相乗効果が期待できた。しかし、こうした集票構造は、公明党との選挙協力によって維持できなくなっていたのである。さらに、今回の選挙では、たちあがれ日本との選挙協力も加わり、さらに分散せざるを得なかった。

自民党の地方議員には、片山と関係の深い議員が岡山市や倉敷市に多いなど、それぞれの「しがらみ」によって、公明党、たちあがれ日本との連携に温度差があった。しかし、自民県連は、「個々の議員のこれまでの付き合いにより、できる範囲で応援する」との方針を確認したにとどまり、統一した対応をとることができなかった[69]。

選挙区候補者と他党の選挙協力は、比例区とのバーターが基本であり、自党の比例代表候補には専念することができなくなるのである。自民党は、自らの選挙資源であるはずの業界団体の組織動員力を自ら削いでしまった。それは、自民党の比例区得票の激減に表れている。自民党の県内得票一七万三六三八票は、片山が当選した二〇〇一年参院選の三五万七四一三票と比較して半減以下となっている。今回の選挙において、自民党支持層が比例区で自民党に投票した割合は四六%に過ぎず、半数以上の票が分散していることになる[70]。自民党の「多すぎる地方議員」は、それぞれの「しがらみ」によって、比例票を自民党から分散させてしまったといえるのである。しかし、自民支持層をすべて得票に動員すること

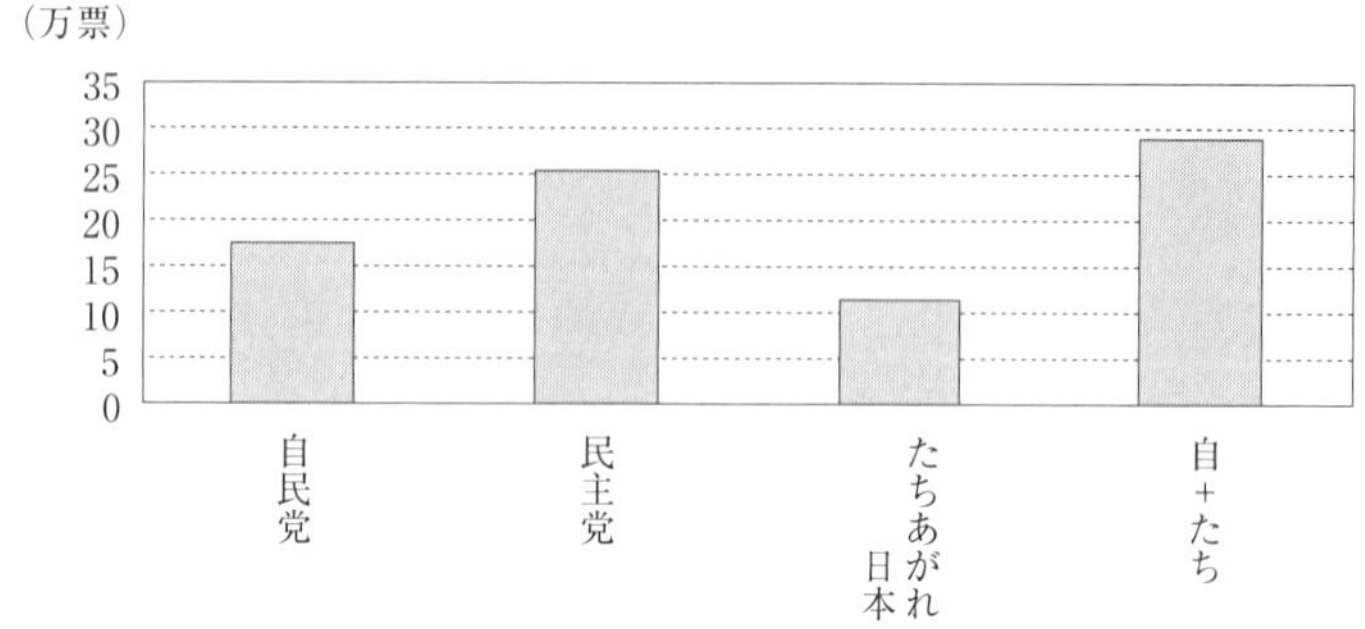


**図4－4**　自民・民主・たちあがれ日本の比例得票（岡山県内）

ができれば、潜在的には二〇〇一年の水準の得票が可能だったともいえよう。

例えば、片山が自民党比例区から出馬していれば、たちあがれ日本が獲得した県内の比例票一一万五〇三九票のうち、少なくとも片山の個人票である七万七二四三票は自民党の山田票とのリンクが可能だったといえよう。片山が岡山県を重点地域として山田とリンクした選挙キャンペーンを行っていれば、相乗効果が期待できたはずである。「一度は敗れた虎が、姫とともに敵の大将に立ち向かう」というリベンジの構図は、有権者にアピールしたであろう。さらに平沼が復党していれば、たちあがれ日本の県内得票である一一万五〇三九票も自民党の比例票に加算できた可能性がある[71]。図4－4に示したように、自民党とたちあがれ日本の比例票を合算すれば、民主党を上回ることになる。

したがって当初、自民党岡山県連が、選挙区には公募の新人、比例区からは元職の片山を出馬させ、さらに郵政選挙で離党した平沼を復党させようとしていたことは、選挙結果から見ても正しい戦術であったといえる。岡山県の有権者は、長らく「自民党の平沼赳夫」、「自民党の片山虎之助」に投票してきた。今回の選挙における立ちあがれ日本の得票は、浮動票というよりも片山支持、平沼支持の固定票であり、もともとは自民党票だったのである。このことは、自民党組織そのものの溶解を示しているといえよう。離党者による新党を再び結集しない限り、自民党票の分散が続くとみることができよう。しかし、その場合には旧い自民党への回帰という批判が起きるというジレンマにも陥る。こうした自民党組織そのものの溶解現象は、かつてなら可能であった陣営の「締めつけ」が無効化していることをも示している。

なお、今回の選挙協力では、公明党の谷合とたちあがれ日本の片山が、岡山県を重点区として比例区で当選を果たしている。両党にとって自民党との選挙協力は成功だったといえよう。

## 残された課題

江田五月は、利益誘導型の政治を一貫して否定してきた政治家である。今回の選挙では、政権交代が実現したため、江田選対では各種団体に浸透を図る目的から、約一二〇団体に支援要請等を行った。だが、江田としては「保守基盤への浸食を図ったことにより、利益誘導型の選挙ととられてはいけないと懸念した」ほどであった。しかし、江田が「保守地盤との連携は薄く、心配したようにはならなかった」と述べているように、政権与党としての選挙においても、自民党的な組織動員型の選挙は行われなかった(72)。今回も、江田自身の選挙運動の中心は街頭演説と個人演説会だったのである。

それでも、医師会や歯科医師会などが民主党から比例区候補者を出したことや、かつての「保守系」団体からの推薦は、野党時代にはなかった固定層へのアプローチを可能にした。また連合は、この選挙で初めて一枚岩で江田選挙に取り組んだ。選挙序盤において動きの鈍さが指摘されたものの、後半は個人演説会や街頭演説等における動員も問題なく行われていったのである。こうして、江田は逆風の中でも得票を維持しえたのだ。

江田は参院選を振り返って、「菅政権に逆風だったが、政権とはタイアップした。与党の選挙は風頼みだけではだめだ。与党の政策のすばらしさを訴えても参議院選挙では通用しない。個人の努力が必要だ[73]」と述べている。それは、野党時代から一人区を制してきた江田の実感であろう。かつて、「誰もが自由に参加でき、意見を述べあい、話しあいのなかで政策を創り出す組織[74]」を目指した父・江田三郎は志半ばで倒れた。しかし、その遺志は江田五月に引き継がれた。草の根選挙にこだわり、利益誘導型や組織動員型の選挙を行わずに勝利してきた江田は、追い風の中ではもとより、逆風の中でも「空気のように」市民に浸透し、選挙に強い江田ブランドを確立したといえよう。それは、半世紀以上にわたって親子二代で作りあげた非自民党型の「草の根」の選挙戦略である。江田ブランドは、これまで風頼みだった民主党にとって、江田個人のものとしてではなく、党の属性として継承することが求められる。

一方、野党自民党にとって、支持基盤の溶解は深刻である。かつての集票マシンとしての業界団体は、政権党としての自民党を支持してきたのである。自民党が与党に返り咲くためには、かつて万年野党の社会党を支えた総評や、公明党における創価学会、民主党における連合のように、支持政党が与野党いずれであっても支持されるような支持基盤を作っていかなければならないだろう。しかし、既に見たように、たちあがれ日本や公明党との選挙協力と、野党化による業界団体の離反が、自民党の支持基盤を溶解させているのである。

岡山県自民党は、党組織そのものの分散と、支持基盤の溶解という、二つの困難に直面している。今後、離党者の再結集と、野党時代における支持基盤を確保しない限り、民主党政権の「敵失」による政権交代はありえても、得票能力は空洞化していくであろう。

一党優位体制が過去のものとなり、支持基盤の溶解が進む中、山田陣営が採用した従来型の選挙戦略では得票拡大は困難である[75]。自民党が地方議員数で優位にある間に「草の根」型の選挙戦略を導入しない限り、政権交代は「風頼み」にならざるを得ない。

註

（1）丸山眞男ゼミ出身者で政治家になったのは江田一人である。
（2）江田五月『出発のためのメモランダム』毎日新聞社、一九九四年、一三八～一三九頁。
（3）「江田五月活動日誌」二〇〇四年一〇月二七日。http://www.eda-jp.com/katudo/2004/10/27.html
（4）第一六一回国会参議院本会議会議録、二〇〇四年一〇月二七日。http://kokkai.ndl.go.jp/cgi-bin/KENSAKU/swk_dispdoc.cgi?SESSION=17337&SAVED_RID=2&PAGE=0&POS=0&TOTAL=0&SRV_ID=9&DOC_ID=249&DPAGE=1&DTOTAL=1&DPOS=1&SORT_DIR=1&SORT_TYPE=0&MODE=1&DMY=17474
（5）江田五月『出発のためのメモランダム』毎日新聞社、一九九四年、二四一～二四二頁。
（6）江田五月『国会議員』講談社、一九八五年、八九頁。
（7）同前、九一頁。
（8）同前、九七～九八頁。
（9）「1995/6 五月会だより No.77」http://www.eda-jp.com/tayori/77.html
（10）公明党は、国政では新進党に合流していたが、地方議員は公明に所属していた。
（11）『朝日新聞』〔岡山版〕、一九九五年一一月一〇日。
（12）「1996/08 五月会だより No.81」http://www.eda-jp.com/tayori/81.html
（13）「必ず朝は来ます　江田五月再出発宣言」http://www.eda-jp.com/satsuki/970426.html
（14）「江田五月決意表明　一九九七・一〇・二九」http://www.eda-jp.com/satsuki/ketsui.html
（15）http://www.eda-jp.com/satsuki/980316.html
（16）江田五月インタビュー、二〇一一年五月三〇日。
（17）民主党岡山県連がまだ結成されていない時期であるため、当時の報道表記に従った。
（18）『朝日新聞』〔岡山版〕、一九九八年四月三〇日。
（19）『朝日新聞』〔岡山版〕、一九九八年五月二六日。

(20)『朝日新聞』〔岡山版〕、一九九八年七月八日。
(21)『朝日新聞』〔岡山版〕、一九九八年七月一四日。
(22)『朝日新聞』〔岡山版〕、二〇〇四年六月一〇日。
(23)蒲島郁夫「九八年参院選――自民党はなぜ負けたか」『レヴァイアサン』一九九九年秋、九～一〇〇頁。
(24)二人区としての最初の選挙は、一九五〇年に江田三郎と加藤武徳が当選した選挙であり、最後の選挙は江田五月と加藤紀文が当選した。親子対決は、順位も同じだった。
(25)この状態は、二〇〇三年八月に民主党比例中国選出の山田敏政が広島県福山市長に立候補して失職したことによって、中桐伸五が繰り上げ当選を果たすまで続くことになる。
(26)『朝日新聞』〔岡山版〕、二〇〇四年七月一二日。
(27)『朝日新聞』〔岡山版〕、二〇〇四年七月七日。
(28)『朝日新聞』二〇〇四年七月一七日。
(29)『朝日新聞』〔岡山版〕、二〇〇四年七月一三日。
(30)しかし、これが現在まで公明党の岡山県比例区における最高得票であった。
(31)『朝日新聞』〔岡山版〕、二〇〇四年七月一三日。
(32)白鳥浩「政界再編から政権交代へ」白鳥浩編著『政権交代選挙の政治学』ミネルヴァ書房、二〇〇九年、一〇頁。なお、小泉にとって、橋本は母校慶應義塾大学の先輩であるだけでなく、もともと厚生族だった小泉にとって「厚生族のボス」でもあった。
(33)『朝日新聞』二〇〇五年八月一二日。
(34)ただし、二〇〇九年衆院選における自民党候補者五人の総得票数は四六万七九五二票であり、民主党の四四万九四二七票を上回っている。小選挙区での岡山県自民党の集票力は、ナショナル・スウィングが生じた二〇〇九年衆院選においてさえ、民主党を凌駕していた。
(35)『朝日新聞』〔岡山版〕、二〇〇九年一〇月六日。公示後は公認に切り替えられた。
(36)『朝日新聞』〔岡山版〕、二〇一〇年一月一八日。

(37) 江田選対内部資料。
(38) http://www.eda-jp.com/satsuki/2010/0621.html
(39) 江田インタビュー、二〇一〇年一〇月二五日。
(40) 『山陽新聞』二〇〇九年一二月一日。
(41) 『山陽新聞』二〇〇九年一二月二日。
(42) 『山陽新聞』二〇〇九年一二月一九日。公募の経過等については、自由民主党岡山支部連合会参議院議員選挙総括会議『第二二回参議院議員通常選挙　総括』http://jimin-okayama.jp/soukatu.pdf も参照した。
(43) 『朝日新聞』〔岡山版〕、二〇一〇年一月一六日。
(44) 『山陽新聞』二〇一〇年一月三〇日。
(45) 山田みかインタビュー、二〇一〇年一一月一九日。以下の山田に関する記述はこのインタビューによる。
(46) 『山陽新聞』二〇〇九年一一月一四日。
(47) 『朝日新聞』〔岡山版〕、二〇一〇年二月一八日。
(48) 『山陽新聞』二〇一〇年二月一八日。
(49) 『山陽新聞』二〇一〇年四月八日。
(50) 実際には新党改革との連携は、ほとんど行われなかった。
(51) 山田みかインタビュー、二〇一〇年一一月一九日。
(52) 江田選対内部資料。
(53) 『山陽新聞』二〇〇九年七月一二日。
(54) 西粟倉村は萩原の父、萩原賢二がかつて村長を務めていた。
(55) 備前市（三区）では、たちあがれ日本、西粟倉村では新党改革が一位得票となった。
(56) 岡山県選挙区が定数見直しによって、二人区から一人区になったため、二人の現職が一議席を争った。
(57) 接戦度＝（一位の候補者得票—二位の候補者得票）÷有効投票数。
(58) 姫井選対内部資料。

(59) 自由民主党岡山県支部連合会、前掲、六頁。
(60) 江田は、議長としての公式行事を除き、党本部からの遊説要請などは一切断っていた。
(61) 『山陽新聞』二〇一〇年七月八日から作成。
(62) 『山陽新聞』二〇一〇年七月八日。
(63) 『山陽新聞』二〇一〇年七月八日。
(64) 田中愛治「自民党衰退の構造――得票構造と政策対立軸の変化」田中愛治・河野勝・日野愛郎・飯田健・読売新聞世論調査部『二〇〇九年、なぜ政権交代だったのか』勁草書房、二〇〇九年、四～六頁。
(65) 『朝日新聞』岡山版、二〇一〇年七月一三日。
(66) 『山陽新聞』二〇一〇年二月一日。
(67) 山田みかインタビュー、二〇一〇年一一月一九日。
(68) 『朝日新聞』岡山版、二〇一〇年七月一三日。
(69) 『朝日新聞』二〇一〇年七月一四日。
(70) 『朝日新聞』岡山版、二〇一〇年七月一三日。
(71) なお、片山虎之助がたちあがれ日本から出馬して当選したように、国会議員の「定年制」は自民党の内規の問題であり、今後、有力議員が高齢化していく自民党は、「定年制」問題を再考しなければならないと思われる。
(72) 江田五月インタビュー、二〇〇九年一〇月二五日。
(73) 江田五月インタビュー、二〇〇九年一〇月二五日。
(74) 江田三郎「離党にあたって」一九七七年三月二六日。http://www.eda-jp.com/saburou/saburo2.html
(75) 市町村合併による自民党地方議員の減少が組織の衰退をもたらしたとされる点については、岡山県では自民党地方議員が民主党を圧倒していることから、ここでは論じなかった。

## 参考文献

白鳥浩編著『政権交代選挙の政治学』ミネルヴァ書房、二〇〇九年。
田中愛治・河野勝・日野愛郎・飯田健・読売新聞世論調査部『二〇〇九年、なぜ政権交代だったのか——読売・早稲田の共同調査で読みとく日本政治の転換』勁草書房、二〇〇九年。


［謝辞］　筆者によるインタビューにご協力いただいた江田五月氏および山田みか氏に心から御礼を申し上げたい。また、今回の江田選対事務局長を務め県内の国政選挙で事務局長を歴任してきた江田五月事務所の江田洋一氏からは貴重な内部資料のご提供をいただいた。元連合岡山会長の森木栄氏、元岡山県教組執行委員長の鳥越八郎氏からも、岡山県における国政選挙の歴史について貴重なお教えをいただいた。ここに謝意を記したい。

# 第Ⅱ部　地盤の変容

公園広場をはさんで支持を訴える各陣営
（毎日新聞社提供）

# 第5章　二つの終焉
## ——熊本県選挙区——

秋吉貴雄

### 1　問題の所在[1]

「政権交代」「コンクリートから人へ」という言説を掲げ、二〇〇九年衆院選で政権を奪取した民主党は約一〇カ月の政権運営を経て、初めての与党としての国政選挙である二〇一〇年参院選を迎えることになった。民主党にとっては単独過半数となる議席を取って政権を維持していくため、一方、自民党にとっても再度政権の座につくため、非常に重要な選挙となった。そして、投開票日翌日に各メディアのトップニュースを飾った菅直人総理大臣のうつろな表情は、まさに民主党政権が今後直面する難題を示すものであった。

本章が分析対象にするのは、熊本県選挙区である。同選挙区は熊本県全県を選挙区域とし、改選一議席（定数二議席）の一人区である[2]。民主党も自民党も同選挙区を重点選挙区に位置づける中、南九州地域（熊本県、宮崎県、鹿児島県）といういわゆる「保守王国」において、どちらの政党が勝利を収めるかが注目された。

同選挙区においては、民主党からは新人で元議員秘書の本田浩一が立候補し、自民党からは当選一回

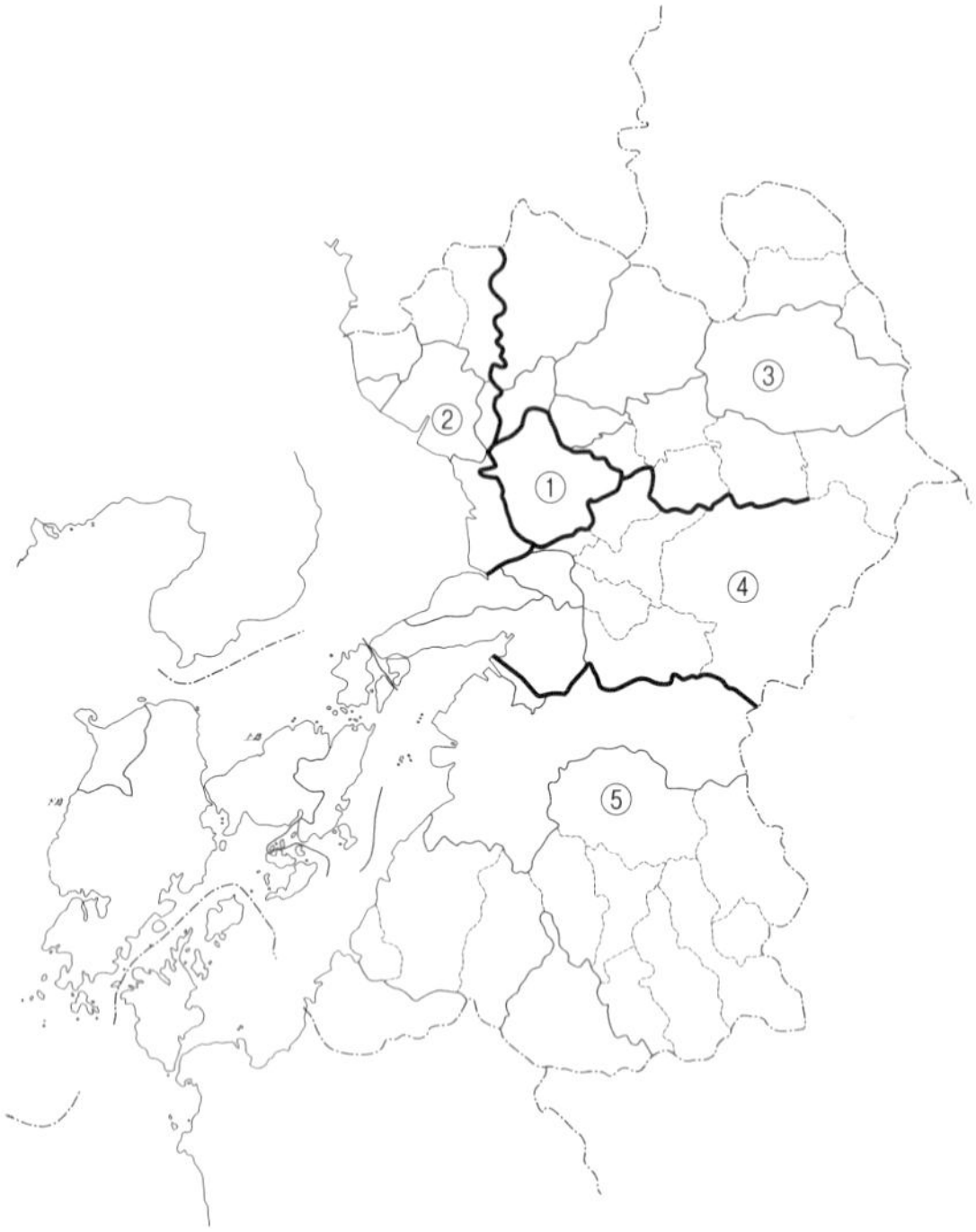


図５－１　衆議院小選挙区（熊本県）

表５－１　熊本県選挙区選挙結果

| 熊本県選挙区　改選：1 | | | | | | | | |
|---|---|---|---|---|---|---|---|---|
| | 得票数 | 氏名 | 年齢 | 党派 | 推薦 | 新旧 | 当選回数 | 代表的肩書 |
| 当 | 393,674 | 松村　祥史 | 46 | 自 | た | 現 | 2 | (元)経産政務官 |
| | 349,398 | 本田　浩一 | 43 | 民 | 国 | 新 | | (元)衆院議員秘書 |
| | 101,869 | 本田　顕子 | 38 | み | | 新 | | 薬剤師 |
| | 30,517 | 安達　安人 | 54 | 共 | | 新 | | 党県委員 |
| | 14,552 | 前田　武男 | 53 | 諸 | | 新 | | 日本創新党員 |

出所：総務省ホームページより作成。

で参議院比例全国区から鞍替えした松村祥史が立候補した。さらに、みんなの党から本田顕子、共産党から安達安人、日本創新党から前田武男が乱立する中、選挙戦が行われた。投開票の結果、松村祥史が三九万三六七四票獲得し、本田浩一に約四万四〇〇〇票差をつけて勝利を収めた。得票率ベースで見ると、松村が四四・二三%、本田が三九・二六%となり、約五%の差が開いた。

民主党への逆風が吹き荒れる中、自民党候補者の勝利は珍しい事象ではないかもしれない。しかし、熊本県において自民党が息を吹き返し、「保守王国」が復活したかということに関しては、疑問が投げかけられる。

南九州地域という「保守王国」において、奇しくも三県の選挙区とも自民党現職対民主党新人という構図になったものの、得票率の差では熊本県選挙区は一番小さかったことが指摘される。宮崎県選挙区は約二二・一%（自民五八・六二%、民主三四・五一%）、鹿児島県選挙区では約一六・五%（自民五四・九七%、民主三八・四五%）という差がついたのに対し、熊本では約四・九%の差であった。

さらに注目されるのが、みんなの党の本田顕子の出馬による影響である。本田顕子は、後述するように民主党元職の本田良一の娘であり、民主党の主要な顧客層である若年層に食い込んでいった。開票の結果、当選にははるかに及ばなかったものの得票率一一・四五%で三位となり、本田顕子が民主党の票を奪ったことから考えると、自民党が民主党に勝利したとはいい難いのである。

このように、熊本県選挙区では民主党が敗れる中、なぜ自民党も票を伸ばせなかったのか。なぜ実質的な勝者がいない選挙となったのか。以下で検討していく。

## 2　熊本県選挙区の構造

### 熊本県選挙区の基本特性

熊本県選挙区は熊本県全県を選挙区域とする定数二（改選一）の選挙区であり、衆議院選挙区としては図5-1に示されるように五つの小選挙区がある。

熊本県選挙区の市町村の人口・産業構造は表5-2のようになっている。県庁所在地の熊本市は政令市昇格が決定されているように、都市部である。しかし、それ以外の市町村について見ると、小規模な人口規模にとどまっており、人口減少傾向にある。さらに郡部では第一次産業就業者比率や高齢化率が著しくなっている。このように、熊本県選挙区は典型的な「地方」であることが指摘される。

### 保守王国としての選挙区

表5-2に示されるような「地方」としての人口産業構造とあわせ、その政治風土から、熊本は他の南九州地域と同様に「保守王国」と称されてきた。自民党麻生政権への風当たりが強くなり、政権交代へ流れができあがりつつあった二〇〇九年衆院選直前の地元新聞の調査においても、自民党支持者は一定規模存在していた(3)。

そのため、地方議会においては保守系候補者が圧倒的な強さを誇り、旧産炭地域である荒尾市は革新勢力が一定の割合を占めているものの、それ以外の地域では保守勢力によって議席が占められていた。県議会（定数四九議席）に関しては、民主党はわずか五議席を有するのみである。しかもすべて熊本市選挙区であり、残りの市町村の選挙区では議席すら有していない。市議会に関しても同様の状況である。民主党は、全県のうち一三市町村議会においてわずか二〇議席を有しているのみであり、約三分の二の市町村議会では議席すら有していない。

このような保守王国としての性格から、国政選挙においては保守系候補者が圧倒的な強さを見せてきた。衆院選においては、小選挙区制導入以降、熊本一区ではいわゆる一区現象が生じ、民主党から立候補した松野頼久が勝利を重ねてきた。しかし松野頼久は、自民党で防衛庁長官や農林大臣を歴任した松野頼三の長男であり、地元では保守層からの支持も受けていた。また、熊本二区、三区、四区、五区においては保守系議員が議席を維持してきた。前回の衆院選で民主党が議席を獲得した熊本二区では、一九九六年衆院選で新進党に敗北したものの、当選したのは当時自民党を離党し、その後自民党に復党した野田毅であった。

熊本県全県を選挙区とする参院選においても、同様に保守系候補者が優勢であった。改選議席が二であった一九九八年参院選までは、自民党および保守系無所属候補者によって二議席独占されることもあった。革新系は、旧社会党は一議席を確保することもあったが、共産党は一度も議席を奪うことができなかった。

改選議席が一となり、事実上自民党と民主党との一騎打ちとなった二〇〇一年参院選以降も、自民党の優勢は続いた。

二〇〇一年参院選では、自民党からは現職で一期の三浦一水が立候補し、民主党からは地元テレビ局アナウンサーの香山真理子が立候補した。新人が現職に挑む形になったものの、大票田の熊本市を選挙区とする衆議院熊本一区では、前年の二〇〇〇年衆院選で民主党の松野頼久が勝利を収めたことから、接戦になることも予想された。しかし、投開票の結果、三浦は五五・四六％、香山は三四・八五％の得票率となり、三浦が約二〇％もの大差をつけて勝利を収めた。

| | | | | | | | | |
|---|---|---|---|---|---|---|---|---|
| 玉東町 | | 4,666 | 5,626 | −2.7 | 28.1 | 25.8 | 26.4 | 47.8 |
| 和水町 | 菊水町 | 9,920 | 6,527 | −3.2 | 32.0 | 18.1 | 27.8 | 52.3 |
| | 三加和町 | | 5,373 | −4.9 | 36.8 | 31.5 | 28.4 | 40.1 |
| 南関町 | | 9,270 | 11,203 | −5.2 | 31.3 | 20.5 | 32.1 | 47.3 |
| 長洲町 | | 13,969 | 17,381 | −3.2 | 23.9 | 6.2 | 39.7 | 53.9 |
| 菊池郡 | | | | | | | | |
| 大津町 | | 24,377 | 29,107 | 3.9 | 19.1 | 10.3 | 33.6 | 55.7 |
| 菊陽町 | | 28,037 | 32,434 | 14.4 | 15.9 | 6.7 | 29.2 | 63.3 |
| 阿蘇郡 | | | | | | | | |
| 南小国町 | | 3,868 | 4,687 | 0.6 | 31.9 | 25.2 | 14.7 | 60.0 |
| 小国町 | | 6,998 | 8,621 | −3.7 | 30.9 | 19.0 | 20.8 | 60.1 |
| 産山村 | | 1,408 | 1,708 | −6.4 | 33.1 | 42.7 | 15.0 | 42.2 |
| 高森町 | | 6,042 | 7,081 | −3.0 | 32.8 | 26.7 | 18.9 | 54.4 |
| 西原村 | | 5,592 | 6,352 | 10.9 | 24.4 | 19.6 | 27.3 | 53.0 |
| 南阿蘇村 | | 10,108 | 12,254 | −1.5 | 29.1 | 25.6 | 16.6 | 57.6 |
| 上益城郡 | | | | | | | | |
| 御船町 | | 15,204 | 18,116 | −2.2 | 25.6 | 12.2 | 27.1 | 60.7 |
| 嘉島町 | | 6,990 | 8,492 | 4.3 | 23.9 | 12.2 | 22.7 | 64.9 |
| 益城町 | | 26,794 | 32,782 | 1.9 | 21.5 | 9.8 | 24.5 | 65.3 |
| 甲佐町 | | 9,715 | 11,604 | −3.4 | 31.3 | 21.1 | 25.5 | 53.2 |
| 山都町 | | 15,834 | 18,761 | −7.7 | 37.0 | 37.8 | 18.2 | 43.9 |
| 八代郡 | | | | | | | | |
| 氷川町 | | 10,975 | 13,232 | −3.6 | 27.7 | 28.3 | 21.4 | 50.0 |
| 芦北郡 | | | | | | | | |
| 芦北町 | | 17,040 | 20,840 | −6.9 | 33.1 | 18.2 | 27.0 | 54.7 |
| 津奈木町 | | 4,384 | 5,424 | −5.5 | 32.0 | 22.0 | 24.9 | 53.1 |
| 球磨郡 | | | | | | | | |
| 錦町 | | 9,024 | 11,647 | −2.7 | 23.2 | 21.0 | 28.2 | 50.7 |
| 多良木町 | | 9,011 | 11,398 | −5.6 | 31.3 | 23.9 | 28.6 | 47.5 |
| 湯前町 | | 3,774 | 4,726 | −5.8 | 33.1 | 23.4 | 27.7 | 48.9 |
| 水上村 | | 2,088 | 2,597 | −4.0 | 37.5 | 28.7 | 22.5 | 48.7 |
| 相良村 | | 4,224 | 5,398 | −2.3 | 30.5 | 24.2 | 26.5 | 49.3 |
| 五木村 | | 1,172 | 1,358 | −11.2 | 39.8 | 15.8 | 25.5 | 58.7 |
| 山江村 | | 3,066 | 3,901 | −4.9 | 27.4 | 23.5 | 27.6 | 48.8 |
| 球磨村 | | 3,878 | 4,786 | −8.0 | 36.0 | 18.7 | 28.3 | 53.0 |
| あさぎり町 | | 13,872 | 17,300 | −2.5 | 28.1 | 24.4 | 24.5 | 51.1 |
| 天草郡 | | | | | | | | |
| 苓北町 | | 6,933 | 8,927 | −5.4 | 32.1 | 18.7 | 22.4 | 58.9 |

出所：『国勢調査』(2005年)，『熊本日日新聞』(2010年7月12日)。

**表5-2　熊本選挙区の市町村の人口・産業構造**

| 市町村名 | (旧名) | 有権者数(人) | 人口(人) | 人口増減率(2000-2005,%) | 高齢化率(%) | 第一次産業比率(%) | 第二次産業比率(%) | 第三次産業比率(%) |
|---|---|---|---|---|---|---|---|---|
| [市部] | | | | | | | | |
| 熊本市 | 熊本市 | 580,274 | 669,603 | 1.1 | 18.5 | 3.4 | 16.6 | 77.5 |
| | 植木町 | | 30,772 | −1.5 | 22.6 | 19.1 | 25.2 | 55.0 |
| | 城南町 | | 19,641 | −0.2 | 24.5 | 11.2 | 24.7 | 63.8 |
| | 富合町 | | 7,962 | 0.9 | 30.0 | 17.1 | 20.8 | 62.0 |
| 八代市 | | 110,491 | 136,886 | −2.7 | 25.7 | 14.5 | 24.7 | 60.2 |
| 人吉市 | | 29,303 | 37,583 | −3.2 | 27.9 | 8.5 | 22.1 | 69.2 |
| 荒尾市 | | 46,510 | 55,960 | −1.7 | 26.8 | 5.1 | 28.8 | 65.3 |
| 水俣市 | | 23,050 | 29,120 | −6.5 | 29.9 | 7.0 | 26.9 | 65.9 |
| 玉名市 | 玉名市 | 57,583 | 45,341 | −0.7 | 24.5 | 11.1 | 29.1 | 59.3 |
| | 岱明町 | | 14,180 | −2.9 | 26.2 | 13.5 | 34.4 | 52.1 |
| | 横島町 | | 5,487 | −5.0 | 29.4 | 46.4 | 18.2 | 35.2 |
| | 天水町 | | 6,843 | −2.5 | 27.8 | 49.9 | 13.7 | 36.4 |
| 天草市 | 本渡市 | 77,129 | 39,944 | −2.8 | 24.4 | 7.3 | 17.2 | 75.2 |
| | 牛深市 | | 16,609 | −9.2 | 33.3 | 20.0 | 20.7 | 59.3 |
| | 有明町 | | 6,057 | −5.0 | 35.9 | 24.9 | 19.4 | 55.8 |
| | 御所浦町 | | 3,615 | −11.8 | 36.2 | 39.4 | 15.3 | 45.3 |
| | 倉岳町 | | 3,493 | −9.5 | 36.0 | 25.3 | 25.9 | 48.8 |
| | 栖本町 | | 2,794 | −7.2 | 35.2 | 22.6 | 26.9 | 50.5 |
| | 新和町 | | 3,960 | −9.1 | 34.3 | 26.8 | 23.5 | 49.6 |
| | 五和町 | | 9,932 | −7.3 | 36.3 | 22.0 | 23.0 | 55.0 |
| | 天草町 | | 4,233 | −9.5 | 37.8 | 19.7 | 23.1 | 57.2 |
| | 河浦町 | | 5,836 | 9.3 | 38.2 | 25.5 | 16.1 | 58.2 |
| 山鹿市 | | 47,455 | 57,726 | −3.0 | 28.9 | 20.5 | 24.9 | 54.3 |
| 菊池市 | | 42,189 | 51,862 | −1.5 | 26.0 | 20.1 | 26.6 | 52.8 |
| 宇土市 | | 30,666 | 38,023 | 2.1 | 22.1 | 12.1 | 25.9 | 61.7 |
| 上天草市 | | 26,786 | 32,502 | −8.0 | 30.5 | 14.2 | 24.2 | 61.5 |
| 宇城市 | | 51,708 | 63,089 | −1.4 | 25.5 | 18.5 | 24.2 | 56.9 |
| 阿蘇市 | | 24,082 | 29,636 | −2.7 | 30.2 | 18.8 | 21.1 | 60.1 |
| 合志市 | 合志町 | 42,890 | 22,571 | 2.9 | 18.7 | 7.5 | 26.8 | 65.2 |
| | 西合志町 | | 29,076 | 5.9 | 18.4 | 5.7 | 25.1 | 67.8 |
| [郡部] | | | | | | | | |
| 下益城郡 | | | | | | | | |
| 美里町 | | 10,376 | 12,254 | −5.5 | 35.9 | 18.1 | 30.0 | 51.9 |
| 玉名郡 | | | | | | | | |

二〇〇四年の参院選では、自民党からは現職で一期の木村仁が立候補し、民主党からは同じく現職で一期の本田良一が立候補した。現職同士で、かつ第一八回選挙で初当選した両者の対決は、激しくなることが当初から予想された。投開票の結果、木村が四一万一〇〇〇票（得票率四八・九％）、本田が三七万二〇〇〇票（得票率四四・二％）を獲得し、木村が逃げ切る形で勝利を収めた。

## 民主党の巻き返し

「保守王国」と称されるように、熊本県においては衆議院、参議院とも自民党や保守系無所属の候補者が優勢に選挙戦を進めていた。しかし、民主党が政権交代のための準備を進め、党勢を拡大し、全国の都市部の選挙区で勝利を収めるようになると、その影響は熊本選挙区にも影響を及ぼすこととなった。特に、参議院熊本県選挙区の大票田である熊本市においては、着実に民主党の勢力が拡大していた。

前述のように、衆議院熊本一区では実質的に保守系候補として見なされていたものの、民主党の松野頼久が連続して勝利を収めていた。同じく熊本市の一部が選挙区に含まれる衆議院熊本二区においても、二〇〇三年衆院選では自民党現職であった林田毅が、民主党新人であった松野信夫に熊本市では敗れ、松野の復活当選を許したのであった。そして、二〇〇四年参院選では、前述のように自民党の木村が本田良一に勝利したものの、熊本市だけ見ると、木村は本田に二万票もの差をつけられたのであった。(4)

この流れの中、民主党の勢力拡大を自民党関係者が痛感したのが、二〇〇七年参院選であった。(5)自民党からは現職の三浦が立候補し、民主党からは二〇〇六年衆議院熊本二区で自民党の野田毅に敗北した松野信夫が立候補した。同選挙においては、安倍政権のもとで年金記録問題や閣僚の不祥事、小泉構造改革の負の遺産といった問題から自民党に対して強烈な逆風が吹き荒れたが、熊本県においても同様に

表5-3　参議院熊本選挙区における得票率の推移（定数削減後）　（%）

| | 自民党候補者 | 民主党候補者 | その他 |
|---|---|---|---|
| 第19回（2001/7/29） | 55.46（三浦一水） | 34.85（香山真理子） | 9.69（共，自連，新社） |
| 第20回（2004/7/11） | 48.92（木村　仁） | 44.28（本田良一） | 6.80（共） |
| 第21回（2007/7/29） | 47.50（三浦一水） | 48.38（松野信夫） | 4.11（共） |

自民党は苦戦した。

そして、投開票の結果、松野信夫が四四万七四二二票（得票率四八・三八%）、三浦が四三万二六八六票（得票率四七・五〇%）獲得し、わずか八〇〇〇票の差で、新人の松野信夫が現職の三浦を抑えて当選した[6]。松野信夫は地盤でもあった熊本市で、三浦に四万票、得票率にして約一三%もの差をつけただけでなく、残りの市部においても半数以上の市で三浦の得票を上回った。さらに、これまで自民党が圧倒的に強かった郡部の町村においても、松野信夫は九つの町村で勝利を収めたのであった。

このように「保守王国」とされてきた熊本県においても民主党は勢力を拡大し、実際に、表5-3に示されるように、定数削減後に自民党と民主党との事実上の一騎打ちとなった参議院熊本選挙区では、自民党は徐々に得票率を低下させていった。さらに、二〇〇九年衆院選では、これまで保守系候補者が当選してきた熊本二区においても、五回目の当選を狙った自民党の林田彪が、元銀行員で公募で選出され、社民党との候補者調整から突如選挙区替えを行った福嶋健一郎に敗れたのであった[7]。

## 3　民主党のつまずき

### 候補者選定の混乱

二〇〇九年衆院選での勝利後、小沢一郎幹事長が強調したのは、翌年に控えた第二〇一〇年参院選での勝利であった。参議院がかつての「良識の府」から「政局の府」へと変容し、参議院で過半数を確保できなければ、いわゆる「ねじれ」状態となり、政権運営が行き詰まることは、自民党政権末期の安部・福田・麻生が示したことである。民主党は小沢を中心に参院選の準備を進めていったが、どのような候補者を比例区・選挙区に擁立するかが焦点となった。

熊本県選挙区においては、改選の対象となる二〇〇四年参院選で、民主党から立候補した現職の本田良一が自民党の木村仁に敗れた。その後本田良一は二〇〇六年の熊本市長選に立候補して落選し、翌年民主党から離党したため、「勝てる候補者」の新たな選定が急務となっていた。

民主党県連は、松野信夫代表をもとに衆院選終了後間もない九月に選考委員会を設置した。自薦・他薦によって四名がリストアップされ、一一月にはその中から熊本県県議会議員の平野みどりと衆議院議員秘書の本田浩一が最終候補となり、県連幹部を中心に最終調整に入った(8)。

平野は一九九七年の熊本県議会議員熊本市区補選で社民党、民主党、連合熊本の推薦をもとに無所属で初当選した。県議会紅一点ということに加え、足に障害を抱える平野は「車いす県議」として注目され、幅広い支持を集める中、熊本市区において四期連続で上位当選した。平野は初当選以来無所属であったものの、国政への転身を進める声から一〇月末に民主党入りした。知名度もある平野は有力候補と見られたものの、平野の支持母体のひとつが県高教組であることに示されるように社民党色が強いため、保守票の伸びが期待できないと、選考委員会で難色を示す幹部もいた(9)。

本田浩一は濟々黌高校、西南学院大学卒業後、会社員を経て、二〇〇六年に民主党本部の候補者公募に合格し、二〇〇七年八月から松野頼久衆議院議員の私設秘書を務めていた(10)。四二歳という若さに加え、大票田である熊本市の伝統高校出身であることから、民主党の新しい支持層の開拓が期待された。しかし、熊本全県を選挙区とする参院選では知名度が低いことは致命的であり、また、平野を推す連合熊本や社民党からの反発が懸念された[11]。

民主党県連は、松野信夫代表をはじめとする幹部を中心に、一一月二九日の県連定期大会までに候補者を決定する意向であった。しかし、幹部協議で意見がまとまらず、代表一任という形で党本部と協議することとなった[12]。

そして、県連と党本部との調整の結果、一二月二九日に本田浩一を党公認候補として擁立することを決定した。自民党支持層を切り崩すことの重要性という小沢の意向が強く反映される形となった[13]。しかし、一一月の県連定期大会で「党員、サポーターの意見も聞いて決めるべき」という声が参加者からも出たように[14]、候補者選定の不透明感は否めず、平野を推していた連合熊本や社民党との溝を深めることとなった。

## 民主党政権への失望

衆院選での歴史的勝利の高揚感とともに発足した鳩山政権は、高い内閣支持率に見られるように、滑り出しは上々であった。「政治主導」を掲げ、多くの民主党の議員を政府に送り込み、大臣・副大臣・政務官が主要な意思決定を行うというように、従来の仕組みを大きく変えるものとなった。また、省庁の不要な事業を白昼のもとに晒し、担当官僚を詰問するという「事業仕分け」は、メディアが大きくクローズアップし、政権交代による果実を国民は実感したのであった。

しかし、民主党への「期待」が「失望」となるのにはさほど時間を要しなかった。衆院選での勝利の要因となったマニフェストが自身の首を絞めることとなった。民主党は「政権交代」を掲げたマニフェストを前面に押し出した戦いを進め、そこには、脱官僚政治といったスローガン的項目だけでなく、月額二万六〇〇〇円の子ども手当、農家戸別所得保障制度、高速道路無料化、ガソリン暫定税率廃止といった目玉項目が掲げられていた。

同党のマニフェストに対しては、選挙当時から、その実効性、とりわけその財源が問題視されていた。同党は予算の組み替えや、特別会計におけるいわゆる「埋蔵金」の発掘や、前述の事業仕分けによる不要事業の廃止によってまかなうことが可能であるとした。しかし、政権が発足してみると、そのような財源は存在しないことが判明し、期待された事業仕分けも目標節減額に届かせることができなかった。

そのため、子ども手当の半額支給やガソリン暫定税率維持といったように、多くのマニフェストで修正実施もしくは中止が余儀なくされた。そして、同政権が沖縄県の米軍基地移転問題で右往左往したことによって、政権担当能力の欠如が一気に問題視された。

さらに、鳩山政権を支えてきた小沢に政治資金の問題が取りざたされ、鳩山自身にも母親からの献金隠しの問題が浮上してくると、政権への支持率は低下していくこととなった。

### 本田顕子の登場

民主党への風向きが変わり、内閣支持率や民主党の支持率が低下する中、本田浩一は知名度不足を解消するため、熊本県全域での辻立を行った。また、民主党系の地方議員が圧倒的に不足し、組織選挙を独自に展開することが困難であったため、候補者選定から溝が生じていた連合熊本と社民党県連合との和解が図られた。当初民主党県連に反発していた連合熊本が、三月に本田浩一の推薦を決定し、社民党県連合も四月に支援を決定した(15)。そして、五月一五日には本田浩一後援会の事務所開きが行われ、選挙本番に向けた気勢が高まった。

しかし、民主党にとって大きな痛手となったのが、みんなの党の本田顕子の擁立であった。

「第三極」を掲げたみんなの党は、自民党、民主党への反対票をすべて取り込む勢いとなり、選挙前に雨後の竹の子のごとく設立された新党とは一線を画していた。そのようなみんなの党への「風」とあわせて、同党が熊本選挙区の候補者として擁立した本田顕子そのものが、民主党にとっては頭痛の種となった。

本田顕子は前述の本田良一の娘であり、熊本市出身で、地元の九州女学院高校（現・ルーテル学院高校）、星薬科大学卒業後、薬剤師を経て、二〇〇二年に本田良一の公設秘書となった。本田良一落選後は薬剤師としての仕事を再び続けていたが、前述のようにみんなの党から出馬することとなった。

記者会見において本田顕子は、出馬の動機を「みんなの党の公約に共感した。薬剤師の視点を生かし、将来を見据えた政治に取り組みたい」と述べていた[16]。しかし、後述するように選挙戦や選挙公報において自身のキャリアから公衆衛生の充実を掲げたように、本田顕子はみんなの党の公約との一貫性を有した候補ではなく、マニフェストという間接経営戦略を頼みの綱とする民主党にとっては、さほど脅威の存在ではなかった。

しかし、父親の本田良一は熊本市議会議員、熊本県議会議員を経て参議院議員になったことから、民主党にとっての大票田である熊本市に一定の基礎票を有していた[17]。また、若さを売りにしていた本田浩一よりも本田顕子は四歳若く、さらに同姓であったため、案分票が発生することが懸念され、本田浩一陣営にとっては不安材料となった。

## 4　自民党組織の衰退

### 支持基盤の崩壊

「保守王国」の熊本を支えたのは自民党の様々な支持基盤であったが、二〇〇〇年以降大きく変動することになった（秋吉 二〇一〇）。

第一に指摘されるのが、系列議員のネットワークの弱体化である。市町村合併において市町村数が減少し、それに伴い首長と議員数も減少することになった。

熊本県においても県主導の市町村合併が進められ、二〇〇〇年一月に九四あった市町村は二〇一〇年三月に四五までに減少した。その結果、特に複数の自治体による合併が行われた地域では、大幅に議員が減少することとなった[18]。そして、二〇〇九年衆院選後に熊本県町村会長の荒木泰臣が「実働部隊として、自民の選挙を担う首長や議員の数も減った。手足をもがれたようなもの」と語ったように[19]、特に自民党の票田であった郡部で市町村合併が進んだのは痛手となった。

第二に指摘されるのが、小泉構造改革による負の影響である。小泉純一郎が推し進めた郵政民営化によって、自民党の選挙組織を支えてきた特定郵便局長による特定局長会は自民党組織から離脱した。そして、熊本においても前回の衆院選直前に選挙区に応援に駆けつけた小沢が旧特定郵便局長との懇談で選挙協力を申し込むといったように[20]、自民党にとっては痛手となった。

さらに、公共事業費の削減は、自民党の重要な支持基盤であった建設業界を直撃した。実際に熊本県の土木予算を見ても、ピークの一九九六年度では一四三九億円あったものの、二〇〇四年度には七五〇億円まで半減することとなった[21]。建設業界は選挙においてビラ貼りやポスティングといった実質的な運動部隊の人材を供給していたが、経営状態の悪化からそのような余裕がなくなったため、選挙運動にも影響を及ぼすこととなったのである。

### 候補者への注目度の低下

自民党の支持基盤が緩やかに崩壊していく中、小泉政権以降の政権運営に失敗し、二〇〇九年衆院選では歴史的大敗を喫し、下野することとなった。熊本県においても、前述のように熊本一区のみならず、熊本二区においても民主党に議席を奪われた。

結党以来の危機に直面した自民党は、一〇月に新しく総裁に就任した谷垣禎一をもとに党内改革に着手した。そこでまず行われたのが、翌年に迫った参院選での候補者選定であった。従来の自民党では現職が優先されたが、翌月に開かれた党の政権構想会議（議長・谷垣禎一）では全選挙区で公募制の原則導入を打ち出した。

この党本部の方針転換を受ける形で、自民党熊本県連（会長：山本秀久）も参院選熊本選挙区の候補者を公募することを正式に決定し、衆議院議員、県議会議員、友好団体代表による選考委員会が設置された(22)。幹部による決定を行った民主党県連とは対照的に、選考委員会が一次の論文・書類審査、二次の面接審査を行って数名の候補に絞り込んだ後、党員ら約二万人による予備選を実施することとなった。

改選対象となる二〇〇四年参院選で二選を果たした現職の木村仁が出馬の意欲を示していた。しかし、木村が七五歳という高齢であることから、県連内では同じく二〇〇四年参院選で比例区から初当選した(23)四五歳の松村への若返りを図ろうとする動きもあったため、木村と松村の一騎打ちになると見られていた。

一二月一〇日に締め切られた候補者公募には一四人が応募し、二次の面接審査には木村と松村を含んだ六人が進んだ。同月の二三日に選考委員会による面接が実施されたが、当日に突如として木村が参院選不出馬と政界引退を表明した。記者会見で木村は、現職二人が党員選挙で争う事態は避けることが望ましいと考え、県連内での若返りの流れから出馬辞退を決定したことを説明した[24]。

木村ともう一人が辞退したこともあり、選考委員会では残り四人による予備選を一月に実施することを決定した。さらに予備選には二人が立候補を届け出なかったため、松村と東京都港区区議会議員の赤坂大輔による一騎打ちとなった。二候補による街頭演説会が県内一四カ所で行われた後、党員投票が行われ、開票の結果、松村が八〇四〇票、赤坂が九六〇票と、松村が大差で赤坂を破り、熊本選挙区の自民党公認候補となった[25]。

後述するように、農業関係団体が自民党から離れつつある中、全国商工会青年部連合会長を務め、商工団体に基盤を持つ松村が圧勝で選ばれたのは、県連幹事長の前川収県議会議員が「この時点で考える最良の候補者」と評価するように、県連にとって望ましい結果であった[26]。また、民主党県連が不透明な経過で本田浩一を候補に選定し、支持基盤にしこりが残ったのとは対照的に、候補者公募を実施し、二次にわたる審査ののち予備選まで実施したことは、自民党の変化を示すものであった。

しかし、木村の突然の出馬辞退があったこともあり、予備選の投票率は三四・二%と低迷し、盛り上がりに欠けるものとなった。木村が出馬辞退の会見で述べていたように[27]、自民党と民主党の中間層の支持をとりつけることが重要であったが、自民党への関心自体も回復しなかった。

## 政権交代による崩壊の加速

二〇〇〇年以降支持基盤が緩やかに崩壊していく中で、衆院選で野党に転落した自民党にとっては、選挙をこれまで支えてきた友好団体の離反によってその崩壊が加速することが懸念された。

建設業界が、公共事業削減の流れでかつてのように選挙協力を行う経済的余裕がなくなったため、農業が主要産業である熊本県においては農業関係団体の動向が注視された。衆院選直後の一一月にはＪＡグループの政治団体である県農業者政治連盟（農政連）会長が、参院選においては組織として自民党候補を公認することが難しく、各農協、各支部の判断に委ねられることになることを地元新聞の取材に対して答えた(28)。

風向きの変化から、自民党も谷垣が熊本県入りし、農業生産法人を訪問して法人代表と意見交換を行うなど、党としての農政重視をアピールした。しかし、法人代表が民主党国会議員との接点を既に持っていることを地元紙に対して明かしたように、自民党離れは加速していた(29)。

また、谷垣と同日に民主党の郡司彰農水副大臣が熊本入りし、これまで自民党の選挙を支えたＪＡの青壮年部との意見交換を行った(30)。さらに四月には初めて民主党県連とＪＡグループとで「農政懇談会」が開催され、農政に関する意見交換が行われ、かつての自民党一辺倒からの変化を示すものであった(31)。その結果、農政連は自民党とのこれまでの関係や県議会議員は自民党が圧倒的多数であることから本田浩一の推薦は見送ったものの、同時に松村の推薦も見送り、「自主投票」とした(32)。

自民党からの離反は、農政だけではなく他団体においても見られた。三月には熊本県トラック協会が上位団体の全日本トラック協会の民主党支援に呼応する形で、熊本選挙区で本田浩一、松村の双方を推薦することを決定した(33)。また六月には、これまで自民党の有力支援団体であった熊本県医師連盟も、本田浩一、松村の双方を推薦することを決定した(34)。同様に、首長レベルにおいても、県町村議会議長会は松村の推薦を決めたものの、県町村会は政権与党に要望活動することから松村の推薦を見送り、「自主投票」としたのであった(35)。

## 5　選挙戦の展開

### 民主党の選挙戦略の混乱

鳩山と小沢による政権運営が行き詰まりを見せ、参院選への悪影響が不安視される中、鳩山は六月二日に突如として退陣する意向を表明した。鳩山は同時に小沢に幹事長辞任を迫ったうえ、党体制の一新を求めた。そして、党代表選挙を経たうえで、六月八日に菅直人が内閣総理大臣に就任すると、低迷していた内閣支持率も回復し、新しい体制の下で選挙に臨むことになった。

小選挙区と中選挙区が混在する参院選では一人区での勝敗が参議院全体の勢力図に影響を及ぼし、さらに「保守王国」と称される南九州地域は自民党支配の象徴でもあったため、民主党は政権交代に挑んだ前回の衆院選に引き続き(36)、熊本県選挙区を重点選挙区に位置づけた。

本田浩一は松野頼久の私設秘書であったことから、自身の後援会組織に加え、大票田である衆議院熊本一区（熊本市）の松野の個人後援会や支援企業による下支えを受け、また、連合熊本の支援を受けながら、当初は組織を重視した選挙戦を進めるかに見えた(37)。

しかし、選挙区が全県と広く、民主党の系列議員不在の市町村が約三分の二あり、さらに本田浩一自身の知名度が低かったため、有力・有名議員頼みの「空中戦」も仕掛けることとなり、菅や蓮舫をはじめとする多くの国会議員が熊本入りすることになった。

前年の衆院選において本田浩一のような無名の民主党の候補者の多くを支えたのがマニフェストであった。しかし、参院選ではその内容がトーンダウンすることになった。衆院選に用意されたマニフェストは、政権交代というスローガンだけでなく、月額二万六〇〇〇円の子ども手当といったように具体的な内容を伴った目玉項目によって構成されていた。しかし、政権交代後、その具体的内容が実現できないことが民主党への支持を低下させることになったため、参院選のマニフェストでは「強い経済、強い財政、強い社会保障」「とことんクリーンな民主党へ」という強いスローガンは掲げられていたものの、具体的内容に乏しいものとなっていた。

また本田浩一は、選挙戦において政権交代による実績の強調と、改革の流れを止めないことを強調したものの、自身の公約は民主党のマニフェストでのスローガンとの連動が見られないものであった。選挙公報で本田が強調していたのは「子育て世代の三人家族」と「熊本が、好きです。だから、熊本のみなさんと一緒に、日本の未来について考え、行動します。」というメッセージであった。本田は「私が取り組みたいテーマ」として、子育て教育、雇用経済、社会保障、農林漁村再生、地域主権、環境重視といった政策項目を掲げていたものの、党のマニフェストの前述のスローガンとの連動は強調されていなかったのである。

## 自民党の旧来型選挙戦略の継続

衆院選で下野した自民党にとっては、参院選は党の存亡をかけた選挙であった。また、前回の参院選では民主党候補に敗れたことから、今回も敗れることになると参議院の熊本県の議席を失うことになるため、自民党熊本県連にとっては勝利が渇望されていた。

そして、現職であった木村を公募と予備選によって「勝てる候補」に差し替える形となって、比例区から鞍替えした松村は、熊本県関係の国会議員や県議会議員らが市町村単位で選対本部を組織し、組織による戦いを進めた[38]。また、従来の自民党支持基盤は崩壊の一途をたどり、さらに政権交代後は農業関係団体に見られるような離反があったものの、松村の出身である商工団体だけでなく、遺族会や保育団体などが選挙を支援していた[39]。さらに、その農業団体に関しても、県議会議員が単協に個別に働きかけ、松村の地元の球磨だけでなく、天草、芦北等では松村推薦に切り替えていた[40]。

前回の衆院選では「地域の意見を汲み上げ、それを党の方針と揉んで政策に実現する[41]」というボトムアップ型の自民党に対して、民主党のトップダウン型のマニフェストによる選挙戦術が功を奏したが、今回の参院選においても自民党は、ボトムアップ型の党としての統制がとれていない戦術となった。

自民党は今回、「「いちばん」があふれる日本にしたい」として、国会・行財政改革、成長戦略、雇用、社会保障をはじめとする八つの政策分野に関する具体策を提示した。しかし、松村が選挙公報で掲げたものは、党の公約との連動を無視したともいえる代物であった。

松村は「がまだせ！　くまもと。」という、標準語で「頑張れ」を意味する「がまだせ」という熊本弁丸出しのスローガンを掲げ、選挙戦でも連呼していた。そして、具体策として掲げた事項に関しても、①「国のかたち」を守る！　②バラマキよりも仕事！景気回復！　③子どもたちにツケを回さない！　④熊本の産業を「稼げる産業」へ！　⑤美しく誇らしい熊本を、未来へ！　といったように、地域重視を押し出したものであった。

**勝者不在の選挙結果**

菅政権は発足当初は支持率を回復させたものの、唐突に選挙後の消費税増税の検討に言及し、さらにその課税対象範囲に関する発言が二転三転すると、政権の支持率は低下した。党首交代で民主党優位に進むと思われていた選挙戦は先が見えなくなり、熊本選挙区においても、本田浩一、松村、本田顕子以外にも、共産党から安達安人、日本創新党から前田武男が立候補し、五人の候補者による混戦模様となってきた。

本田浩一陣営は「空中戦」を繰り広げ、連日大物議員が熊本入りし、閣僚だけでも九人が応援に駆け付けた(42)。一方、松村陣営は従来の上意下達の組織戦略ではなく、個人後援会をもとに直接有権者に働きかける「地上戦」を展開した。さらに公示直前には公明党・創価学会の選挙協力もとりつけた(43)。

また、本田浩一の支持層に食い込むと思われていた本田顕子は、予想どおりに熊本市の若年層に支持を広げていた(44)。本田顕子は党の主張に沿う形で生活重視や消費税反対を訴えたものの、具体的な公約等では、党のマニフェストと一貫させるのではなく、自身の薬剤師としてのキャリアを前面に押し出す戦略をとっていた。

そして七月一一日の投開票の結果、表5-4に示されるように、松村が三九万三六七四票（得票率四四・二三％）、本田浩一が三四万九三九八票（得票率三九・二六％）を獲得し、松村が自民党の議席を死守した。前回の参院選では、大票田である熊本市で自民党は民主党に四万票もの差をつけられたが、今回は松村は本田浩一との票差を約一万六〇〇〇票に抑え、球磨郡をはじめとする地盤の県南郡部で本田浩一に大差をつけ、勝利を収めた。

しかし市部では、荒尾市、宇土市、合志市で、郡部でも菊陽町（菊池郡）で、本田浩一の得票が松村を上回った。さらに、本章の冒頭にも述べたように、本田顕子が熊本市を中心に、従来民主党が獲得してきた無党派層の若年層の票を奪う形となった(45)。県連代表の松野信夫(46)も「本来ならうちが都市部で取るべき票が流れた。あれがあれば、自民に追いついた」と語ったように、自民党が民主党相手に勝利を収めたとはいい難い結果であった。

表5－4　第22回参議院熊本選挙区市別郡別得票

| | 松村祥史 | 本田浩一 | 本田顕子 | 安達安人 | 前田武男 |
|---|---|---|---|---|---|
| 熊本市 | 125,579(38.28) | 141,586(43.16) | 42,075(12.82) | 11,688(3.56) | 7,159(2.18) |
| 八代市 | 29,641(45.46) | 26,193(40.17) | 6,654(10.21) | 1,863(2.86) | 850(1.30) |
| 人吉市 | 10,017(53.10) | 6,819(36.15) | 1,359(7.20) | 508(2.69) | 161(0.85) |
| 荒尾市 | 9,040(35.17) | 10,734(41.76) | 3,871(15.06) | 1,620(6.30) | 436(1.70) |
| 水俣市 | 6,164(43.86) | 5,514(39.23) | 1,219(8.67) | 1,035(7.36) | 123(0.88) |
| 玉名市 | 16,513(46.38) | 13,177(37.01) | 4,560(12.81) | 849(2.38) | 507(1.42) |
| 天草市 | 25,361(51.06) | 16,047(32.31) | 5,192(10.45) | 2,429(4.89) | 638(1.28) |
| 山鹿市 | 13,841(47.58) | 10,663(36.65) | 3,435(11.81) | 771(2.65) | 381(1.31) |
| 菊池市 | 12,441(49.91) | 8,837(35.45) | 2,509(10.07) | 813(3.26) | 325(1.30) |
| 宇土市 | 7,099(41.32) | 7,182(41.81) | 2,059(11.99) | 518(3.02) | 321(1.87) |
| 上天草市 | 8,266(53.82) | 4,712(30.68) | 1,509(9.83) | 681(4.43) | 190(1.24) |
| 宇城市 | 13,421(44.83) | 11,885(39.70) | 3,375(11.27) | 872(2.91) | 383(1.28) |
| 阿蘇市 | 7,443(46.81) | 6,306(39.66) | 1,552(9.76) | 398(2.50) | 202(1.27) |
| 合志市 | 10,585(39.89) | 11,301(42.58) | 3,350(12.62) | 852(3.21) | 450(1.70) |
| (市部計) | 295,411(42.44) | 280,963(40.36) | 82,725(11.88) | 24,897(3.58) | 12,126(1.74) |
| 下益城郡 | 3,389(53.30) | 2,254(35.45) | 524(8.24) | 124(1.95) | 67(1.05) |
| 玉名郡 | 10,647(44.54) | 8,636(36.13) | 3,454(14.45) | 849(3.55) | 319(1.33) |
| 菊池郡 | 13,301(42.33) | 12,574(40.02) | 4,024(12.81) | 1,034(3.29) | 489(1.56) |
| 阿蘇郡 | 10,773(48.34) | 8,360(37.52) | 2,286(10.26) | 577(2.59) | 288(1.29) |
| 上益城郡 | 21,237(45.39) | 18,832(40.25) | 4,809(10.28) | 1,170(2.50) | 739(1.58) |
| 八代郡 | 3,461(50.13) | 2,511(36.37) | 675(9.78) | 192(2.78) | 65(0.94) |
| 芦北郡 | 8,208(55.61) | 4,835(32.76) | 1,072(7.26) | 490(3.32) | 155(1.05) |
| 球磨郡 | 25,289(68.43) | 8,980(24.30) | 1,883(5.10) | 590(1.60) | 215(0.58) |
| 天草郡 | 1,958(43.49) | 1,448(32.16) | 413(9.17) | 594(13.19) | 89(1.98) |
| (郡部計) | 98,263(50.68) | 68,434(35.30) | 19,144(9.87) | 5,620(2.90) | 2,426(1.25) |
| 県計 | 393,674(44.23) | 349,398(39.26) | 101,869(11.45) | 30,517(3.43) | 14,552(1.64) |

注：かっこ内は市別，郡別，市部計，郡部計，県計ごとの各候補者の得票率（%）。
出所：『熊本日日新聞』（2010年7月12日）をもとに，一部筆者作成。

## 6　敗北の要因と含意

本田浩一はなぜ敗れたのか。まず敗因としてクローズアップされたのは菅の消費税引き上げをめぐる発言であった。たしかに投票前の地元紙の県内世論調査で、消費税は重視する政策の第二位であった。しかし、税率の引き上げに関しては賛成が三六・三％、反対が三五・六％と拮抗しており、菅の発言が決定的な敗因となったとはいい難い。

本章で指摘されるのが、民主党の戦術のブレである。経営戦略論で「間接経営戦略」として知られているように、民主党が採用してきたトップダウン型のマニフェスト戦術は、「地域の意見を汲み上げ、それを党の方針と揉んで政策に実現する」というボトムアップ型の自民党では対応不可能な戦術であり、前回の衆院選ではそれが功を奏したのであった。しかし、今回の参院選では、マニフェストは具体性を欠いており、党と候補者が一貫したものではなかった。さらに本田浩一陣営も、組織強化を図る一方で安易な空中戦を展開し、敗戦後に陣営幹部が「応援弁士の車の手配など受け入れ態勢で手いっぱい。通常の選挙運動に手が回らなかった」と語ったように(47)、中途半端な作戦で票を固めることができなかったのであった。

もっとも、再三繰り返しているように、今回の勝利は自民党の復活にはつながりえない。かつての選挙を支えてきた建設関係、農業関係団体を中心とした支持基盤が崩壊しつつあり、公明党幹部自身が「自民は公明抜きでは選挙ができない」と語ったように、かつてのボトムアップ型の戦術が通用しなくなっていることは否めない(48)。

政権与党になったことでマニフェスト戦術がとれなくなりつつある民主党と、支持基盤の脆弱化が止められない自民党と、二つの「崩壊」による「終焉」がどのような影響を及ぼすかということは、今後他の選挙区においても注視されるところであろう。

**註**

(1) 本章を執筆するうえで、大西一史熊本県議会議員の多大なお力添えをいただいた。また、資料の整理では熊本大学法学部の城音寺美貴さんに手伝っていただいた。記して感謝申し上げたい。もちろん、本章に関する一切の責任は筆者にある。
(2) 同選挙区は一九九八年参院選までは改選二議席（定数四議席）であった。
(3) 『熊本日日新聞』二〇〇九年九月一日。
(4) 前衆議院議員元秘書へのインタビュー。
(5) 当時熊本二区では野田毅と林田彪が交互に選挙区から立候補するコスタリカ方式がとられ、二〇〇三年は林田が、二〇〇六年は野田が立候補した。
(6) 『熊本日日新聞』二〇〇七年七月二九日。
(7) 秋吉貴雄「「保守王国」の崩壊――熊本二区」白鳥浩編著『政権交代選挙の政治学』ミネルヴァ書房、二〇一〇年。
(8) 『熊本日日新聞』二〇〇九年一一月三〇日。
(9) 『熊本日日新聞』二〇〇九年一一月二六日。
(10) 『熊本日日新聞』二〇〇九年一二月三〇日。
(11) 『熊本日日新聞』二〇〇九年一一月二六日。
(12) 『熊本日日新聞』二〇〇九年一一月三〇日。
(13) 『熊本日日新聞』二〇一〇年一月一九日。
(14) 『熊本日日新聞』二〇〇九年一一月三〇日。

(15) 『熊本日日新聞』二〇一〇年四月三〇日。
(16) 『熊本日日新聞』二〇一〇年六月三日。
(17) 同前。
(18) 例えば、旧玉名市、旧岱明町、旧横島町、旧天水町の一市三町が対等合併した「玉名市」では、一市三町で六六人いた議員は二六人に減少することとなった（秋吉 二〇一〇）。
(19) 『熊本日日新聞』二〇〇九年九月二日。
(20) 『熊本日日新聞』二〇〇八年八月一八日。
(21) 熊本県建設業協会「熊本県建設産業再生アクションプログラム」二〇〇四年。
(22) 『熊本日日新聞』二〇〇九年一一月一四日、一一月二六日。
(23) 『熊本日日新聞』二〇〇九年一一月二六日。
(24) 『熊本日日新聞』二〇〇九年一二月二四日。
(25) 『熊本日日新聞』二〇一〇年一月一〇日、一月一八日。
(26) 『熊本日日新聞』二〇一〇年一月一九日。
(27) 『熊本日日新聞』二〇〇九年一二月二四日。
(28) 『熊本日日新聞』二〇〇九年一一月一一日。
(29) 『熊本日日新聞』二〇〇九年一二月一七日。
(30) 同前。
(31) 『熊本日日新聞』二〇一〇年四月一一日。
(32) 『熊本日日新聞』二〇一〇年五月二六日。
(33) 『熊本日日新聞』二〇一〇年三月三一日。
(34) 『熊本日日新聞』二〇一〇年六月一六日。
(35) 『熊本日日新聞』二〇一〇年六月五日。
(36) 二〇〇九年衆院選では熊本二区と三区が重点選挙区とされた（秋吉 二〇一〇）。

(37)『熊本日日新聞』二〇一〇年六月一七日。
(38)同前。
(39)同前。
(40)『熊本日日新聞』二〇一〇年七月一三日。
(41)秋吉、前掲「「保守王国」の崩壊——熊本二区」。
(42)『熊本日日新聞』二〇一〇年七月一六日。
(43)『熊本日日新聞』二〇一〇年六月三〇日。
(44)『熊本日日新聞』二〇一〇年七月七日。
(45)『熊本日日新聞』二〇一〇年七月一二日。
(46)『熊本日日新聞』二〇一〇年七月一四日。
(47)同前。
(48)『熊本日日新聞』二〇一〇年七月一五日。

## 参考文献


秋吉貴雄「「保守王国」の崩壊——熊本二区」白鳥浩編著『政権交代選挙の政治学』ミネルヴァ書房、二〇一〇年。

白鳥浩『都市対地方の政治学——日本政治の構造変動』芦書房、二〇〇四年。

谷口将紀『現代日本の選挙政治——選挙制度改革を検証する』東京大学出版会、二〇〇四年。

堤英敬「選挙制度改革と候補者の政策公約——小選挙区比例代表並立制導入と候補者の選挙戦略」『香川法学』二二巻二号、二〇〇二年。

堤英敬・森道哉「民主党候補者の集票システム」『選挙研究』二四巻一号、二〇〇八年。

丹羽功「自民党地方組織の活動——富山県を事例として」大嶽秀夫編『政界再編の研究』有斐閣、一九九七年。

沼上幹『行為の経営学——経営学における意図せざる結果の探究』白桃書房、二〇〇〇年。

朴喆熙『代議士のつくられ方——小選挙区の選挙戦略』文春新書、二〇〇〇年。

山田真裕「農村型選挙区における政界再編および選挙制度改革の影響——茨城新二区、額賀福志郎を例として」大嶽秀夫編『政界再編の研究』有斐閣、一九九七年。

# 第6章　二人区は「攻め」の選挙区か、「守り」の選挙区か
## ――福岡県選挙区――

松田憲忠

## 1　福岡県選挙区における継続と変化

政権交代という歴史的な変化[1]を日本の政治にもたらした二〇〇九年衆院選（八月三〇日執行）から約一年が経った二〇一〇年七月一一日、第二二回参院選が行われた。その結果は、先の衆院選で大きく議席を伸ばし政権を奪取した民主党にとっては、とりわけ選挙区選挙において全国的に強い逆風が吹き荒れた厳しいものであった。すなわち、参議院で民主党をはじめとする連立与党が過半数の議席を持たない「ねじれ国会」が生まれたのである。

ここで留意すべき点は、こうした参院選の結果は、個々の地域で候補者、政党、有権者等の間で繰り広げられたインターアクションが集積したものに他ならないということである。したがって、参院選の結果から何らかの含意を引き出すためには、各地域の実情に着眼することが欠かせない。そこで、本章では福岡県選挙区を取り上げて、福岡県の地域的な実情と福岡県での選挙結果との関連について論究する。

まず、福岡県での選挙区選挙と比例代表選挙の開票結果を確認する（表6-1、表6-2）。福岡県選挙

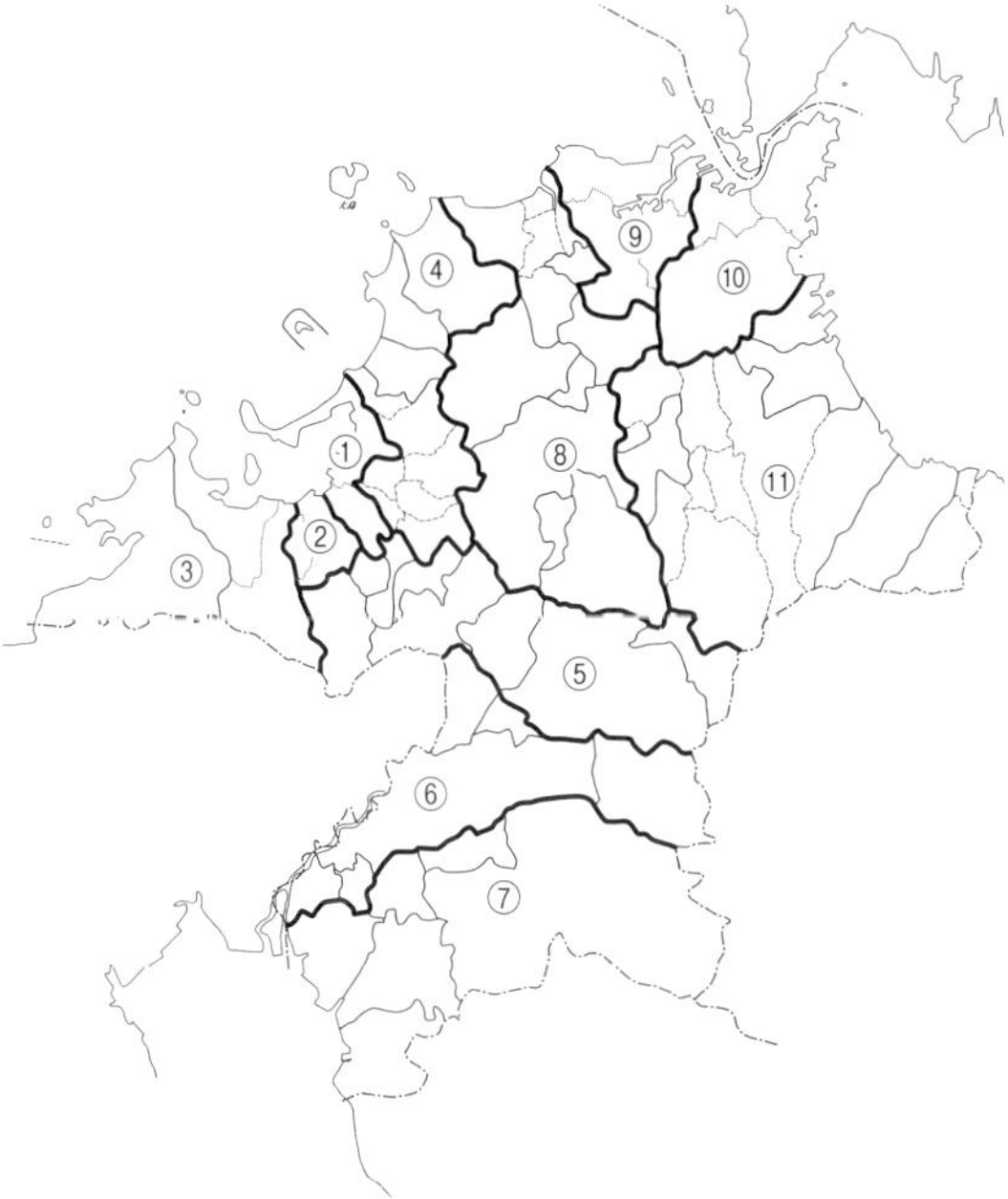


図6－1　衆議院選挙区（福岡県）

表6－1　福岡県選挙区選挙結果

| 福岡県選挙区　改選：2 | | | | | | | | |
|---|---|---|---|---|---|---|---|---|
| | 得票数 | 氏名 | 年齢 | 党派 | 推薦 | 新旧 | 当選回数 | 代表的肩書 |
| 当 | 774,618 | 大家　敏志 | 42 | 自 | | 新 | 1 | (元)県議 |
| 当 | 673,749 | 大久保　勉 | 49 | 民 | | 現 | 2 | 参財金委理事 |
| | 287,349 | 佐藤　正夫 | 55 | み | | 新 | | (元)県議 |
| | 176,149 | 堤　要 | 49 | 無 | 民社 | 新 | | (元)大学教授 |
| | 145,093 | 篠田　清 | 62 | 共 | | 新 | | 党県副委員長 |
| | 113,607 | 吉村　剛太郎 | 71 | 国 | | 現 | | (元)国交副大臣 |
| | 25,693 | 吉冨　和枝 | 51 | 諸 | | 新 | | 幸福実現党員 |

出所：総務省ホームページより作成。

**表6－2**　2010年参院選開票結果
（福岡県比例代表選挙）

| 政党名 | 得票数 |
|---|---|
| 幸福実現党 | 11,902.573 |
| みんなの党 | 263,762.986 |
| 民主党 | 630,091.469 |
| 女性党 | 25,241.280 |
| 自民党 | 528,116.688 |
| 新党改革 | 59,072.605 |
| 社民党 | 81,024.659 |
| たちあがれ日本 | 32,200.671 |
| 日本創新党 | 14,297.484 |
| 国民新党 | 44,296.388 |
| 公明党 | 418,070.185 |
| 共産党 | 127,584.250 |

出所：北九州市ウェブサイト。
（http://www.city.kitakyushu.jp）

区では、定数が二のところを、民主党と自民党で一議席ずつ分け合った。他方、福岡県での比例代表選挙における各政党の得票数は、民主党がトップで、その後に自民党、公明党、みんなの党、共産党と続く。こうした福岡県での結果は、福岡県における何らかの変化を示唆するものなのであろうか。それとも過去からの継続を表しているのであろうか。本節では、福岡県選挙区の歴史に言及しながら、福岡県選挙区における継続と変化を描出する。

福岡県選挙区では、一九九五年参院選から、定数が六（改選三）から四（改選二）に変更されている。そして、二〇〇一年参院選以降、改選二議席を民主党と自民党で一議席ずつ分け合っている。したがって、今回の福岡県選挙区の参院選結果は、過去三回（二〇〇一年、二〇〇四年、二〇〇七年）の参院選と同様の結果となっている。また、比例代表選挙結果についても、過去二回（二〇〇四年、二〇〇七年）の結果と同様に、福岡県では民主党が最も多くの票を得る一方で、自民党は民主党に次ぐ得票の多さとなっている。

このように、今回の参院選の福岡県における結果には、選挙区選挙と比例代表選挙の双方ともに、ここ最近の福岡県の参院選結果と類似の傾向が見受けられる。しかし、この選挙結果をもう少し詳細に見ると、最近の福岡県における参院選からの変化を、とりわけ今回の参院選選挙区において、摑み取るこ

**表6−3**　福岡県小選挙区における当選者の党派別推移

| | 1区 | 2区 | 3区 | 4区 | 5区 | 6区 | 7区 | 8区 | 9区 | 10区 | 11区 |
|---|---|---|---|---|---|---|---|---|---|---|---|
| 第41回(1996年) | 民主 | 自民 | 自民 | 自民 | 自民 | 新進 | 自民 | 自民 | 新進 | 自民 | 新進 |
| 第42回(2000年) | 民主 | 自民 | 自民 | 自民 | 自民 | 自民 | 自民 | 自民 | 民主 | 自民 | 無所属 |
| 第43回(2003年) | 民主 | 民主 | 民主 | 自民 | 自民 | 民主 | 自民 | 自民 | 民主 | 自民 | 無所属 |
| 第44回(2005年) | 民主 | 自民 | 自民 | 自民 | 自民 | 自民 | 自民 | 自民 | 自民 | 自民 | 無所属 |
| 第45回(2009年) | 民主 | 民主 | 民主 | 民主 | 民主 | 自民 | 自民 | 自民 | 民主 | 民主 | 自民 |

出所：松田憲忠「政権交代への期待と躊躇――福岡10区」白鳥浩編『政権交代選挙の政治学』ミネルヴァ書房，2010年，161頁。

とができる。今回の参院選選挙区では、過去三回と同様に、民主党と自民党が一議席ずつ獲得した。しかし、過去二回とは異なり、自民党候補がトップ当選するという九年ぶりの結果であった。また、比例代表選挙結果を見ても、過去二回に続き、民主党の得票数が一位となっているものの、数値そのものはかなり減少した。民主党の得票数は、二〇〇三年参院選では七四万票以上、二〇〇七年参院選では八二万票以上であったが、今回の参院選では約六十三万票であった。

今回の参院選からわずか一年足らず前の衆院選で民主党が福岡県で歴史的な大勝利を収めたことを踏まえると、今回の参院選で民主党が福岡県において苦戦したことは、ますます驚くべき変化であったといえよう。表6−3に示されているように、二〇〇九年衆院選で、民主党は、それまで福岡県の一区等を除くはとんどの小選挙区で見られた自民党支配の構造を大きく変えた。民主党は、候補者を擁立した一区から一〇区において、鳩山邦夫（六区）、古賀誠（七区）、麻生太郎（八区）という大物・ベテラン議員が当選した選挙区を除き、七つの選挙区で議席を獲得するという圧勝であった。とりわけ、四区、五区、一〇区では現行の選挙制度が導入されて以来、初めて民主党候補が当選した。この民主党圧勝の衆院選から一年も経たずして、福岡県には、日本の他の多くの地域と同様に、民主党に強い逆風が吹き荒れたのである。

本章は、今回の参院選の福岡県選挙区での結果を生んだ背景として、民主党陣営と自民党陣営の戦略に注目して、両陣営の戦略上の相違点が選挙結果にどのようにつながったかについて考究する。そこで、第二節では自民党の戦略に焦点を当てる。今回の参院選では、自民党候補に加えて、かつて自民党に所属していた二人の候補者が立候補するという保守分裂の選挙であった。こうした状況において、自民党陣営はいかなる戦略をとりトップ当選を果たしえたのかを考察する。第三節は民主党の戦略を取り上げる。福岡県選挙区のような「二人区」では、民主党は二人の候補者を擁立するという、「攻め」と映る戦略を採用した。この「二人区」戦略が福岡県においてどのように機能したのかについて検討する。最終節では、民主党がとった戦略と、参院選の選挙制度との関連に言及する。各党や各候補者がどのような選挙戦略を採用するかは、選挙制度というルールに大きく左右される。参院選におけるルールが各党や各候補者にどのような影響を及ぼしたのか、そして、もしルールが異なっていれば、選挙結果はどのようなものになりえたであろうか、といった問題に取り組み、今回の参院選結果から引き出される含意について論究する。

## 2　自民党——保守分裂の中での戦略

### 保守分裂の中での自民党の勝利

今回の参院選において福岡県選挙区の自民党陣営を取り巻く状況を特徴づけるものとして、「保守分裂」の中での自民党陣営の奮闘が注目されよう。具体的には、直近の選挙で自民党候補として当選した現職の参議院議員と現職の福岡県議会議員の二人が、それぞれ国民新党とみんなの党の候補として今回の参院選に立候補したという状況である。こうした保守分裂選挙という状況の中、自民党陣営はどのようにして選挙戦を戦い、そしてトップ当選を勝ち得たのであろうか。本節では、自民党候補のトップ当選に貢献した自民党陣営の戦略に焦点を当てる。

二〇一〇年参院選における福岡県選挙区の二つの改選議席は民主党と自民党が占めていた。このうち、自民党の現職議員は、三期連続当選の吉村剛太郎であった。しかし、自民党福岡県連は、参院選での候補者として大家敏志の擁立を決定した。大家は現職の福岡県議会議員（北九州市八幡東区選出）であり、三期一一年の実績を持つ人材であった。

この自民党福岡県連の決定に対して、現職参議院議員の吉村は反対の立場を表明し、二〇〇九年一二月三〇日に自民党に離党届を提出した。吉村は離党理由として、小泉政権以降の自民党と吉村との政策・理念の違いを挙げる一方で、自民党福岡県連による参院選候補者選考について、「公開討論の場もなく、古い自民党の体質そのままだ」と批判し、「良識ある保守層の共感を呼ぶような政治を構築したい」と主張した[2]。離党当初は福岡県選挙区から無所属で立候補する意向を示した吉村であったが、二〇一〇年二月に国民新党に入党し、国民新党公認で出馬することになった。

保守分裂は、現職参議院議員の自民党離党と国民新党への入党だけにとどまらなかった。みんなの党も、自民党所属の現職の福岡県議会議員（北九州市小倉北区選出）、佐藤正夫を公認候補として擁立したのである。佐藤は自民党の福岡県議会議員を四期一五年務め、福岡県議会で天下り問題を追及してきた。この佐藤を、脱官僚を掲げるみんなの党は、「党にふさわしい人材」（渡辺喜美・みんなの党代表）として迎え入れた[3]。

自民党離党組の国民新党とみんなの党からの出馬という保守分裂は、自民党陣営にはかなり大きな痛手となることが予想された。吉村の場合、三期当選している現職の参議院議員であることから、自民党支持層でも吉村に投票する可能性が小さくないことが想像できた。さらに、かつては自民党候補として衆議院議員に七期当選し（旧福岡四区、現福岡一〇区）、現在は国民新党の幹事長を務める自見庄三郎が吉村をバックアップすることも、自民党陣営には少なからぬ逆風となりかねなかった。他方、佐藤は福岡県議会議員としての実績をアピールできる立場にあることに加えて、みんなの党に全国的な注目や期待が向けられていたことも、自民党の得票数を減らす要因となりえることも懸念された。

しかし、こうした保守分裂による自民党苦戦の可能性が小さくない中で、新人の大家を擁立した自民党は、民主党候補を抑えてのトップ当選という勝利を得たのである。保守分裂による自民党支持層の吉村や佐藤への投票は、それほど大きなものではなかった。出口調査によると、自民党支持層の七四％が大家に投票した一方で、吉村への投票は五％、佐藤への投票は七％にとどまった[4]。また、佐藤は、福岡県議選で四回連続当選を果たした北九州市小倉北区でも約二〇％の支持を得たにすぎず、地元での戦いも必ずしも有利には進められなかった[5]。他方、過去二回の参院選（二〇〇四年、二〇〇七年）では、自民党支持層の二～三割が民主党候補に流れていたが、今回の参院選では民主党候補への投票は七％にとどまり[6]、自民党陣営が自民党支持層からの得票を確保できていたことが理解できる。

二〇〇九年衆院選での大敗から一年しか経たない中で、しかも保守分裂という状況において、自民党がトップ当選を勝ち得たのはなぜだろうか。以下では、自民党陣営の戦略に焦点を当てて、自民党勝利の要因を探求する。そのうえで、自民党勝利は、自民党の戦略という要因だけでなく、民主党による「失策」によるところも大きいという点に論及する。

## 自民党陣営の「攻め」の戦略

二〇〇九年衆院選での大敗を踏まえて、自民党の福岡県連では、その一年後の参院選に対する不安が広がっていた[7]。すなわち、福岡県選挙区の改選定数二議席とも民主党に奪われるのではないかという危機感である。そこで、自民党福岡県連は一つの賭けに出た。高齢・多選に対する批判が生まれかねない七一歳で三期連続当選の現職の吉村を公認から外し、代わりに四二歳新人の大家を擁立したのである。

この自民党の若返り策の採用は、公認候補の決定の方法や福岡県議会議員と国会議員との関係性を踏まえれば、当然であるとするとらえ方がある[8]。福岡県選挙区の自民党公認候補の選出にあたり、公認を申請した吉村と大家に、四四ある支部からの推薦を競わせるという方法がとられた。推薦するか否かについての各支部での決定に対しては、それぞれの地域の県議会議員の影響力が小さくない。県議会議員としては、自分たちの考えや要求を国政に反映させてくれる国会議員が選出されることが望ましい。その意味で、県議会議員の多くが元同僚である大家を支持することは、極めて合理的な戦略であったといえよう。また、そもそも福岡県の自民党では、県議会議員と国会議員との間に長らく確執が存在していることも、現職県議会議員の大家の擁立を促したという指摘もある[9]。

しかしながら、こうした福岡県の自民党内部の事情やルールがあったにせよ、現職の吉村を公認から外すということは、吉村の実績等を踏まえれば、やはり賭けに近い戦略として描くことができ、そこには自民党の「攻め」の姿勢を汲み取ることができる。吉村は、一九九二年参院選での初当選以降、郵政政務次官（一九九五年就任）や国土交通副大臣（二〇〇二年就任）を歴任した。また自民党内では、一九九七年に福岡県連会長、二〇〇七年には参議院政策審議会長に就任した。こうした吉村の豊富な実績や自民党内での影響力の大きさを踏まえると、吉村を公認候補として擁立すれば、福岡県選挙区の二議席の一つを獲得することはそれほど難しいことではなかったかもしれない。しかし、自民党福岡県連は、より積極的な態度で参院選に臨んだ。すなわち、「若い候補で党が本気で変わろうとしている姿勢を示せば、民主党に流れた有権者を引き戻せる」[10]という福岡県連の戦略に則り、四二歳新人の大家を公認したのである。つまり、今回の選挙での単なる一議席の死守というよりも、今後の自民党の福岡県における位置づけをも見据えての攻撃的な姿勢に出たといえよう。

こうした自民党の攻めの姿勢は、自民党陣営の布陣からもうかがえる。選挙対策本部長（以下、選対本部長）を元首相の麻生太郎が引き受けたのである。麻生自身「前例がねえぞ」と言っていたように[11]、首相経験者が選対本部長を務めることは極めて稀である。こうした攻めの姿勢は、鳩山内閣の突然の退陣や菅直人首相の消費税をめぐる発言による民主党への逆風も相まって、「トップ当選」を目指すところにまで至った[12]。

麻生が選対本部長に就任したことは、自民党の福岡県議会議員に対するプレッシャーになったというとらえ方がある[13]。県議会議員は二〇一一年春の県議選を見据えて、自分たちの発言力の低下を避けるためにも各自の選挙区で奔走した。四二人の県議会議員は、選挙区ごとに設定されたノルマを達成するために必死に動き回ったのである。また、こうした県議会議員をはじめとする自民党の地方議員の協力を得ながら、大家自身も、各地で街頭演説や会合への参加等、積極的に活動して知名度アップに努めた。

このように、保守が分裂した福岡選挙区において自民党候補がトップ当選を果たしたことは、自民党陣営の攻めの姿勢によるところが大きかった[14]。現職参議院議員を擁立すれば、二議席のうちの一議席確保はさほど困難ではないであろうと思われる中で、あえて若手・新人の現職福岡県議会議員を公認した。これは、自民党の変化のシンボルとなった。また、自民党福岡県議会議員たちにとっては、元同僚が候補ということで、選挙支援を行いやすい状況になった。さらに選対本部長に麻生を据えることによって、自民党の勝利への執念をアピールすると同時に、自民党の地方議員にも選挙支援へのインセン

トップ当選に貢献した一因であるといえよう。

ティブを与えた。こうした攻めの姿勢の結果、麻生自身も評価したように[15]、地方議員をはじめとする自民党陣営を支える様々な人たちが一枚岩的な行動をとるようになり、この結束力の高さが自民党候補のトップ当選に貢献した一因であるといえよう。

## 民主党の「失策」？

福岡県選挙区における自民党候補の大家のトップ当選をめぐっては、自民党陣営が一致団結して選挙戦を展開したことが強調されることが多い一方で、民主党の側の「失策」が自民党勝利の大きな要因となったという指摘も、自民党陣営から聞かれた。かつて自民党副総裁を務めた山崎拓は、「今回の戦いは民主党側のエラーだ」としたうえで、「勝って兜の緒を締めよという姿勢が必要だ」という認識を示した[16]。また、当選した大家自身も、「今回の勝利は民主党の失策という側面が大きい」という判断を行った[17]。

民主党の失策として挙げられるのが、菅の消費税をめぐる発言である。「菅首相の消費税率発言で風向きが変わった」という自民党の福岡県議会議員の言葉にもあるように、消費税をめぐる菅の発言がなされた後、たとえば、街頭で大家に声をかける人の数は著しく増加した[18]。同様の認識は、民主党陣営からも示されている。民主党候補で二位当選した大久保勉も、消費税をめぐる議論が選挙戦の真最中に突然浮上したことは極めて誤算であり、民主党陣営には逆風となったことを認めている[19]。現に、大久保陣営は、この逆風に対処するために、消費税に関する考えを訴えるよりも、彼の銀行と証券会社での二〇年の経験を強調する戦略を取るようになった。

しかしながら、民主党による失策は、こうした全国レベルでの失策だけにとどまらないのではなかろうか。福岡県選挙区における自民党候補のトップ当選や民主党候補の苦戦をもたらした民主党の側の要因は、菅の消費税発言のように、いろいろな地域に対して共通してインパクトを与えた民主党の失策だけに限らない。むしろ、本章が強調することは、全国レベルでの民主党の失策に加えて、福岡県選挙区という地域レベルでの民主党の失策も、今回の参院選での福岡県選挙区の選挙結果を引き起こした重要な要因であるということである。実際、大久保自身も、「消費税の話がなかったら大勝したはずだと思うべきではない」と主張する[20]。

そこで、次節からは、地域レベルでの民主党の失策という観点から福岡県選挙区の結果を検証する。具体的には、福岡県選挙区での民主党の選挙戦略のねらいとその現実とのギャップに焦点を当てる。

## 3　民主党――「二人区」戦略のねらいと現実

### 当選を取り巻く敗北感

参議院福岡県選挙区では、先述したように、改選定数二議席を民主党と自民党で分け合うことが、二〇〇一年参院選以降続いていた。そして今回の二〇一〇年参院選でもこの傾向は変わらず、民主党と自民党が一議席ずつ獲得した。民主党の一議席は、東京銀行（現・三菱東京ＵＦＪ銀行）とモルガンスタンレー証券での合計二〇年の勤務を経て、二〇〇四年の参院選で初当選した大久保勉であった。

現職の参議院議員が議席を死守したにもかかわらず、民主党陣営は勝利の歓喜に包まれたとはいいがたい状況であった。民主党陣営が描いていた勝利の予想図とは異なる選挙結果となったことへのショックがあった。そこには、民主党陣営では、当選すればよいというのではなく、トップでの当選を果たすという目標が掲げられていた[21]。しかし、結果は、当選はしたものの二位での当選であり、トップ当選とはならなかった。トップ当選を果たせなかったのは、二〇〇一年参院選以来九年ぶりであった。

この結果が生じた背景の一つとして、民主党への逆風が全国的に吹いたことが挙げられる。すなわち、「政治とカネ」や普天間基地問題等から鳩山内閣が総辞職に至ったことや、消費税をめぐる菅の発言が混乱を引き起こしたこと等によって引き起こされた民主党への反発である。しかし、福岡県選挙区における民主党の「敗北」を促した要因には、民主党の福岡県選挙区での戦略に起因するものも含まれる。本節では、民主党が福岡県選挙区でとった戦略に着眼して、その戦略が民主党陣営にどのようなインパクトを与えたかについて考究する。

### 「二人区」戦略のねらい

今回の参院選で民主党は、一年前の衆院選で得た有権者からの支持と国会での優位な位置付けを一層確実なものとするために、小沢一郎幹事長（当時）が主導するかたちで、より積極的な戦略に打って出た。その戦略とは、改選定数が二議席の「二人区」で、候補者を二人擁立するというものである。

主に自民党と議席を分け合う参議院の二人区は、民主党にとっては一議席をほぼ確実に獲得できる安泰の選挙区であった。しかし、民主党が、衆議院で過半数の議席を獲得したことに引き続き、参議院でも過半数の議席を勝ち取るためには、二人区で積極的に票を掘り起こすことが極めて重要な意味を持つという認識が、小沢幹事長たちの間に存在していた。そこで民主党は、二人区で二人の候補者を擁立するという積極的な戦略を採用したのである。「二人区」戦略のねらいは、同一選挙区で同じ政党に所属する二人の候補者が競い合うことによって、それぞれの候補者に緊張感を与えて積極的な姿勢を促し、そうした姿勢が選挙区と比例区の両方で民主党の得票数の増加をもたらすことにあった。

民主党は一二ある二人区のうち、[22] 新潟県選挙区と福岡県選挙区を除く一〇の二人区で、公認候補を二人擁立した。新潟県選挙区では民主党公認候補一名が立候補し、民主党が推薦・支持する候補者はいなかった。他方、福岡県選挙区において、民主党は一名の公認候補（大久保勉）を擁立したことに加えて、無所属の候補者を社民党とともに推薦した。

福岡県選挙区で民主党が推薦した無所属の候補者は、福岡県にある複数の大学で教授を歴任した一方で、市民団体での活動にも従事してきた堤要であった。この堤を民主党の「二人区」戦略における二人目の候補者として推したのが、この戦略を主導した小沢一郎であった(23)。堤とともに最終選考まで残った元官僚の男性を民主党福岡県連は積極的に評価していたが、最終的に小沢は、民主党公認候補である大久保との違いが鮮明となる女性の堤を指名した。

こうして、金融業界で経験を積んできた男性の大久保と、大学や市民団体等で活動してきた女性の堤を、それぞれ公認候補、推薦候補として擁立することによって、民主党は福岡県での票の上積みを目指すことになった。二人区である福岡県選挙区ではかなり高い可能性で一議席獲得が見込めるにもかかわらず、民主党は、票の奪い合いに陥りかねない二人の候補者（公認と推薦）の擁立という攻めの戦略をとったのである。

**「二人区」戦略の結果**

福岡県選挙区で公認候補として大久保が、推薦候補として堤が立候補することになったことを受けて、民主党福岡県連はこの二人の候補者に対する福岡県の民主党議員による支援体制を決めた。それは、福岡県にある衆議院小選挙区全一一区を二つに分けて、大久保支援と堤支援を分担するという体制であった(24)。具体的には、大久保支援は一区、二区の半分、四〜八区で、堤支援は二区半分、三区、九〜一一区で行われた。この支援体制は、社民党が連立政権から離脱した後も変わらなかった。

民主党福岡県連の吉村敏男幹事長が大久保と堤での二議席獲得を目指して選挙戦に臨んでいくことを

表明していたように[25]、民主党は、少なくとも当初は、この二人の候補者によるワン・ツー・フィニッシュを目指していた。しかし、境の当選が難しくなるにつれて、より現実的な目標として、大久保がトップ当選を果たし、堤がみんなの党候補の佐藤らよりも多くの票を獲得して三位になるという次善のシナリオが民主党の中で描かれるようになっていった[26]。いずれにせよ、選挙結果は民主党が掲げた目標とは大きく異なるものとなった。大久保は二位での当選となった一方で、堤は佐藤に一〇万票以上の差をつけられての四位落選であった。選挙区と比例区での票の掘り起こしという点からも厳しい結果であったといえる。選挙区では大久保と堤の得票数の合計が約八五万票であったのに対して、二〇〇四年参院選で大久保が獲得した票は約八四万票、二〇〇七年参院選で民主党候補の得票数は一〇〇万票以上であった。さらに比例区では、今回の参院選で民主党が福岡県で獲得した票が約六三万票であったのに対して、二〇〇四年では約七四万票、二〇〇七年では約八二万票であった。

このように、福岡県選挙区における「二人区」戦略は、選挙区での当選についても、選挙区と比例区での票の上積みについても、ねらいどおりの結果には至らなかった。こうした結果を生んだ要因の究明には、「二人区」戦略に基づく選挙活動が福岡県選挙区においてどのようなものであったかを検証することが有用であろう。そこで、本章では以下で、福岡県選挙区における「二人区」戦略と、そのための支援体制が期待どおりに機能しなかったことが、保守分裂という自民党に不利な状況であったにもかかわらず自民党候補がトップ当選を果たしたという結果に大きく寄与したことを描出する。

まず、「二人区」戦略のもとで二人の候補者を支援する民主党議員に焦点を当てて、特に地域的事情から民主党議員が陥った板挟みの状況を強調する。次に、二人の候補者が擁立されたことにより競争にさらされることになった民主党候補の苦闘に目を向ける。具体的には、「二人区」戦略が想定していた票の掘り起こしが、民主党候補の戦略の中にどのように位置づけられていたのかを考察する。

「二人区」戦略の現状(1)――二人の候補者を支える民主党議員

「二人区」戦略を打ち出した民主党は、先述したように、衆議院の小選挙区ごとに各候補者の支援体制を決めた。しかし、この支援体制をめぐっては、期待どおりの機能を果たせなかったことが指摘され、特に、堤に対する民主党と社民党との協力に基づく支援がうまく行われなかったことが強調されている。その一因として挙げられるのが、堤陣営の態度の変貌と、民主党と社民党との協力体制の不備である。堤は民主党と社民党からの推薦を得ていたが、鳩山内閣の迷走により民主党支持率が低迷していたところは、「民主党の候補者と見られると、マイナス面が大きい」（堤の支援者）という認識から、民主党色を薄め、無所属候補であることを強調する戦略に出ていた[27]。しかし、鳩山内閣が退陣し菅内閣が誕生して、民主党への支持率がV字回復すると、民主党の候補者であることを前面に出すようになり、事務所に民主党の旗を掲げたり、公示後の掲示ポスターに「民主期待の女性候補」と貼り付けたりした。こうした堤陣営の態度の変貌ぶりは、社民党への配慮のなさ等から、社民党の中に不満を引き起こすようになった[28]。同時に、民主党の中にも不信感が生まれ、公認候補がいるにもかかわらず、あえて推薦候補である堤を支えることへのインセンティブが引き下げられた[29]。結果として、民主党と社民党が協力して堤を支えていくという体制は機能しなくなった。

このような状況は、福岡県選挙区の多くのところで見受けられた。しかし、福岡県の中の地域によっては、「二人区」戦略の候補者支援体制がうまく機能しなかった要因を、堤陣営の視点からだけではなく、その地域特有の事情からもとらえることができる。そうした地域の一つが、福岡九区である。

福岡九区は、北九州市の西部（戸畑区、八幡東区、八幡西区、若松区）を区域としている。この地域には新日本製鉄の八幡製鉄所（戸畑区）等があり、労働組合の力が大きい。実際、この地域から選出される民主党議員（国会議員、地方議会議員）の多くは、労働組合の力に支えられて当選を果たしている。

今回の参院選で、労働組合は民主党公認候補の大久保の支持を打ち出した。民主党議員としては、きたる福岡県議選や北九州市議選等を見据えれば、労働組合と同じ立場で選挙戦に臨むことが自分たちの再選のためには合理的な行動であった。しかし、先述したように、この福岡九区は民主党福岡県連が設計した候補者支援体制により、堤支援の地域として位置づけられていた。この地域の民主党議員は、福岡県連から堤の支援を求められていた一方で、自分たちの再選の鍵を握る労働組合からは大久保を支えることが期待されていた。こうした板挟みの状況に置かれた民主党議員は、福岡県連に対して、堤支援は難しいことを訴えたが、しかし福岡県連は支援体制を変更することはなかった(30)。結果として、民主党議員による堤支援はあまり身が入らない状態に陥ると同時に、大久保を表立って支えることも難しいという、どっちつかずの板挟みに苦しむ支援体制となっていったのである。

## 「二人区」戦略の現状(2)——競争にさらされた民主党候補

今回の参院選で民主党が打ち出した「二人区」戦略は、改選定数が二の選挙区に二人の候補者を擁立することによって、二人の候補者に緊張感を与えて積極的な姿勢を促し、それが新たな票の掘り起こしをもたらすことをねらっていた。では、福岡県選挙区において、「二人区」戦略のもとで競争にさらされることになった民主党公認候補の大久保と民主党推薦候補の堤は、この戦略のねらいに沿った選挙戦を行えたのであろうか。以下では、票の獲得に向けた大久保陣営の奮闘に焦点を当てて、福岡県選挙区における「二人区」戦略の現状の一側面を描き出す。

「二人区」戦略が大久保陣営にある程度の緊張感を与えたことは、間違いないであろう。民主党から推薦を得た堤陣営が民主党色を強め、民主党の著名人が堤の応援に駆けつけるようになると、大久保陣営には、民主党への票が割れることへの危機感が強まっていった。そこで大久保陣営は、堤との違いを強調することを重視し、票の掘り起こしに努めた。その一つが、新たな企業や団体への積極的なアプローチであった。とりわけ、従来は自民党を支持してきた企業や団体――大久保の表現を借りれば「右ウィング」[31]――に対して、政権与党であることや金融業界でキャリアを積んできたこと等をアピールしながら、大久保支持を訴えた。結果として、二〇〇四年参院選では労働組合が組織的に支持しただけで、ほとんどが無党派層からの支持であった大久保が、今回の参院選ではさまざまな企業や団体からの支持を取り付けることに成功した。そこには漁連、森林組合連合会、商工会議所連合会、トラック協会等が含まれ、大久保の福岡と久留米の事務所には合計で約五〇〇枚の推薦状が集まったのである[32]。

こうした大久保陣営の奮闘は、大久保自身、選挙ではトップ当選を果たせなかったものの、中期的には意味のある成果として評価している。新たな企業や団体にアプローチできたことは、民主党福岡県連の宝となりうるものであり、そして来る地方選挙に向けてとても有益であるという認識を、大久保は選挙後に表明した[33]。

しかしながら、大久保陣営による新たな企業や団体からの支持の取り付けは、先述したように、今回の参院選の結果には結びつかなかった。トップ当選に失敗しただけでなく、選挙区と比例区のいずれにおいても、過去の参院選から民主党の得票数が増加していないばかりか、むしろ大幅に減少した。その要因の一つとして、企業や団体からの支持が票につながるとは限らないことが挙げられる。「せっかくの推薦状も引き締め方が分からなかった」と大久保陣営の幹部が語っているように[34]、企業や団体からの支持と個人の実際の投票との乖離に苦慮していた。

とりわけ、今回の参院選で見受けられた新たな企業や団体からの支持の取り付けは、民主党への支持というよりも、むしろ政権与党への支持を意味するものが多いととらえられる。しかも、政権与党が民主党であるという理由から、従来の自民党支持から民主党支持へと変えた企業や団体の中には、「与党には推薦を出さざるを得ない」と、ポーズとしての変更に過ぎないものも含まれていたであろう。[35] ここから引き出される含意は、今回の参院選での新たな企業や団体からの民主党支持の取り付けは、この選挙での民主党の得票につながらないばかりか、これらの企業や団体が今後の選挙においても必ずしも民主党の強固な支持基盤となるとはいえないということである。その意味で、民主党の「二人区」戦略のねらいであった新たな票の掘り起こしが達成できたとはいいがたい。

さらに注目すべき点は、「二人区」戦略が大久保陣営に与えたインパクトには、その戦略のねらいとは正反対のものも含まれていたことである。同一選挙区に二人の候補者を擁立することに対しては、いわゆる「共食い」が起きるのではないかという懸念がつきまとっていたものの、そのうえであえて民主党は二人擁立という積極的な戦略を打ち出して、民主党への支持拡大を目指そうとした。しかし、この「共食い」のような状況が実際には起きていたという指摘がある。[36] それは、新たな票の掘り起こしというよりは、堤の支持層を取り込もうとする行動である。さらに、民主党への逆風が強まる中で、大久保陣営は、福岡県連の指示では堤支援を任せられていた選挙区に所属する民主党議員に対して、協力を求めることさえあった。こうした大久保陣営の動きは、福岡県選挙区での候補者支援体制そのものを揺るがすようなものであった。「二人区」戦略で期待された候補者の積極的な姿勢は現実には見受けられず、むしろ堤陣営の動きに目を配り、場合によっては堤陣営を崩しかねない内向きの選挙戦に陥ってしまっていたととらえることができよう。

## 民主党陣営の「攻め」の戦略

これまでの福岡県選挙区における民主党の「二人区」戦略の現状の観察から、この戦略が「攻め」の戦略として機能しなかったことが導出される。民主党の一議席獲得はさほど難しくないと予想される福岡県選挙区で、民主党はあえて公認と推薦の二人の候補者を擁立するという「攻め」の戦略を打ち出した。二人の候補者が競い合う中で、票の上積みを期待した戦略であった。しかし現実には、政権与党という立場から、新たな企業や団体からの支持をある程度取り付けることに成功はしたが、その一方で、競争にさらされた候補者は内向きの姿勢をとるようになり、票の上積みというよりはむしろ共食いの状況へと陥った。

さらに、二人の候補者を支える民主党議員も、この「二人区」戦略によって苦しい立場に追い込まれた。福岡九区では、民主党議員は、自分たちを支える労働組合の意向と民主党福岡県連の指示とが異なるという板挟みの状況で選挙支援を行うことになり、結果として、大久保支援も堤支援もどちらも不十分なかたちで進められることになった。

民主党の「二人区」戦略の現状は、少なくとも、この戦略とそのための候補者支援体制が福岡県選挙区において機能しにくかったことと、この戦略と体制を民主党福岡県連が徹底できなかったことの二つに起因するであろう。前者としては、二人の候補者に公認と推薦という違いがあるにもかかわらず、二人をほぼ同等に支援する戦略であったこと、地域的な実情を必ずしも十分に踏まえたとはいえないままに衆議院の小選挙区ごとに各候補者の支援を分担させたこと、民主党への逆風が強まってもこの攻めの姿勢をとり続けたこと等が指摘できよう。他方、民主党福岡県連に関わる問題としては、内向きの選挙戦となっていく候補者陣営に対して「二人区」戦略と候補者支援体制を徹底させることができなかったことが挙げられる。

こうした民主党陣営がとった攻めの戦略のインパクトは、自民党陣営がとった「若手新人候補の擁立」という攻めの戦略のそれとは対照的であった。自民党陣営では、麻生を選対本部長に据えることによって、自民党議員への選挙支援に対するインセンティブを与え、結果として自民党議員による役割分担が機能し、自民党陣営の一枚岩的な活動をもたらした。今回の参院選の結果の一因として民主党の失策がよく指摘されるが、福岡県選挙区での民主党の失策は、消費税に関する菅の発言等の全国レベルの失策だけでなく、この地域での選挙戦略や体制に関わる問題も含まれていたといえよう。

今回の参院選において長野県選挙区で当選を果たした民主党の北澤俊美防衛大臣は、「小沢氏が昨年の衆院選と同じ手法で強気でやろうとしたのが戦略的な誤りであった」としたうえで、「二人区」戦略では「戦線が拡大して戦力が拡散し、いい効果が出なかった」と批判した。[37]「二人区」戦略に対する疑問は、福岡県選挙区の民主党陣営からも呈されている。[38]ある民主党議員は「政権をとってまもない柔な時期に、二人区で二人擁立は無理である」と語り、「むしろ、一人区をもっと重視し、二人区では一人の候補者の擁立を行うべきだったのでは……」と選挙戦を振り返った。他の民主党議員は、当選の見込みが薄い堤を支持することは極めて苦しく難しいものだとしたうえで、「大久保氏のみの擁立でトップ当選を目指していれば、民主党陣営はもっと団結できたにちがいない」と述べている。

これらの民主党議員のコメントには、今回の参院選での福岡県選挙区では、「攻め」ではなく「守り」が賢明な戦略であったという認識が含まれているといえよう。自民党陣営の攻めの戦略は期待どおりの結果をもたらした一方で、民主党陣営の攻めの戦略は裏目に出たのである。

## 4　選挙制度、選挙戦略、選挙結果

今回の参院選での福岡県選挙区の結果についての前節までの考究では、民主党と自民党の戦略の違いがそれぞれの候補者とそれぞれの陣営を支える議員に対するインパクトに違いを与え、それが選挙結果を生む大きな要因となったことが明らかにされた。民主党も自民党も「攻め」の戦略をとったが、しかし両党の「攻め」方も、その戦略がもたらした結果等も異なるものであった。自民党の「若手新人候補擁立」の戦略、は陣営を支える自民党議員等に団結力をもたらし、結果として役割分担がうまく機能したのに対して、民主党の「二人区二人候補者擁立」の戦略は、民主党議員を板挟みの状況に追い込み、候補者を積極的姿勢よりむしろ内向きの選挙戦へと向かわせた。本章の最終節では、本章のこれまでの考察で強調された選挙結果と選挙戦略の関係性から引き出される示唆に着目する。具体的には、選挙制度への着眼の重要性と選挙結果の解釈の難しさである。

そもそも、今回の参院選で民主党に「二人区」戦略の採用を促した要因は何だったのであろうか。約一年前の衆院選での勝利と政権の獲得が次の参院選での積極的姿勢につながったことや、小沢の強い信念とリーダーシップが「二人区」戦略の実現を可能にしたこと等が一般に指摘される。しかし、選挙戦略の選択をめぐっては、それが選挙制度によって大きく制約されることを考慮に入れておく必要がある。どのような選挙制度が採用されているかによって、それぞれの政党や候補者にとっての合理的な戦略は異なるからである。(39)

そもそも同一選挙区で複数の候補者を擁立するという戦略を打ち出すための必要条件は、定数が複数の選挙区が存在することである。参議院では二人区が一二区、三人区が五区、五人区が一区あるがゆえに、単独過半数の議席獲得に向けて積極的な姿勢をとる民主党に、二人区を含めた複数の定数の選挙区で複数の候補者を擁立するという選択肢が存在しえたのである。したがって、参議院の選挙制度が異なっていれば、民主党の戦略は異なるものとなっていたであろう。例えば衆議院で採用されているような小選挙区制のもとでは、どれほど積極的な姿勢をとったとしても、ひとつの選挙区で当選できるのは一名に限られるために、同一選挙区に複数の候補者を擁立するという戦略がとられることは決してない。そして小選挙区制のもとで異なる戦略をとるとなれば、必然的に選挙結果も大きく違ってくる。

今回の参院選の結果については、民主党への逆風による民主党の大敗という解釈がよく見受けられる。しかしこの解釈は、参議院の選挙制度のもとでこそ引き出されうるものである。例えば、共同通信社は、今回の参院選の各党比例代表得票をもとに、衆院選の各党の獲得議席数を試算している。その結果は、今回の参院選の結果とは大きく異なり、衆議院の四八〇の総議席数のうち民主党が三〇五議席を獲得するという民主党圧勝である。(40) ここから得られる示唆は、選挙結果は選挙制度に大きく左右されるために、(41) 選挙結果から政権に対する有権者の評価等を引き出すことは極めて難しいということである。

選挙結果の解釈にあたっては、本章の第一節で述べたように、全国レベルでのアグリゲート・データの分析だけでなく、全国的な選挙結果は各地域の選挙結果の集積であることを認識したうえで、各地域に特有の事情に目を向けた考察も欠かせない。さらに、本節において確認されたことは、各地域での選挙をめぐるさまざまなインターアクションは、選挙制度による影響を強く受けるということである。その意味で、今回の参院選における福岡県選挙区は、地域的な事情と選挙制度とが、選挙戦略と選挙結果に大きなインパクトを及ぼすことを明確に示した事例であったといえよう。

**註**

(1) 二〇〇九年の政権交代よりも前に、日本は戦後二回の政権交代を経験している（一九四七年、一九九三年）。それら二回の政権交代と比べて、二〇〇九年の政権交代は、(1)野党だった政党が、選挙の結果、初めて単独過半数の議席を獲得して政権を奪取したこと、(2)自民党が、一九五五年の結党以来、初めて衆議院で第一党の座を明け渡したこと、という少なくともこの二つの点で、歴史的に大きな意味を持つ政権交代であった。

(2) 『共同通信47Ｎｅｗｓ』二〇〇九年一二月三〇日。

(3) 『西日本新聞』二〇一〇年五月二八日。

(4) 『朝日新聞』二〇一〇年七月一三日。
(5) 『西日本新聞』二〇一〇年七月一三日。
(6) 『朝日新聞』二〇一〇年七月一三日。
(7) 同前。
(8) 同前。
(9) 『西日本新聞』二〇一〇年五月三一日、『朝日新聞』二〇一〇年七月一四日。
(10) 『読売新聞』二〇一〇年七月一三日。
(11) 同前。
(12) 自民党陣営からは、トップ当選への強い関心やこだわりが表明されるようになった（『朝日新聞』二〇一〇年七月一三日、『読売新聞』二〇一〇年七月一三日）。
(13) 『朝日新聞』二〇一〇年七月一四日。
(14) こうした自民党の攻めの姿勢だけでなく、公明党の比例代表候補との選挙協力を取り付けたことも、大家のトップ当選に大きく寄与した。公明党の山口那津男代表が参院選前に「党対党の選挙協力は考えていない」と明言し（『毎日新聞』二〇一〇年七月五日）、自民党候補の推薦を見送るという状況で、後援会レベルでの選挙協力関係を築けたことの意味は大きかったといえよう。出口調査によれば、公明党支持層の四割以上が大家に投票した一方で、民主党候補に投票したのは約一五％にとどまった（『朝日新聞』二〇一〇年七月一三日）。
(15) 『読売新聞』二〇一〇年七月一二日。
(16) 『読売新聞』二〇一〇年七月一三日。
(17) 『毎日新聞』二〇一〇年七月一三日。
(18) 『読売新聞』二〇一〇年七月一三日。
(19) 『朝日新聞』二〇一〇年七月一二日、『毎日新聞』二〇一〇年七月一三日。
(20) 『朝日新聞』二〇一〇年七月一三日。

(21)『西日本新聞』二〇一〇年七月一二日、『朝日新聞』二〇一〇年七月一二日、『朝日新聞』二〇一〇年七月一三日。
(22) 改選定数が二議席の参議院選挙区は、北海道選挙区、宮城県選挙区、福島県選挙区、茨城県選挙区、新潟県選挙区、長野県選挙区、岐阜県選挙区、静岡県選挙区、京都府選挙区、兵庫県選挙区、広島県選挙区、福岡県選挙区の合計一二区ある。
(23)『西日本新聞』二〇一〇年五月三〇日。
(24) 北九州市議会議員への筆者のインタビュー（二〇一一年一月八日）、『西日本新聞』二〇一〇年五月三〇日。
(25)『毎日新聞』二〇一〇年六月二三日。
(26) 北九州市議会議員への筆者のインタビュー（二〇一一年一月八日、二〇一一年二月二〇日）。
(27)『西日本新聞』二〇一〇年五月三〇日。
(28)『読売新聞』二〇一〇年七月一四日、『朝日新聞』二〇一〇年七月一四日。
(29) 北九州市議会議員への筆者のインタビュー（二〇一一年一月八日）。
(30) 同前。
(31)『産経新聞』二〇一〇年七月一二日。
(32)『西日本新聞』二〇一〇年五月二九日、『読売新聞』二〇一〇年七月一五日。
(33)『読売新聞』二〇一〇年七月一五日、『産経新聞』二〇一〇年七月一二日。
(34)『西日本新聞』二〇一〇年七月一二日。
(35)『西日本新聞』二〇一〇年五月二九日。
(36) 北九州市議会議員への筆者のインタビュー（二〇一一年一月八日）。
(37)『読売新聞』二〇一〇年七月一二日。
(38) 北九州市議会議員への筆者のインタビュー（二〇一一年一月八日）。
(39) 選挙制度と政党や候補者との関係については、例えば、井堀利宏・土居丈朗『日本政治の経済分析』木鐸社、一九九八年、建林正彦・曽我謙悟・待鳥聡史『比較政治制度論』有斐閣、二〇〇八年を参照されたい。

(40) 『西日本新聞』二〇一〇年七月一三日。
(41) 投票等による集団での意思決定の結果が、投票方法によって違ってくることについての解説は、Kenneth A. Shepsle and Mark S. Bonchek, *Analyzing Politics : Rationality, Behaviors, and Institutions*, New York : W. W. Norton, 1997 に詳しい。

## 参考文献

井堀利宏・土居丈朗『日本政治の経済分析』木鐸社、一九九八年。

建林正彦・曽我謙悟・待鳥聡史『比較政治制度論』有斐閣、二〇〇八年。

松田憲忠「政権交代への期待と躊躇——福岡一〇区」白鳥浩編著『政権交代選挙の政治学——地方から変わる日本政治』ミネルヴァ書房、二〇一〇年、一五九〜一八五頁。

Kenneth A. Shepsle and Mark S. Bonchek, *Analyzing Politics : Rationality, Behaviors, and Institutions*, New York : W. W. Norton, 1997.

［謝辞］　本章の執筆にあたりましては、北九州市議会議員のX氏とY氏から多大なお力添えを賜りました。また北九州市立大学法学部（当時、現在北九州市立大学大学院法学研究科修士課程）の永野理絵さんには資料の整理等に協力していただきました。記して深くお礼申し上げます。なお、本章の不備と誤りはすべて筆者の責任に帰すものであります。

# 第7章　系列再編の視点から見る政権交代
——宮城県選挙区——

河村和徳
竹田香織

## 1　総選挙における民主党勝利の理由

二〇〇九年衆院選において、民主党は地滑り的大勝を得た。海部俊樹元首相の落選に象徴されるように、地盤が盤石と思われる多くの自民党幹部が小選挙区で落選し、比例で復活することすらできない者も現れた。民主党はこの勝利により、衆議院での議席を一一二から三〇八に増やし、自民党の一党優位政党制は完全に崩れることとなった。

なぜ、二〇〇九年衆院選で民主党は勝利したのであろうか。この問いに関する分析はすでに行われつつあり、いくつかの先行研究で指摘されている。それらの研究に登場する民主党の勝因をまとめると、おおむね次の三つとなる。

第一は、「自民党の集票構造が長期的に弱体化しつつあった」というものである。五五年体制下で自民党が与党の地位を占めることができた背景には、自民党が集票構造を維持し続けてきたことがあった[1]。しかし、一九九〇年代以降、後援会など自民党の集票組織の中心を担う組織への加入率は低下

**図7－1**　衆議院小選挙区（宮城県）

**表7－1**　宮城県選挙区選挙結果

| 宮城県選挙区　改選：2 | | | | | | | | |
|---|---|---|---|---|---|---|---|---|
| | 得票数 | 氏名 | 年齢 | 党派 | 推薦 | 新旧 | 当選回数 | 代表的肩書 |
| 当 | 265,343 | 熊谷　大 | 35 | 自 | | 新 | 1 | (元)中学校講師 |
| 当 | 241,460 | 桜井　充 | 54 | 民 | 国 | 現 | 3 | 党政調会長代理 |
| | 162,771 | 伊藤　弘実 | 36 | 民 | 国 | 新 | | 贈答品会社社長 |
| | 109,137 | 市川　一朗 | 73 | 無 | 自 | 現 | | (元)農水副大臣 |
| | 106,563 | 菊地　文博 | 50 | み | | 新 | | (元)県議 |
| | 51,463 | 菅野　哲雄 | 61 | 社 | | 新 | | (元)衆院議員 |
| | 44,973 | 加藤　幹夫 | 46 | 共 | | 新 | | 党県政策委員長 |
| | 7,319 | 村上　善昭 | 37 | 諸 | | 新 | | 幸福実現党員 |

出所：総務省ホームページより作成。

し、その動員力は弱化傾向にあった[2]。加えて、高速交通網の整備に代表される大型公共事業の終了によって、地方の自民党集票組織が一枚岩でいることが困難になっていた。そして財政環境の悪化によって、自民党は「包括政党」としての機能を維持できなくなりつつあった[3]。自民党に陳情しても無駄という空気が集票組織の中に生まれつつあり、こうした制度疲労が民主党に票が流れる一因となったのである[4]。

第二は、「小泉政権後に成立した三つの内閣（安倍・福田・麻生）に対する不信感が、有権者の政権交代に対する期待を生み出した」というものである。小泉政権は従来の自民党政権と異なり、有権者の多数派を占めるようになった「政党支持なし層（無党派層）」の支持を意識した政権運営を行った。しかし、小泉純一郎以降の自民党政権は、旧来の自民党支持者重視に立ち位置を戻しつつも、世論調査での内閣支持率に右往左往する状況であった[5]。この三内閣の政権運営のまずさが、自民党政権に対する幻滅を生み、政権交代の機運を高めたのである。

第三は、「小沢戦略が効果を発揮し、民主党の勝利を生み出した」というものである。何人かの外国人研究者は、五五年体制下で政権交代の機運が起こらなかった背景には、与党自民党の強さもさることながら、野党の選挙戦略が誤っていたためと指摘する[6]。たしかに、小沢民主党以前の野党の基本的な選挙戦略は、政権とその集票構造を批判することが主であり、自民党政権にネガティヴな評価をする者を組織化できないでいた。一九八九年参院選で大幅に議席を獲得した当時の社会党が、その勢いを一九九〇年衆院選まで持続できなかったのが、その典型例である。しかし、自民党幹事長経験者である小沢一郎が選挙戦略を担った期間の民主党の選挙キャンペーンは、それまでの民主党の選挙キャンペーンとは大きく異なっていた。周辺部を重視する「川上戦略」や、地方政治に政党間対立を持ち込む「相乗り選挙の禁止」はその代表的なものであった。小沢戦略は、地方組織が弱く、いわゆる「風頼み」であった民主党の選挙環境を大きく変えた。そして民主党が政権の受け皿であることを、アピールした[7]。小沢戦略の連続性を考慮すると、「二〇〇七年参院選の勝利と二〇〇九年衆院選の勝利は連続線上にある」ということになる。

筆者らは、これらの勝因に加え、一九九〇年代から進められてきた政治改革の影響もあったのではないかと考える[8]。政治改革は、政党執行部への中央集権化の状況を生じさせた[9]。小選挙区比例代表並立制と政党助成金の導入によって、自民党衆議院議員同士の選挙競争は解消されたが、その一方で政治資金の党依存と公認権重視の傾向は強化された。そして、「党の顔」である党首のイメージがより重要な意味を持つようになった[10]。加えて、この選挙制度改革は、中選挙区時代に形成されていた系列の再編も生んだのである[11]。

本章で対象とするのは、宮城県選挙区の事例である。かつて宮城県では、三塚博と愛知揆一が「三愛戦争」と呼ばれる自民党同士の熾烈な競争を繰り広げた土地柄であったが、二〇〇九年衆院選で、宮城六区の小野寺五典以外、自民党代議士がいなくなるという事態に陥った（比例単独を除く）。このことはかえって、二〇一〇年参院選に向け「ポスト系列競争時代」に向けての新しい選挙戦略を試みる機会となった。一方、衆院選で大勝した民主党は、直後に行われた宮城県知事選挙では惨敗し、二〇一〇年参院選でも支持の広がりを欠いた。筆者らは、民主党が勢いに乗り切れなかったことも、中選挙区制時代からの系列再編から解釈できるのではないかと考える。

なお、本章では宮城県の事例に基づいた分析を行うが、本章の視点は、二〇〇九年政権交代以降も自民党が地方で未だに大きな勢力を維持できている状況や、二〇一一年統一地方選挙における民主党選対の遅れを考えるうえで、有用な試みと考える。

## 2　自民党の系列とその再編

### 後援会と系列の関係

日本において、政治家が個人的な組織としていわゆる「後援会」を作り、選挙戦に挑むことは広く知られている。この個人的な組織は、特定の組織に頼って構成されるというよりも、個人的な社会ネットワークを利用し、幅広くメンバーを募り構成されるのが一般的である。そして、この後援会が、日本の国政選挙・地方選挙の「パーソナル・ヴォート」を促す一翼を担っており、多くの政治家が当選・再選のためにこの組織を維持し拡大している。[12] そしてまた、後援会は自民党の動員選挙を象徴する存在として認識されてきた。[13]

ただし、現職国会議員が後援会を独力で拡張するには限界がある。現職国会議員、とりわけ与党幹部の国会議員は、活動の中心を東京に置かざるを得ず、地元で活動する時間が著しく制限される。[14] しかし、後援会を維持・拡大するためには、選挙区に多くの人材を貼り付けねばならず、それを補おうとすれば多大なコストがかかる。「与党の国会議員がコストを抑えつつ自らの選挙基盤を拡張すること」、ここに後援会連合である「系列」が形成されるインセンティヴがある。彼らは自らを支持する候補者を擁立することに加え、彼らの選挙区に常駐する保守系地方議員を傘下に集めることによって、勢力拡大にかかるコストを抑えたのである。[15]

一方、地方の保守系政治家にも、系列参加への呼びかけに応ずるインセンティヴはあった。与党政治家とつながることによって、地方選挙で自らが掲げた公約の実現可能性を高め、再選されやすい環境が整うからである。また、日本の地方議員選挙では大選挙区制が採用されており、保守系地方議員の中には他の保守系地方議員との差別化ができるというインセンティヴもあった。すなわち、他のライバル議員よりも優位に立つことができる自民党国会議員の系列への参加は、保守系地方政治家にとっても魅力的であったし、かつては「系列」の肩書きは「自民党」の肩書きよりも選挙戦で重要な要素であった。

## 系列再編の原因ともたらされた変化

これまで述べたことを前提にすれば、自民党国会議員と保守系地方議員の力関係は、あくまでも相対的なものであり、「主君と家臣」というイメージでとらえるべきではない。当選当初は地方議員に支えられて当選した自民党国会議員が、党内でのキャリアアップにあわせてその関係を逆転させていく場合もあった。自民党が、「パッチワーク的な政党[16]」と認識され、しばしば「自分党[17]」と揶揄された背景はここにある。

図7-2は、系列関係を模式化したものである。自民党国会議員の後援会を楕円とし、系列に連なる保守系政治家の後援会を三角として表現し、楕円を複数の三角が支えるという形で系列を表現している。多くの三角形に支えられれば楕円は安定し、支える三角形が少なければ楕円は安定しない。選挙制度改革以前は、ひとつの選挙区にこうした自民党系列が複数存在し、陣取り合戦のようにしのぎを削って争っていたのである。

しかし、選挙制度改革によって、中選挙区制下のほとんどの選挙区は分割され、基本的に、自民党国会議員とその後援会は各選挙区に一つとなった。その結果、自民党国会議員は新しい選挙区ごとに系列を再編する必要に迫られることになった（図7-3）。これまで築いてきた地盤が分割されることに、抵抗する自民党国会議員や保守系地方政治家も少なくなかったし、地盤が重複するような国会議員同士では、どの小選挙区から立候補するかで争いも起こった。自民党は、比例名簿での上位登載や、選挙区と

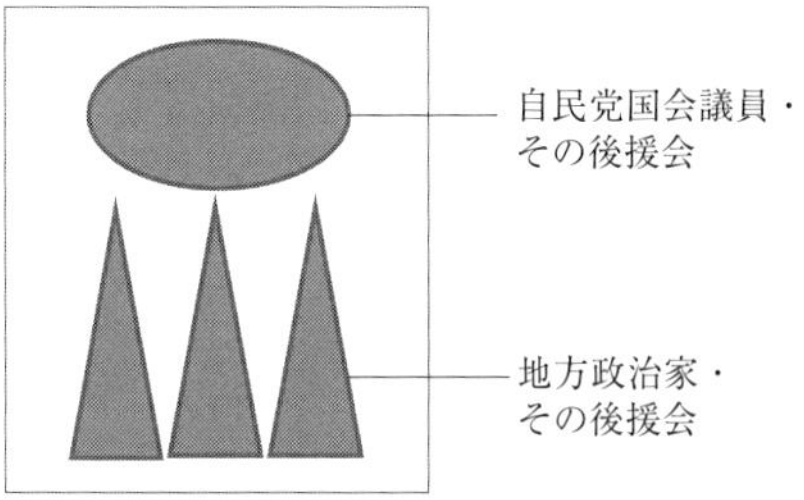


**図7－2**　系列の模式化

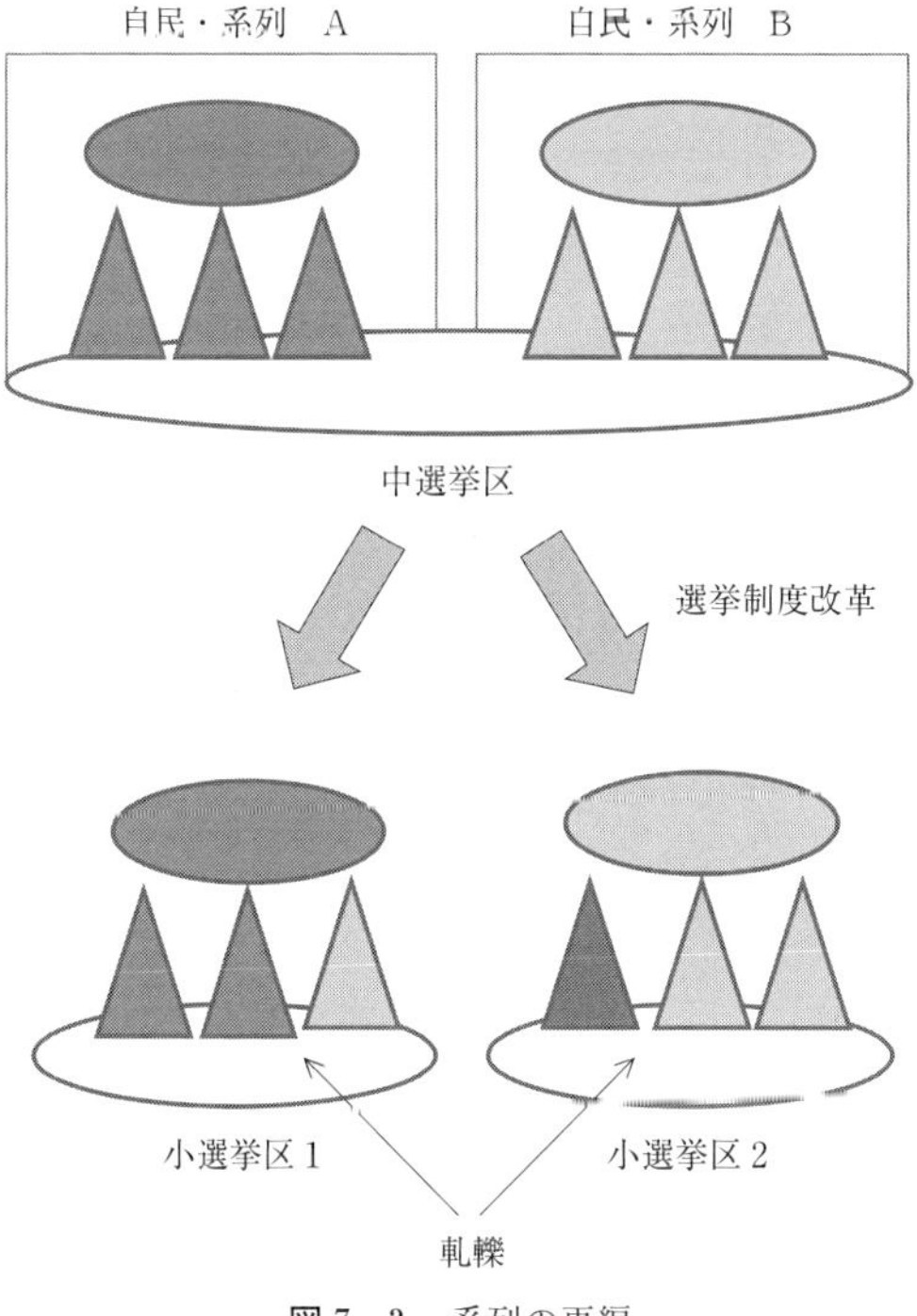


**図7－3**　系列の再編

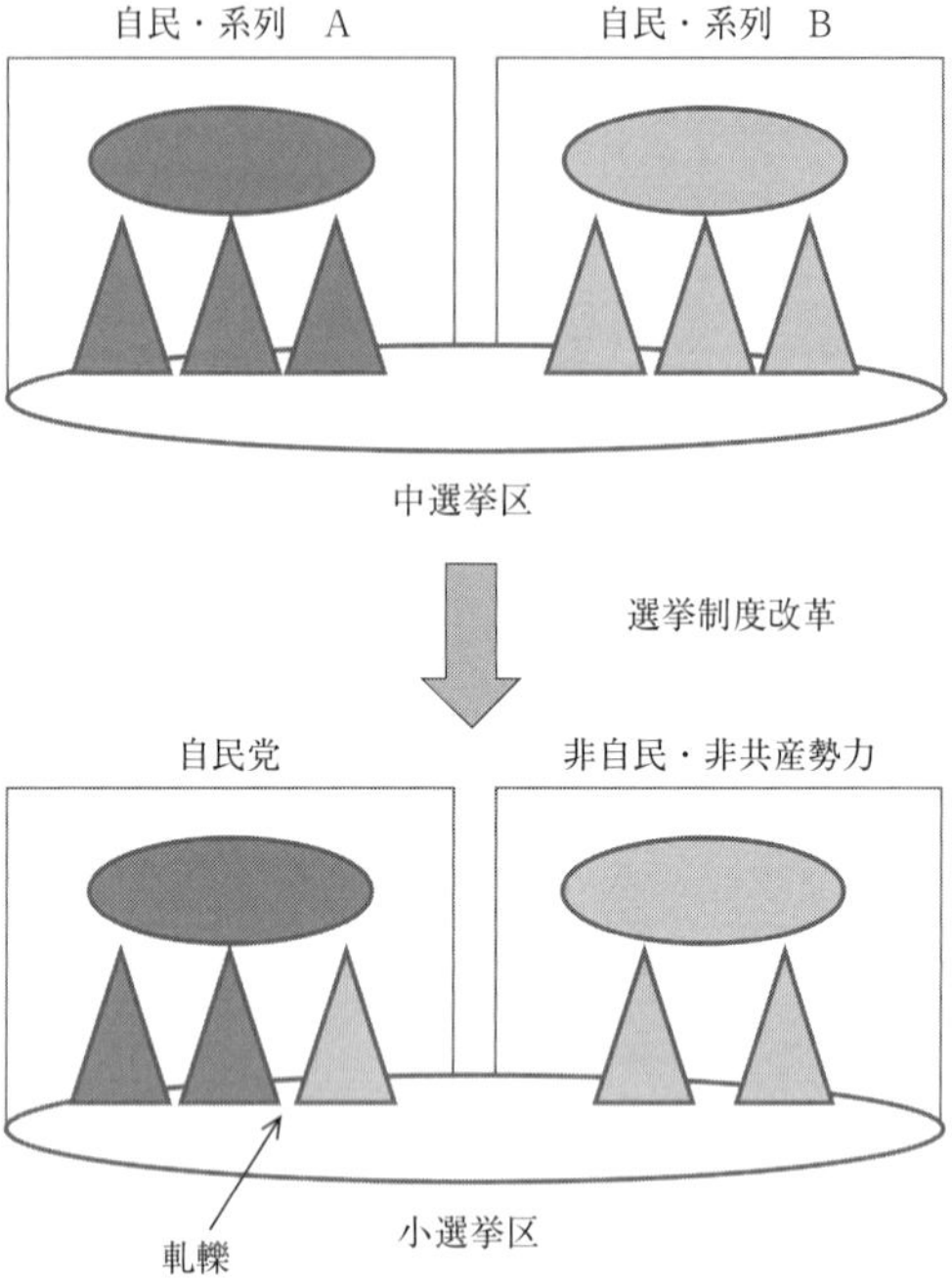


**図7－4**　系列間競争から政党間競争へ

比例で交互に立候補する、いわゆる「コスタリカ方式」の導入など、党内の融和に努めたが、候補者調整の不満から系列地方政治家を引き連れて離党する者をゼロにすることはできなかった。

　ところで、いくつかの県では、中選挙区時代の自民党のライバル競争が、一九九〇年代以降、政党間競争に切り替わっていった[18]。これも系列再編の一つの形といえるだろう。代表的な県として、岩手県や福島県、長野県が該当する。これらの県は、自民党有力代議士が自らの系列を引き連れて離党したところであり、政党再編の紆余曲折の中で、早くに「自民党」対「非自民・非共産」の対立構図が確立したところでもある（図7-4）。すなわち、地方における自民党対民主党の対立構図の中には、過去の中選挙区制時代の系列競争の歴史を引きずっている部分もあるのである[19]。なお、こうした自民党の系列拡張競争が政党間対立に切り替わっていく過程で、自民党の系列内にも変化を生じた。自民党を離党した者の系列に連なっていた地方政治家の中には、与党を離党することに同意せず、他の系列に鞍替えする者もいたからである。

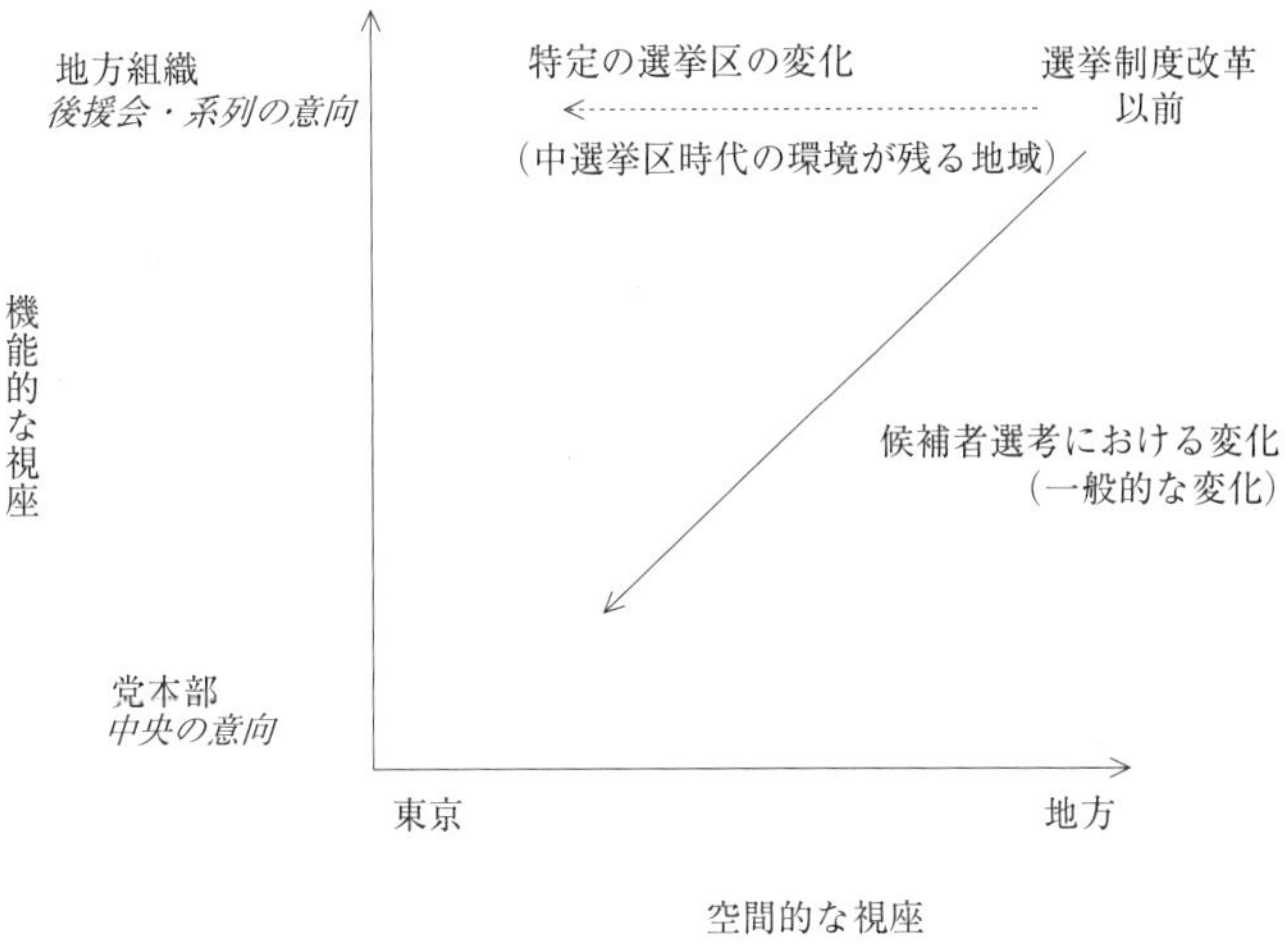


**図7－5　選挙制度改革以降の自民党における候補者選考の変化**

出典：Hazan and Rahat（2006）を参考。

系列が再編されていく過程で、いくつかの系列は、中選挙区時代からの古参の者と、選挙制度改革以降に鞍替えした新参の者との間の「冷たい関係」を抱え込むようになった。系列内における地方政治家の発言力は、参加した時期と彼の後援会の大きさ、そして国会議員からの信頼に左右される(20)。古参の地方政治家の中には、鞍替えをした新参者に冷たい眼差しを向ける者もいたし、新参者の中にはこうした冷眼視に強い不満を持つ者もいた。ことさら、中選挙区時代からの自民党ベテラン議員が残っているところほど、自民党内競争という中選挙区時代の残滓はなかなか消えなかった。

加えて、派閥領袖など自民党の有力議員の中には、代替わり期の候補者選考(21)を利用して県連を自らの「小さな王国」に組み替える者も現れた（図7-5）。河村は、石川県において自民党各候補者が苦戦した事例を検討し、「二〇〇九年の衆議院選挙での苦戦には、政権交代の機運もあるが、こうした系列再編の軋みを民主党が突いたことも重要ではなかったか」と指摘している。[22] 小沢の選挙戦略は、「こうした軋みを利用し、自民党の集票マシーンを一時的に分断した」というのである。自民党有力議員主導による系列再編は、一見盤石に見えた自民党王国の内部に、潜在的な軋みを生み出す要因でもあった。

## 3　系列再編の先の時代へ——宮城県選挙区に政権交代がもたらした影響

ところで、前述の河村の指摘は、二〇〇九年衆院選の民主党の地滑り的大勝は、系列再編の過程で生じた遺恨などといった「逸脱」的な要素が多分にあり、自民党が系列再編の軋みをリセットできれば、自民党は体制を立て直せるのではないか、と読みかえることができる。この主張を援用すれば、自民党の内部に「系列再編の一歩先へ進もうとすれば再起のチャンスがある」ということになる。二〇一〇年の宮城県選挙区では、こうした萌芽を確認することができた。

そこで、二〇一〇年参院選における宮城県選挙区の状況について、少し紹介することにしたい。

### 宮城県選挙区における候補者乱立の背景

二〇一〇年参院選における宮城県選挙区は、二人の定数に八人が立候補するという「乱戦」の構図となった。自民党の「系列再編の先」を論じる前に、この点について少し簡単に触れておくことにしよう。

一般に、二人区は、当選のための十分条件が一人区よりも低い。そのため、二大政党下における二人区では、第一党と第二党で議席を分け合うという現象がよく見られる。二大政党が安定的な選挙環境を志向している場合、同一政党で候補者が複数立候補することはない。一人だけ候補者を立てればほぼ確実に一議席を確保できるからであるし、候補者を複数擁立すると票を奪い合うことで「共倒れ」が起きうるからである。しかし、今回の参院選では、前年衆院選の余勢を駆った民主党が、党勢拡大の方針の下、二人候補者を擁立したことで、候補者が乱立する環境が生じた。共倒れの環境ができただけではなく、小政党の候補者が当選する可能性も高まったからである。

ただし、宮城県選挙区は、そもそも社会構造的に候補者が乱立しやすい環境にあった点は押さえておく必要がある。宮城県は、(1)仙台という大都市から零細な農漁村・中山間地までを抱えている自治体であり、(2)保守的と思われる農村部にも一部革新系の流れを汲む勢力がいるなど、多様な意見を持つ有権者が存在するため、多様な候補者が立候補し一定の票を確保できる環境にあった。加えて、(3)大都市・仙台を抱えているため、比例区での集票をにらんで小政党が選挙区で候補者を立てようとするという要素もあった[23]。

## 二〇一〇年参院選における自民党宮城県連の戦略

二〇一〇年の参院選は、自民党宮城県連にとって、これまでとは大きく違った選挙であった。(1)政権交代後初の国政選挙であった点、(2)二〇〇九年衆院選において宮城六区の小野寺を除いて候補者全員が落選したという組織存亡の状況にあった点、が特に大きく違ったところである。いいかえれば、過去の三愛戦争の時代のような自民党内の勢力争いができる環境ではない状態で選挙戦に臨まなければならなかったのである。そのため、宮城県選挙区唯一の衆議院議員として、参院選に向けての選挙体制を整えなければならなくなった小野寺は、古い自民党からの再生をアピールする方法に打って出た。その一手が、候補者選出における「公募の導入」であった。

小野寺の公募制導入の提案は、一部の自民党県議会議員たちの反発を招くことになった。従来、自民党宮城県連の候補者選考では現職優先が慣例であり、現職であった市川一郎が再選の意欲を示していたからである。自民党県連が候補者を公募することは珍しくなくなったが、あくまでも候補者公募は現職がいないことが前提であり、現職がいるのにもかかわらず候補者の公募を行うということは、従来の慣例を無視するものであった。さらに、新人が公募されるということは、これまでの系列関係がほぼリセットされることであり、系列に連なることで恩恵を受けていた者にとってみれば、きわめて不都合な提案だった。しかし、こうした反対を押しのけて、公募制は導入されることになる。

二〇一〇年一月一七日、自民党県連は公認候補選びに向けた公開討論会を県内三カ所で開催した[24]。短時間で県内を縦断する強行スケジュールであったが、党員の前で立候補を希望する者が演説をするという方式は、アメリカ大統領選挙における各党候補者のノミネート過程をイメージさせるものであった[25]。演説に立った者は、現職の市川や二〇〇九年衆院選で落選した中野正志を含む七名であり、その中から最終的に、松下政経塾出身で政治経験のない熊谷大が公認候補として選出された。

この決定に対し、現職であった市川や、昨年の衆院選で落選し出馬を目指していた中野の支援者は猛烈に反発した。地盤も看板もない熊谷を立候補させるよりも、国会議員経験者を立てる方が選挙戦に有利だという主張からであった。たしかに、市川や中野を公認で擁立すれば、彼らの持つ支持基盤（とりわけ業界団体）からの協力は受けやすかっただろう。しかし、「自民党の再生」を印象づけることは難しくなるし、政権交代によって一部の業界団体が民主党にも天秤をかけるような状態では、組織票がきちんと動くのか不安である。それならば、しがらみがなく、これまでの自民党政治家のイメージとほど遠いイメージの熊谷を擁立することで、宮城県における「自民党再生」を象徴づけたほうがよいといった判断がはたらいたと考えられる。

かつての自民党であれば、ここで保守分裂選挙となるのがお決まりのパターンであった。選挙で落選したばかりの中野は、分裂を回避したい党側から打診を受けて比例区からの立候補を決断した。残されたのは市川の処遇であった。現職の市川を自民党公認として選挙区に立候補させると票を食い合う可能性があり、候補者を二人擁立している民主党が二議席を独占する可能性が高まる。しかし、市川が公認を得られないことを理由に自民党を離党して立候補すると、知名度の劣る熊谷が不利になる可能性もある。こうした戦略的なディレンマが発生したのであった。県連内には、「二人目を立ててもいいのではないか」という意見もあったが、宮城県連は、五月一一日、常任役員会や総務会などを相次いで開催し、「自民党が置かれている環境を考えれば、二人立てて二人当選という状況にはない」という理由から、公募で選ばれた熊谷一人の当選を優先させることを決定し、県連としては市川の公認申請を行わない方針を打ち出したのは大きな決断であった。

ただ、宮城県連とは異なり、党本部は現職である市川を二人目の候補とするよう求めた。党本部は「党勢拡大のため、改選数二以上の選挙区では複数候補の擁立を目指す」という理由を掲げたが、現職を外すという選択は他の県連に影響が及ぶものであるし、市川サイドからのはたらきかけがあったことは明白だった。五月二四日、大島理森幹事長から小野寺県連会長に対し、現職の市川を党の推薦候補とする旨が伝えられる。宮城県連側は「古い自民党を想起させる」と抗議したが、党本部は、党独自の世論調査をもとに「党勢拡大のためには市川の力は必要」と主張した。結局、公認ではなく推薦という形で市川の出馬を認めることに落ち着き、五月二八日、市川は正式に立候補を表明した。そして、熊谷・県連と、市川・党本部という形での選挙戦が始まることになった[26]。

## 二〇〇九年宮城県知事選挙が民主党に及ぼした影響

結果論であるが、政権交代直後の二〇〇九年宮城県知事選挙のしこりは、民主党の選挙戦略を大きく

表7－2　2009年宮城県知事選挙の結果

| 氏名 | 所属 | 現・新 | 得票 |
|---|---|---|---|
| 村井　嘉浩 | 無所属 | 現職 | 647,734 |
| 遠藤　保雄 | 無所属（民主，社民，国民新推薦） | 新人 | 174,702 |
| 天下みゆき | 無所属（共産推薦） | 新人 | 51,848 |

狂わせることになった。

二〇〇九年県知事選候補者として、県議会の民主党系会派「改革みやぎ」の議員有志は、民主党県連の選挙対策委員長であった菊地文博を推すよう、当時の岡崎トミ子県連代表にはたらきかけた。[27]しかし、菊地と距離を置く県連幹部らの中には、菊地の党人としての日の浅さを理由に、知事候補として擁立することに難色を示す者もいた。民主党県連は、知事候補者の公募を行い、最終的に、元農林水産省官僚で国連食糧農業機関（FAO）コンサルタントの遠藤保雄を知事候補として最もふさわしいと判定し、民主党本部の裁定を仰いだ。県連は、遠藤の擁立に関し、『脱官僚を掲げながら官僚出身者を候補に立てる』『現職の村井嘉浩よりも高齢である』といったネガティヴな面があるが、農業政策や環境問題の専門家として、農業が強い宮城県において民主党の政策と連動した運営が可能」と強く主張した。民主党本部の意向次第では、選考になお時間がかかる可能性も挙げられていたが、小沢は県連の選考で一位だった遠藤の擁立をあっさりと容認し、遠藤が知事選挙における民主党候補となった。

結局、知事選挙は、現職の村井嘉浩の圧勝で終わった（表7－2）。村井圧勝の背景には、村井の経済政策における業績の高さがあるのは間違いない。村井は「富県戦略」を主張し、浅野前県政ではやや消極的であった経済政策に力を入れた。その成果が実を結び、セントラル自動車（トヨタ系）をはじめとする自動車関連産業の誘致に成功した。景気が低迷する中、こうした企業誘致の実績をあげたことは、広く県民に支持されやすい環境を整えた。また、自衛官出身である村井の所作を評価する県民が少なくないことも、票が集まる要因であった。村井は、当選すると態度が横柄になる政治家ではなかった。一方、遠藤は政権交代の風を一身に受けることに失敗した。遠藤自身が官僚出身であったことや、年齢的に見ても新鮮さが乏しかったことが大きかった。立候補が急で準備不足が否めなかったこと、さらに、長く宮城を離れていたことで組織を固めることさえままならなかったことも敗因として挙げられる。

選挙において現職が圧倒的に有利であることは、選挙研究では常識である。村井のように一定の業績を残している者を破ることは、周到な準備を重ねておくか、それとも相手が大きなエラー（例えば失言など）でもしない限り、容易ではない。政権交代の余勢を駆ってということだったのであろうが、強固な現職の牙城を崩すための民主党の準備はあまりにも不十分であった。むしろ、県内から立候補したい者がいるのに、県外から候補者を連れてきた事実は、そもそも一枚岩とはいい難い民主党県連内に亀裂を生じさせ、参院選への不安定要素を作り出した。

民主党の知事候補になれなかった菊地は、その後、みんなの党からの出馬の打診を受け、民主党を離れ、みんなの党公認として参院選に出馬することになった。

## 選挙戦の展開

参院選が行われた七月までの間、政局はめまぐるしく変化した。とりわけ、普天間基地移設問題などによって迷走した鳩山内閣が退陣し、菅内閣が成立した時点で民主党の支持率が上昇したことは、自民党本部の戦略に変化をもたらした。民主党に二議席奪われることへの警戒感が党本部で高まったのである。知事が自民党系である宮城で共倒れが起こるのは、党勢回復上、望ましいことではない。確実に一議席を確保し、知事と国会議員・県議会議員の連携の形を維持する方が得策なのである。そこで、自民党本部は共倒れを回避すべく、公認候補である熊谷を確実に当選させる方向に重点をシフトするようになった。裏を返せば、選挙戦が進むにつれて、党本部から市川を支援する県議会議員に圧力がかかるようになっていったのである。

方針転換が明白になったのは、六月二八日、河村建夫党選挙対策局長が自民党県議会議員の議員控室に現れ、公認の熊谷の当選を第一に考慮するよう県議会議員らに支援を要請した時点であった。河村の要請は、自民党が議席を失った際の責任は市川を支援する議員にあると言ったに等しいものであった。そして、翌二九日の谷垣禎一総裁の来県時での対応は、自民党本部が熊谷の当選を最優先させることを内外に明らかにする決定的なものとなった。谷垣の来県をめぐって、市川陣営は大島幹事長に要望書を提出し、谷垣の街頭演説への市川の同席、もしくは谷垣からの市川紹介を依頼した。しかし、谷垣の街頭演説への市川の同席はかなわず、二一分間の谷垣の演説の中で市川の名は一度しか出なかった。市川陣営からはこの対応に対する不満が噴出したが、党本部は公認と推薦の違いを盾に突っぱねたのであった。市川は、出身地である栗原市を中心に当選を目指して選挙戦を展開するが、もともと無党派層からの集票が望めなかったところに加え、党本部からも見放されたことで、選挙組織は弱体化を余儀なくされた。

一方、どちらかといえば「子育て世代」「無党派」受けする熊谷は、党本部の方針の一本化によって、従来の自民党層の組織力が加わり、選挙基盤は選挙戦が進むにつれて盤石となっていった。熊谷支援のため、党本部からの職員が何人も仙台入りしたことに加え、最終盤の七月九日には、公明党との太いパイプを持つ野中広務元官房長官が創価学会東北文化会館を訪問し、熊谷への選挙協力の依頼を行った。菅直人首相の「消費税一〇%発言」もあり民主党が失速する中、熊谷は民主党が頼みとする無党派層を取り込んでいった[28]。最終的に熊谷は、民主党現職の桜井充の二四万票を超える二六万票を獲得し、一位当選を果たした。

## 若干の考察と今後の視座

宮城県選挙区は、最終的に自民党と民主党が一議席ずつ分け合う形となった。一見すると、自民党と民主党が引き分けたように見えるが、果たしてそうなのであろうか。系列再編という視点から見れば、今回の勝者は自民党宮城県連でなかったか、と筆者らは考える。理由は、二〇〇九年に政権を失った自民党が、参議院議員一議席を押さえることができ、組織の退潮に歯止めをかけることができたからである。特に熊谷がトップ当選をしたことは、知事選挙における村井の圧勝とともに、自民党は健在であるというアピールとなった。また、熊谷という三〇歳代の若い候補者を当選させたことで、過去の自民党からの脱却をアピールする一方、自民党内の世代交代を象徴づけた。加えて、結果論ではあるが、市川が党本部の方針転換によって梯子を外された形になったことは、市川を推した県議会議員たちの相対的な発言力の低下を誘発し、分権的な自民党県連の集権化を（若干かもしれないが）促すことになったといえるだろう。

政権交代以前（とりわけ中選挙区時代）の自民党は、どちらかといえば頭（国会議員）が多く、向かう方向を統一することが容易ではない政党であった。仮に、国会議員の方向性をめぐる争いを系列間競争と置くならば、自民党は政権を失うことによって過去を清算する機会を得たといえるのではないだろうか。そして、二〇一〇年参院選における宮城県連の行動に代表される世代交代は、それをアピールする重要な手段だったのであろう[29]。

一方、民主党宮城県連は、二〇〇九年衆院選で政権は獲得したものの、脱「非自民・非共産」の枠組みから抜け出せないでいることが、二〇〇九年宮城県知事選挙、二〇一〇年参院選で明らかとなった

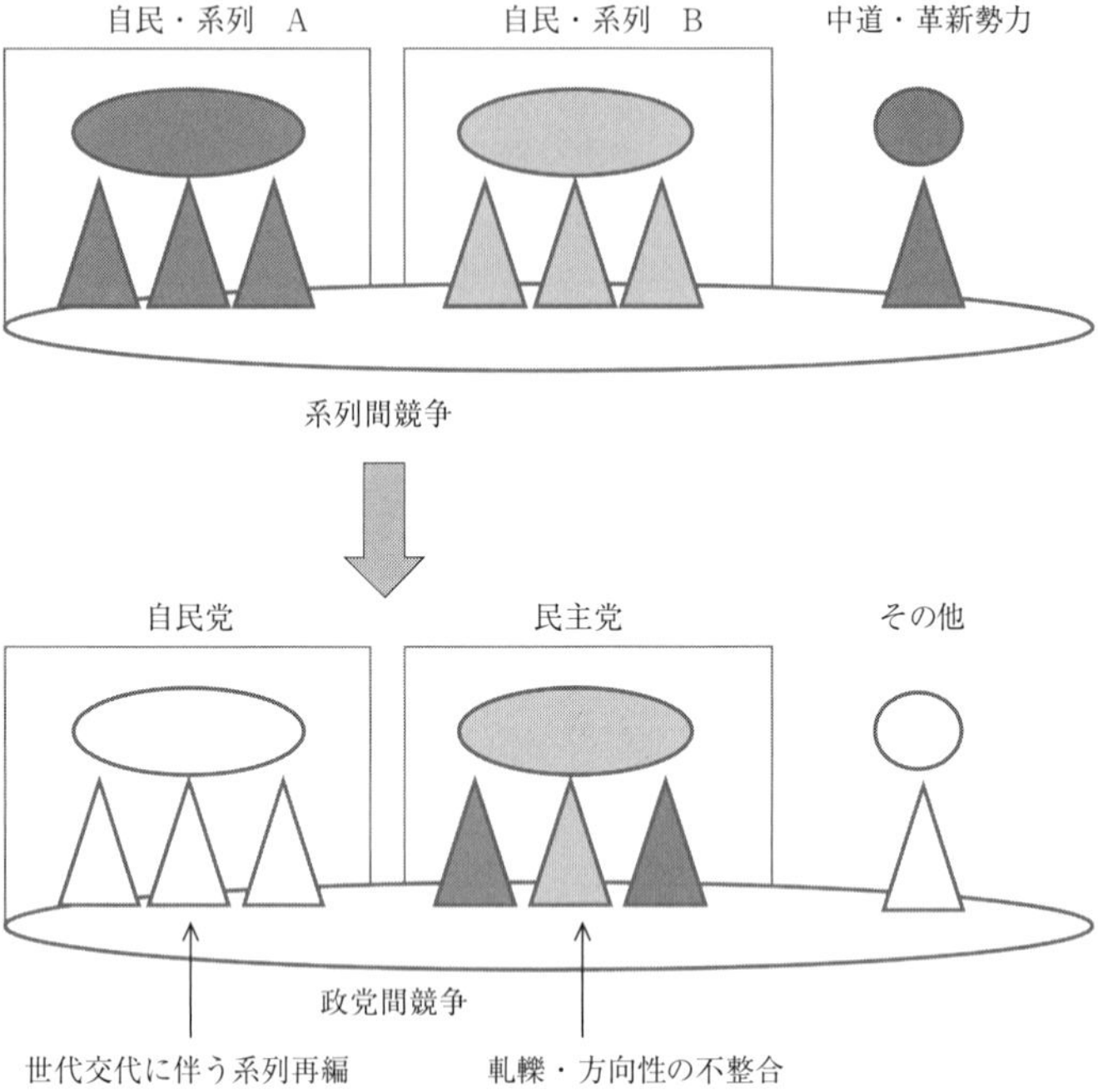


**図7－6**　宮城県の事例から考えられる状況

（図7－6）。民主党は、頭はあるがそれを支える足（地方議員）がない政党である。加えて、「非自民・非共産」「脱小沢」という言葉が飛び交うように、頭である国会議員でも方向性がまちまちである。自民党県連が脱系列に歩み出している中、民主党は頭（国会議員）の向く方向を揃えるとともに、足腰（地方の基盤）を今まで以上に固めなければならないのではないか。すなわち、政権交代によって、民主党は「無党派の風」に依存しない組織を作り上げる必要性に否応なしに迫られているのである[30]。

こうして考えると、二〇一一年統一地方選挙は、自民党にとっても民主党にとっても重要なターニング・ポイントとなる。自民党の「脱系列（世代交代）」が早いか、それとも民主党の「脱無党派依存（組織固め）」が早いのか。政権交代を系列再編の視点から眺めると、このように興味深い部分が浮かび上がってくるのである。

**註**

（1）Ethan Scheiner, *Democracy without Competition in Japan：Opposition Failure in a One Party Dominant State*, New York：Cambridge University Press, 2006.
（2）田中愛治「自民党衰退の構造」田中愛治・河野勝・日野愛郎・飯田健・読売新聞世論調査部編『二〇〇九年、なぜ政権交代だったのか』勁草書房、二〇〇九年、一～二六頁。
（3）これに関しては、河村や斉藤を参照。河村和徳『現代日本の地方選挙と住民意識』慶應義塾大学出版会、二〇〇八年。斉藤淳『自民党長期政権の政治経済学』勁草書房、二〇一〇年。
（4）野中尚人『自民党政治の終わり』ちくま新書、二〇〇八年。
（5）菅原琢『世論の曲解——なぜ自民党は大敗したのか』光文社新書、二〇〇九年。
（6）例えばJohnsonやScheiner、Weinerが挙げられる。Stephen Johnson, *Opposition Politics in Japan：Strategies under a One-Party Dominant Regime*, New York：Routledge, 2000. Scheiner, *op.cit* Robert J. Weiner, "Prefectural Politics：Party and Electoral Stagnation," in Sherry L. Martin and Gil Steel (eds.), *Democratic Reform in Japan：Assessing the Impact*, Boulder：Lynne Rienner Publishers, 2008, pp. 151-173.
（7）堤英敬・森道哉「民主党候補者の集票システム」『選挙研究』二四巻一号、四八～六八頁。
（8）上記の第一の勝因と第三の勝因との複合効果とみることも可能である。
（9）Steven R. Reed, "Evaluating Political Reform in Japan：A Midterm Report," *Japanese Journal of Political Science*, 3：2002, pp. 243-263. Jin-Min Chung, "The Organizational Evolution of Jiminto and Minshuto in Japan：A Multidimensional Approach to Party Change," a paper delivered at the 1st International Conference of the Korean Association of Party Studies, Seoul, 2010, October 8.

（10）森正「日本におけるコートテイル・イフェクトと有権者意識」小林良彰編著『日本における有権者意識の動態』慶應義塾大学出版会，二〇〇五年，一四七〜一七二頁。

（11）Kazunori Kawamura, "The Turnover of Regime and LDP *Keiretsu* Realignments," a paper delivered at the 1st International Conference of the Korean Association of Party Studies, Seoul, 2010, October 8.

（12）例えば，蒲島・山田，Kohno, Hrebenar, Krauss and Pekkanen などを参照。蒲島郁夫・山田真裕「後援会と日本の政治」『年報政治学　一九九四年』一九九五年，二一一〜二三一頁。Masaru Kohno, *Japan's Postwar Party Politics*, Princeton, New Jersey : Princeton University Press, 1997. Ronald J. Hrebenar, *Japan's New Party System*, Boulder : Westview Press, 2000. Ellis S. Krauss, and Robert Pekkanen, "Explaining Party Adaptation to Electoral Reform : The Discreet Charm of the LDP?" *Journal of Japanese Studies*, 30 : 2004, pp. 1-34.

（13）これについては，谷や井上，山田が詳しい。Curtis の指摘もある。谷聖美「市町村議会の対国会議員関係」『岡山大学法学会雑誌』三六号，七六九〜八四一頁。井上義比呂「国会議員と地方議員の相互依存力学」『レヴァイアサン』一〇号，一九九二年，一三三〜一五五頁。山田真裕「保守支配と議員間関係」『社会科学研究』五八号，四九〜六六頁。Gerald L. Curtis, *The Logic of Japanese Politics : Leaders, Institutions, and the Limits of Change*, New York : Columbia University Press, 1999.

（14）東京に時間距離的に近い議員は何度も東京と地元を往復することができるが，遠方の議員の中には地元に帰ることは容易ではない者もいる。与党の国会議員が地元に戻らなくてはならないという需要が，高速交通網の整備を促したともいえるだろう。Kuniaki Nemoto and Shunsuke Hamamoto, "Changing Determinants of Home Style," a paper delivered at the annual meeting of the Japanese Political Science Association, 2010, October 9-11, Nagoya.

（15）中選挙区時代，自民党代議士は系列を拡張することによって，自らの再選をより確実にするだけではなく，同じ選挙区にいる自民党のライバルに対して圧力をかけることが可能となった。彼らは，連繫を進める一方で，自らの秘書や親しい者を首長・地方議員候補として擁立し，系列をより安定的なものにしようと腐心した。

(16) 山田、前掲書。

(17) 系列が国会議員と地方議員の相対的な力関係で成り立っていることは、国会議員が死去した際の対応から確認できる。そのような際、ある地方議員は国会議員の子息を後継者として担ぎ、ある地方議員は後継を狙って立候補を画策し、両者が対立する場合がしばしば起こったが、これはそれぞれが独自の組織を有しているからこそ可能なのである。谷、前掲書。

(18) 建林正彦「自民党分裂の研究」『社会科学研究』五三巻二・三号合併号、五〜三七頁。

(19) 谷口将紀『現代日本の選挙政治』東京大学出版会、二〇〇四年。

(20) 井上、前掲書。

(21) Christensen や朴、Taniguchi は、政治改革以降、候補者選考がより重要になったと指摘している。Ray Christensen, "The Effect of Electoral Reforms on Campaign Practices in Japan : Putting New Wine into Old Bottles," *Asian Survey* 38 : 1998, pp. 986-1004. 朴喆煕『代議士のつくられ方——小選挙区の選挙戦略』文春新書、二〇〇〇年。Naoko Taniguchi, "Diet Members and Seat Inheritance : Keeping It in the Family," in Sherry L. Martin and Gil Steel (eds.), *Democratic Reform in Japan : Assessing the Impact*, Boulder : Lynne Rienner Publishers, 2008, pp. 65-80.

(22) Kawamura, *op.cit.*

(23) 中選挙区時代の自民党内での主導権争いも、候補者乱立を生じやすい環境を作っていた。中選挙区時代、仙台市を中心とする旧宮城一区において、「三愛戦争」と呼ばれる激しい集票合戦が繰り広げられていた。後に愛知が自民党を離党し、かつ小選挙区制の導入によって両者の選挙区が分かれたことで、自民党ライバル競争としての「三愛戦争」の終止符は打たれた。しかし、この構図は、自民勢力と非自民・非共産勢力(新進・民主)がしのぎを削るという政党間競争に引き継がれているように見える。

(24) 『朝日新聞』二〇一〇年四月一八日。

(25) 筆者等のインタビューでは、自民党員の中には、現職がいるのにもかかわらず公募を行うことに不満を持つ者もいたが、候補者選考がオープンになることを評価する者もおり、賛否両論であった。
(26) 党勢拡大のために二人目を擁立というのが党本部の主張であったが、全国の二人区のうち、自民党系候補が二人擁立されることとなったのは宮城県選挙区のみであった。おそらく、宮城県連のとった手法が旧来の自民党支持者に受け入れられないのではという懸念が、党本部の市川推薦に結びついていったのであろう。なお、自民党県連は、市川に身を引くように働きかけることはなかった。
(27) 菊地は、もともと、自民党系県議であった。
(28) 公募で選ばれた民主党二人目の候補者である伊藤弘実は、現職の桜井充と差別化を図るため、無党派層に焦点を絞って選挙戦を展開した。特定郵便局長ＯＢと現役らによる「郵政政策研究会」関係者が唯一の大きな支援組織であった。しかし、菅首相の消費税発言によって、ターゲットであった無党派層の取り込みは非常に困難になった。
(29) なお、自民党が民主党以上に若返りを進めることで改革を訴える姿は、地方の首長選挙でもうかがえる。二〇一〇年一一月の福岡市長選挙では、自公が推す三六歳の高島宗一郎が当選し、金沢市長選挙では自民党若手の後押しを受けた山野之義が、六選を目指し盤石な選挙体制を敷いた山出保を僅差で破っている。
(30) こうして考えると、菅政権誕生の立役者たちは「脱小沢」で糾合したのではなく、「非小沢」で糾合したといわざるを得ない。民主党政権が不安定であるのは、民主党が政権追求政党であるために他ならない。有権者の中には、民主党に見切りをつけ、大阪維新の会などの「首長新党」に期待する動きもある。

**参考文献**

井上義比呂「国会議員と地方議員の相互依存力学」『レヴァイアサン』一〇号、一九九二年、一三三～一五五頁。

蒲島郁夫・山田真裕「後援会と日本の政治」『年報政治学　一九九四年』一九九五年、二一一～二三一頁。

河村和徳『現代日本の地方選挙と住民意識』慶應義塾大学出版会、二〇〇八年。

斉藤淳『自民党長期政権の政治経済学』勁草書房、二〇一〇年。

菅原琢『世論の曲解——なぜ自民党は大敗したのか』光文社新書、二〇〇九年。

建林正彦「自民党分裂の研究」『社会科学研究』五三巻二・三号合併号、五～三七頁。
田中愛治「自民党衰退の構造」田中愛治・河野勝・日野愛郎・飯田健・読売新聞世論調査部編『二〇〇九年、なぜ政権交代だったのか』勁草書房、二〇〇九年、一～二六頁。
谷口将紀『現代日本の選挙政治』東京大学出版会、二〇〇四年。
谷聖美「市町村議会の対国会議員関係」『岡山大学法学会雑誌』三六号、七六九～八四一頁。
堤英敬・森道哉「民主党候補者の集票システム」『選挙研究』二四巻一号、四八～六八頁。
野中尚人『自民党政治の終わり』ちくま新書、二〇〇八年。
朴喆煕『代議士のつくられ方——小選挙区の選挙戦略』文春新書、二〇〇〇年。
森正「日本におけるコートテイル・イフェクトと有権者意識」小林良彰編著『日本における有権者意識の動態』慶應義塾大学出版会、一四七～一七二頁。
山田真裕「保守支配と議員間関係」『社会科学研究』五八号、四九～六六頁。
Christensen, Ray, "The Effect of Electoral Reforms on Campaign Practices in Japan : Putting New Wine into Old Bottles," *Asian Survey* 38 : 1998, pp. 986–1004.
Chung, Jin-Min, "The Organizational Evolution of Jiminto and Minshuto in Japan : A Multidimensional Approach to Party Change," a paper delivered at the 1st International Conference of the Korean Association of Party Studies, Seoul, 2010, October 8.
Curtis, Gerald L., *The Logic of Japanese Politics : Leaders, Institutions, and the Limits of Change*, New York : Columbia University Press, 1999.
Hazan, Reuven Y., and Gideon Rahat, "Candidate Selection : Methods and Consequences," in Richard S. Katz and William Crotty (eds.), *Handbook of Party Politics*, Thousand Oaks : Sage, 2006, pp. 109–121.
Hrebenar, Ronald J., *Japan's New Party System*, Boulder : Westview Press, 2000.
Johnson, Stephen, *Opposition Politics in Japan : Strategies under a One-Party Dominant Regime*, New York : Routledge, 2000.

Kawamura, Kazunori, "The Turnover of Regime and LDP *Keiretsu* Realignments," a paper delivered at the 1st International Conference of the Korean Association of Party Studies, Seoul, 2010, October 8.

Kohno, Masaru, *Japan's Postwar Party Politics*, Princeton, New Jersey : Princeton University Press, 1997.

Krauss, Ellis S. and Robert Pekkanen, "Explaining Party Adaptation to Electoral Reform : The Discreet Charm of the LDP?" *Journal of Japanese Studies*, 30 : 2004, pp. 1–34.

Nemoto, Kuniaki and Shunsuke Hamamoto, "Changing Determinants of Home Style," a paper delivered at the annual meeting of the Japanese Political Science Association, Nagoya, 2010, October 9–11.

Reed, Steven R., "Evaluating Political Reform in Japan : A Midterm Report," *Japanese Journal of Political Science*, 3 : 2002, pp. 243–263.

Scheiner, Ethan, *Democracy without Competition in Japan : Opposition Failure in a One Party Dominant State*, New York : Cambridge University Press, 2006.

Taniguchi, Naoko, "Diet Members and Seat Inheritance : Keeping It in the Family," in Sherry L. Martin and Gil Steel (eds.), *Democratic Reform in Japan : Assessing the Impact*, Boulder : Lynne Rienner Publishers, 2008, pp. 65–80.

Weiner, Robert J., "Prefectural Politics : Party and Electoral Stagnation," in Sherry L. Martin and Gil Steel (eds.), *Democratic Reform in Japan : Assessing the Impact*, Boulder : Lynne Rienner Publishers, 2008, pp. 151–173.

［謝辞］　本章は、二〇〇八年度日本選挙学会分科会（東京）、および二〇一〇年第一回韓国政党学会国際カンファレンス（ソウル）における河村の報告論文を、竹田の協力を得て大幅に加筆修正したものである。報告において有意義なコメントをいただいた谷口将紀先生（東京大学）、朴喆熙先生（ソウル国立大学）、金基石先生（江原大学）、チュン・ジンミン先生（明知大学）に記して感謝申し上げたい。なお本章は、科学研究補助金基盤研究（B）「政権交代期における選挙区政治の変容に関する実証的研究（研究代表者：品田裕・神戸大

学、課題番号22330044）」の成果の一部である。

# 第8章　全国唯一の民主党候補空白選挙区
## ――沖縄県選挙区――

照屋寛之

## 1　民主党の衰退現象

### 民主党への不信の連鎖

二〇〇九年衆院選では、自民党への政治不信、政策不信から、無党派層を中心とする多くの有権者が、その政治手腕、政権担当能力は未知数であった民主党を支持した。選挙の結果、民主党は史上空前の圧勝を成し遂げ、政権交代を実現した。それは、まさしく劇的というべき政治的な激変であった。沖縄でも、有力な自民党議員が新人にあっけなく敗北するということが見られた選挙であった。

ところが、民主党への国民の期待は、長くは続かなかった。「政治とカネ」の問題、沖縄の基地問題に対する解決能力のなさ、マニフェスト実現能力のなさ、その他にも民主党に突きつけられた政治課題への対応能力のなさから、有権者が民主党を見放すのに長い時間は必要なかった。民主党への大きな期待は、瞬く間に失望へと変わってしまった。巷間伝えられるように、有権者は必ずしも民主党の政策を全面的に支持したわけではなく、「国民の多くが自公政権に『ダメ』をだした」という側面が強かったのではないか[1]。二〇一〇年参院選でも同じことが起こった。つまり有権者は自民党を許したわけではな

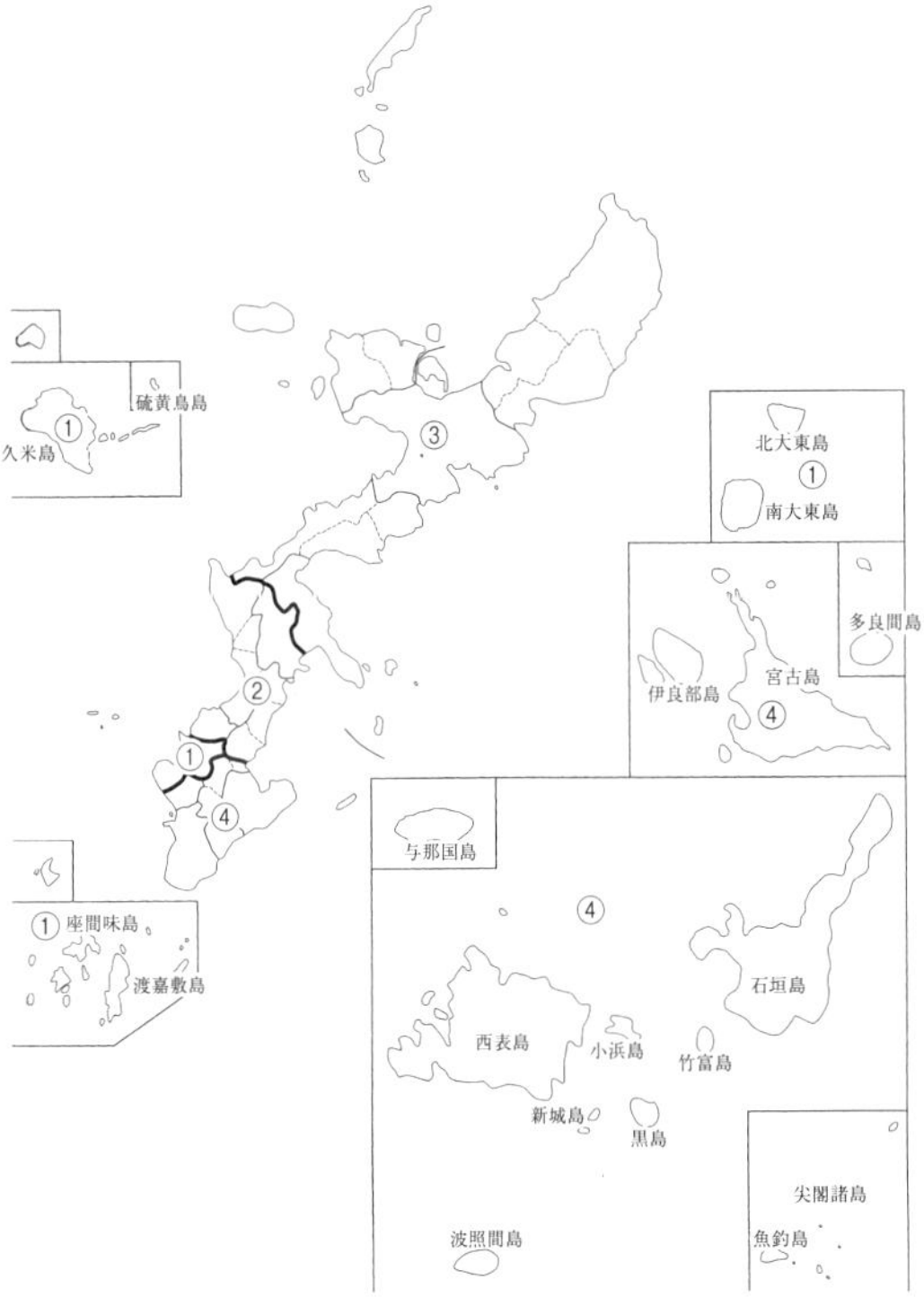


図8 1　衆議院小選挙区（沖縄県）

**表8-1　沖縄県選挙区選挙結果**

| 沖縄県選挙区　改選：1 | | | | | | | | |
|---|---|---|---|---|---|---|---|---|
| | 得票数 | 氏名 | 年齢 | 党派 | 推薦 | 新旧 | 当選回数 | 代表的肩書 |
| 当 | 258,946 | 島尻　安伊子 | 45 | 自 | | 現 | 2 | 参議院運営委員 |
| | 215,690 | 山城　博治 | 57 | 無 | 社民・社大 | 新 | | 沖縄平和運動センター事務局長 |
| | 58,262 | 伊集　唯行 | 59 | 無 | 共 | 新 | | 内科医師 |
| | 10,832 | 金城　竜郎 | 46 | 諸 | | 新 | | 幸福実現党員 |

出所：総務省ホームページより作成。

いが、自民党が三八議席から五一議席に伸びた。「消費税増税に関する菅首相の発言で票を落としたが、それだけではない。民主党は信用できないという意識が有権者の底流にあった[2]」との指摘もある。今や有権者にとって民主党と自民党が政権担当政党であり、自民党の政策、政権運営に不満があれば民主党に投票し、民主党に不満があれば自民党に投票する。かつてのように政権担当政党は自民党だけではなく、有権者によって政権選択ができるようになったということであろう。

そのような中で迎えた二〇一〇年参院選で、民主党は五四議席から四四議席へと、大きく議席を減らした。特に沖縄で民主党が信用を失くした理由として、基地問題への対応が考えられる。沖縄選挙区では、本来なら民主党候補者が選挙区から出て、普天間問題の是非を有権者に問うべきだったにもかかわらず、基地問題への取り組みに対する有権者の審判を回避し、民主党は全国で唯一、候補者さえ擁立できなかった。基地問題への対応がいかに選挙に影響を与えるかを印象づけた結果であった。

本章においては参議院の沖縄選挙区を取り上げ、どんな選挙戦が行われ、なぜ政権党である民主党が全国で唯一、候補者さえも擁立できなかったのか、そのことが選挙にどんな影響があったのか、また、公認・推薦候補もいない選挙で民主党はどのように参院選に関わったのか。これらについて、現職の自民党の公認候補島尻安伊子と、社民党と社大党推薦の山城博治に焦点を当てて考えたい。

## 市町村長選での民主党の不振

二〇〇九年八月三〇日に行われた衆院選では、自民党への不信、民主党への期待で民主党旋風が沖縄でも起こり、三、四区の選挙区で自民党現職が民主党新人に敗れ、自民党は衆議院での全議席を失った。このような事態は一九七〇年の国政選挙以来初めてのことであった。ところが、その後の沖縄における首長選挙で民主党に勢いはなく、他党とともに推薦する候補者の落選が目立った。

首長選挙での民主党の衰退ぶりについて一瞥してみたい。(1)名護市長選（二〇一〇年一月二四日）では、民主党推薦の候補が自公の候補に勝利した。[3] (2)八重瀬町長選（二〇一〇年一月二四日）では、民主党推薦の候補が当選した。[4] (3)南城市市長選（二〇一〇年一月三一日）では、中央での民主党の人気もあり、二〇〇九年衆院選で当選した瑞慶覧長敏議員（民主党）の全面支援を受けたにもかかわらず、民主党支持の候補は自公の候補に敗れた。[5] (4)石垣市長選挙（二〇一〇年二月二八日）でも、民主党推薦の五期目を目指した現職候補が自公の新人候補に敗れた。自民党は二〇〇九年衆院選での県内全区落選という危機感をバネに小泉進次郎、石原伸晃ら人気の高い国会議員を応援に投入した。[6] 自民党の大島理森幹事長は、与野党対決を制した同市長選について「国民の間に『政治とカネ』問題など鳩山政権や民主党に対する疑惑と不信がある証しだ」と述べた。[7] (5)南風原町長選（二〇一〇年四月一九日）では、民主党推薦の候補が自公候補に敗れた。(6)沖縄市長選（二〇一〇年四月二五日）では、民主党は当選した現職の東門美津子の推薦を見送ったが、沖縄市を地盤とする同党の玉城デニー衆議院議員の全面支援により痛手を最小限にとどめた。[8] (7)豊見城市長選（二〇一〇年一〇月一一日）では、民主党県第四区総支部が支持した候補者を支援したが自公の候補に敗れた。[9]

このように、衆院選後の市町村長選では全くふるわず、実際に民主党が推薦して当選したのは名護市と八重瀬町だけという、衆院選での圧勝ぶりからは想定できない惨敗ぶりである。そして、その後もふるわないまま、参院選を迎えざるを得なかった。

## 2　鳩山発言と参院選への影響

沖縄において、二〇〇九年衆院選における民主党への勢いがあれば、参院選においても民主党を中心とする反自公勢力が勝利するのではないかと思われた。しかし、実際は前述したように、衆院選後の市町村選挙で民主党が支持・推薦する候補者が次々と落選し、民主党の求心力に翳りが見え始めた。参院選が近づくにつれて、民主党への一年前の追い風は、徐々に逆風に変わりつつあった。

特に、沖縄で民主党への期待が怒りに変わった大きな要因は、基地問題への対応の拙さであった。二〇〇九年衆院選で鳩山由紀夫民主党代表（当時）は、普天間飛行場の移設先を、実行可能性があるかどうかも確かめずに、「最低でも県外」と県外移設に前向きな発言をした。[10]次期政権党の党代表の発言であるだけに、県民が大きな期待を抱いたのも無理はない。ところが、政権を担当することになるや、移設先を模索・検討はしたものの、表8-2に見るように、迷走の挙げ句、最終的には沖縄県内になってしまった。[11]その決定プロセスにおいて、沖縄県、地元名護市の意見を全く無視し、頭越しにアメリカ政府と決定し、日米共同声明をまとめてしまった。[12]

このことで沖縄県民はもちろんのこと、全国的に厳しい批判を受けて、鳩山首相は退陣を余儀なくされた。その後継となった菅直人首相は、日米共同声明を全く見直すことなく、早々に踏襲することを表明した。地域主権を掲げる民主党政権は、菅内閣発足後「地域主権戦略大綱」を閣議決定し、目指す国のかたちとして、「国と地方が対等なパートナーシップの関係にあることを踏まえ、国が一方的に決めて地方に押し付けるのではなく、地域の自主的判断を尊重しながら、国と地方が協働してつくっていく」と明記している。ところが、普天間飛行場の移設先の決定は、全く地元の声を軽視したものであり、新基地建設を受け入れられない沖縄の有権者にとっては、「地域の自主的判断を尊重」しているとはいえないことは明白で、地域主権改革が空々しく響くだけであった。[13]そのことは、沖縄の参院選のあり方にも大きな影響を与えることになった。

表8-2　基地移設をめぐる鳩山首相の迷走発言

| 年月日 | 発言内容 | 場所 |
|---|---|---|
| 2009年<br>7月19日 | 「県外移設に県民の気持ちが一つならば，最低でも県外の方向で，われわれも積極的に行動を起こさなければならない。」「日米政府の合意を『何も変えてはいけない』と地元に押し付けるのは，違うと思う。」 | 沖縄市民会館での選挙応援演説で |
| 9月24日 | 「私の（国外，最低でも県外という）ベースの考え方を変えるつもりはない。」 | 米ピッツバーグでの記者団との懇談で |
| 11月13日 | 「トラスト・ミー（信頼して）。」 | 来日したオバマ米大統領との会談で |
| 12月4日 | 「辺野古は（移設先の選択肢として）生きている。」 | 公邸前で記者団に |
| 12月15日 | 「辺野古でない地域を模索し，できれば決める状況を何としてもつくり上げていきたい。」 | 官邸で記者団に |
| 12月25日 | 「来年5月までに新しい移設先を含めて決定したい。」 | 米軍普天間飛行場移設問題についての記者会見で |
| 12月26日 | 「米軍の抑止力の観点から，グアムに普天間のすべてを移設させるのは無理があるのではないか。」 | 民放ラジオ番組収録で |
| 2010年<br>3月31日 | 「関係閣僚と共有する政府原案の『腹案がある』。」「（現行案は）地元と本当の意味での同意が取り付けられていなかった。新政権になり，現実可能でない案とわかった。」 | 党首討論で |
| 4月2日 | 「徳之島を全力で追求したい。」 | 関係閣議で |
| 4月24日 | 「辺野古の海に立てば，埋め立てられることは自然への冒涜だと大変強く感じる。現行案を受け入れるという話はあってはならない。」 | 出先で記者団に |
| 4月28日 | 「一体的な（県外）移設は困難。負担を少しでも軽減させたい。」 | 都内で徳田虎雄元衆院議員との会談で |
| 5月4日 | 「（県外移設は）政府独自に可能性を考えたもので，自治体との調整は必ずしもしていない。」「すべて県外というのは現実的に難しい。沖縄に負担をお願いしなければならない。」 | 沖縄県庁で仲井真弘多知事に |
| 5月4日 | 「学べば学ぶほど（海兵隊の各部門が）連携し抑止力を維持していることがわかった。」 | 沖縄県内で記者団に，宜野湾市での集会で |
| 5月23日 | 「名護市辺野古の付近にお願いせざるを得ないとの結論に至った。」 | 沖縄県庁で仲井眞知事に |
| 5月28日 | 「沖縄の基地問題解決に取り組み続けることが自分の使命だ。」 | 記者会見で |

（出典）『琉球新報』2010年6月3日を基に筆者作成。

## 3　民主党の候補者擁立断念

### 沖縄県選挙区の構図

参議院沖縄県選挙区（改選二）は、二期目を目指す自民党現職・公明党県本部支持の島尻安伊子に、社民党、社大党推薦の沖縄平和運動センター事務局長・山城博治、共産党推薦の沖縄医療生協前理事長で医師の伊集唯行、幸福実現党員の金城竜郎の三人が挑むという形の選挙であった。県政与党側は、現職の島尻に当初から一本化していたので、人選の問題は全くなく、自民党公認、公明党推薦でまとまっていた。

ところが、対する野党側は、人選に相当の時間とエネルギーを割かなければならなかった。その間の事情を山城は次のように語っている。「連立を組んだ当初の志を忘れないで沖縄の基地を軽減しようと、県民と力を合わせて努力しようというのであれば、そして中央の民主党政府と沖縄の勢力とがドッキングして自民党と戦うというのであれば、候補者の人選は混迷することなく、簡単にできた。実際には民主党がねじれて、『基地反対を訴える候補者は民主党本部としては推薦できません』となった途端に候補予定者は皆消極的になってしまった。民主党と戦い、自民党と戦い、社民、共産、社大だけで選挙することになる。しかも既に共産党は独自候補を擁立しており、そうなれば社民、社大の二党で戦うしかないことになった。このような選挙に誰が立候補するか。候補者の擁立は難しかった。しかし、誰かが責任を取って立候補しなければならなかった[14]」。

まず、二〇〇九年一一月に候補者として民主党、社民党、社大党[15]などの県議会議員、市議会議員の名前が挙がり、その中から社大党の喜納昌春が社大、社民、民主の三党統一候補となることがいったんは決まった[16]。ところが、後に詳述するように、党本部からの正式な公認候補決定が先延ばしになり、これでは選挙期間もなくなり、戦えないのではないかということで辞退せざるを得なかった。

そして次の候補者として民主党那覇市議会議員の花城正樹が候補に挙がった[17]。そのような中で、花城は立候補を視野に入れ、その思い、選挙への取り組みについて次のように語った。「石井一選挙対策委員長が沖縄にみえた時に民主党の参議院候補としての公認をしっかり調整するとの確認をした。その時点で選挙の準備はスタートしていた。沖縄のことは沖縄で決めていく趣旨のキャッチフレーズなどは考えていた。普天間の移設問題についても、かつて小泉首相が『自民党でもぶっつぶす』と訴えたように、同じ政党内でしっかり主張しなければならない。さらに、これから先一〇年の沖縄の経済振興策も作成しなければならない。政治に無関心な若者をいかに引きつけるか、等について関係者や広告代理店の方も一緒になって考えた[18]」。

民主党も花城を公認するかに思えたが、なかなか調整はうまくいかず、民主党県連としても擁立を諦めざるを得なかった。花城は辞退の理由を次のように語っている。「⑴民主党本部と普天間基地の移設で一致点を見いだせず、公認をもらうことが難しかった。⑵社民党、社大党が無所属の山城博治さんを候補者として擁立したので、民主党県連としては今後の協力関係のことも考えて擁立を見送ってもよいということになった。民主党県連の考え方としては、市議とか県議とか政党色のある候補者が出たら、民主党としても擁立して戦うしかないと思っていた。山城さんという政治家ではない方が候補者になったので、社民党の努力を認めようと擁立を断念した。⑶党本部が普天間基地の辺野古移設を決定している中で、公認候補として立候補し、沖縄選挙区で民主党の候補者が辺野古移設反対を訴えても、有権者がそのことをもはや信用しないので選挙は負けるのではないかとの不安もあった。落選したら、しかも大負けしてしまったら、民主党に対するイメージがさらに悪くなるという懸念もあった[19]」。

紆余曲折の末、最終的に共産党を除く野党側は沖縄平和運動センター事務局長の山城を擁立することになった。山城は社民党、社大党、自治労県本部、沖縄平和センター四者共闘の統一候補として擁立された[20]。他の候補者としては共産党の伊集、幸福実現党の金城もいたが、これまでの過去の選挙結果からして共産党の得票は四～五万票であり、金城は二〇〇九年の衆院選の得票数からしても実質的には泡沫候補であった。そのため、選挙戦ははじめから実質的に島尻と山城の一騎打ちの構図であった。そこで本章では、島尻と山城の戦いを中心に論じたい。

四人の候補者のうち、島尻、山城、伊集は米軍普天間飛行場の名護市辺野古移設を決めた日米共同声明への対応や、消費税増税の是非、経済・雇用対策、子育て支援策などをめぐり熱く論戦を繰り広げた。一方で、沖縄は政権与党の民主党の公認、推薦候補がいない全国で唯一の選挙区となり、政権評価の争点が薄れる異例の展開となった。現職の島尻が沖縄で唯一となった自民党の国会議席を死守できるか、あるいは、革新政党の推薦を受けた山城、伊集が議席を奪取するかが、選挙戦の焦点のひとつになった。一一月の県知事選の行方を占う前哨戦としての位置づけも強まった[21]。自民党は、二〇〇九年の衆院選で全議席を失ったので、沖縄で唯一となった国会議席の死守を掲げて選挙戦を戦った。米軍普天間飛行場の名護市辺野古移設を方針とする日米合意直後の選挙で、普天間問題への対応が大きな争点になるはずであったが、実際の選挙戦では島尻、山城、伊集は基地の県内移設反対を唱え、有権者から見て明確な争点にはなりづらかった。

### 民主党候補者擁立断念の背景

民主党は全選挙区で唯一、沖縄で公認・推薦候補を擁立しなかった。民主党県連は今回の参院選沖縄県選挙区で当初、移設問題への態度を明確にするために「県外・国外移設」を主張する独自候補を検討した。その結果、県連は、前述したように当初参議院沖縄県選挙区に那覇市議の花城正樹を擁立する方針を固め、喜納代表が小沢前幹事長と会い、その公認に協力・理解を求めていた。ところが、党本部では他党との選挙協力関係や普天間飛行場移設問題への対応をめぐり、公認候補擁立に慎重な意見があったようである。[22]民主党は「地方分権」「地域主権」を唱えながら、永田町の言うことを聞かないと、絶対につぶそうとする。候補者擁立をめぐっては、理念と現実が乖離した政党であったかもしれない。政党の意識こそ「地方分権」しないといけないのではないかとの声も聞こえてきそうである。この経緯を詳細に見てみたい。

### （1）世論調査に見る県民の声

政府は普天間基地の移設先を県外と主張し、その移設先を県外で検討したものの、他府県での受け入れ先がなく、結果的に辺野古に回帰した。ところが、沖縄県民の県外移設の要求はますます強くなり、また二〇〇九年衆院選で民主党の玉城デニー衆議院議員、瑞慶覧長敏衆議院議員は、県外移設を強く訴えて当選していた。同時に、今や沖縄では、県民の八割が県外・国外移設を要望しており、県民の総意となっているといっても過言ではない。琉球新報社と毎日新聞社は、米軍普天間飛行場を名護市辺野古に移設することで合意した日米共同声明を受け、緊急の世論調査を行った。辺野古移設に反対との回答が八四％にのぼり、賛成は六％にとどまった。県内移設反対の根強い県民世論が表れた形となった。二〇〇九年一〇月に行った調査から反対が一七％上昇した。反対した人の半数以上が県外や国外への移設を求め、「無条件撤去」の回答も二八％に達した。[23]さらに、選挙一週間前の世論調査では、県内移設反対は七九・一％で、前回参議院選時の六三・一％、二〇〇九年衆院選時の五五・六％からかなり増加していた。[24]

このように基地の県内移設への県民の反対が明確になった中で、たとえ民主党本部が県内移設を決定したとしても、このことを容認して民主党の候補者が選挙戦を戦うことはほとんど不可能に近い政治状況であった。

（2）候補者をめぐる県連と党本部のねじれ

民主党県連としても県外移設を訴えるのはごく当然なことであった。ところが、政府は辺野古移設を決定しており、県連と党本部の間は普天間飛行場の移設をめぐって修復不可能なねじれ現象が生じた。党本部として辺野古移設反対を唱える候補者を公認できないということになった。結果的に、沖縄の民主党県連は党本部の強い意向を受けて候補者擁立を断念せざるを得ず、県民の期待に応えることができなかった。この経緯を詳細に見てみたい。

鳩山首相在任期間は、まだ県外移設を模索し、石井一選挙対策委員長も県外移設にあまりこだわっていなかったので、市議会議員の花城に決まりそうであった。ところが、「鳩山首相が辞任し、菅首相になり、日米合意も踏襲した。そのような中で、選挙対策委員長が石井さんから安住淳さんに替わった頃から党と政府が辺野古移設を強く主張するようになった[25]」。山内末子県議と喜納昌吉民主党代表が安住淳選挙対策委員長にお願いに行った。その中で言われたことは、「辺野古への移設をよしとした候補者でないと党本部としては公認できない」との強圧的な姿勢になり、沖縄県連の声を受け入れる態度ではなかった。しかし、果たして現在の沖縄の政治状況で、基地の県内移設を訴えて本当に選挙が戦えるのか。民主党本部の認識の甘さには、民主党支持者をはじめとする多くの有権者があきれるばかりであった。そのとき山内県議は、「喜納昌吉も県外移設を訴えて選挙戦を戦いますよ」と言ったが、安住委員長は、「喜納は比例だから全国のこともやる。沖縄に特化した政治家ではないので、喜納は喜納の選挙方法でやればいい。またそんなに沖縄の基地のことを県外で言うわけでもないので、喜納の場合とは分けて考えないといけない」と、党本部としては、「喜納昌吉についてはある意味で目をつぶる(26)」と言われた。このように、党本部の対応に一貫性は全くなかった。党本部としては、沖縄県選挙区で辺野古移設反対の候補者が当選するよりは、自民党の島尻が当選した方が望ましいと考えていたのではないかとの疑念さえ出てくる。

沖縄県連としてはそれでもずっと交渉を続けながら、直前まで様々な候補者を模索した。ところが挙がってきたどの候補者も党本部の意向に沿うことはできず、結局、「比例で喜納が民主党県連としては県外を主張する選挙を沖縄でやっていく、選挙区の擁立は断念することになった(27)」。民主党も政権をとったらかつての自民党政権と同様にアメリカとの安保体制を尊重するようになり、沖縄県民の意向を軽く考えるようになっていることが候補擁立を通して明らかになった。

県連にとっては、県外移設を要求する候補者を立てることによって、その報復に「喜納が比例の名簿登載でどのようになるかわからなかったので、何が何でも一議席は確保しなければならないということが大前提であったので、県連は党本部に従わざるを得なかった(28)」。

県連独自に社民党や社大党が推す山城博治への推薦や支援を表明する案も検討されたが、党本部との関係悪化を懸念する声もあったことから、最後まで態度を表明することはなかった。二〇〇九年の衆院選で、民主党は鳩山代表（当時）が、「最低でも県外」との「公約」を掲げ、県内でも初めて二人の国会議員が誕生したことは極めて画期的であった。ところが、参院選では、党本部や政権が「県内移設」に舵を切る中、県連が有権者への負託に対して対応をとってきたとはいい難い(29)。政党としてのあるべき姿が問われる選挙であった。

### (3) 民主党の対応への批判

このような参院選への民主党の対応に、多くの批判が出たのは当然であった。「支持者から、もう民主党には期待もしないし、きちっと皆さんがはっきりとしたことを言わない限りはもう二度と民主党を応援しません(30)」といったファックス、メール、電話が多かったようである。仙石由人官房長官は、参議院沖縄県選挙区で民主党が候補者擁立を見送った理由について、「米軍普天間飛行場移設問題に対する政府、民主党の方針を改めてつくるために戦いを放棄した方がいいと政治判断した(31)」と説明したが、沖縄県民、有権者を納得させるには程遠く、単なる言い訳として空しく聞こえるだけであった。国政レベルの選挙に候補者を擁立しないことは、「国政に関与しないでいいということだろうか」。「最低でも県外」を断念した理由が未だ判然としないうえ、選挙で民意すら問わないまま押し切ろうというのか。そんな虫のいい話がうまくいくわけがない(32)。

各党は次のように手厳しく批判した。候補者を擁立できなかったことに対して、県議会議員で政党そうぞうの當間盛夫代表は、「一番情けない。民主党県連はもっと責任を感じないといけない。普天間問題で鳩山さんが辞め、県連は県内移設反対で党本部と政策が一致していない。代表自身が選挙区から出て県民に諮るべきだった(33)」と語っている。自民党沖縄県連の新垣哲司会長は「公約を一つも実現できず、惨敗するとみたのだろう。普天間問題のある沖縄は重要選挙区であり、堂々と擁立し県民の審判を仰ぐべきだった。これが民主党政権の姿かと情けなくなる(34)」と、敵前逃亡した民主党を手厳しく批判した。参議院沖縄県選挙区に立候補している島尻安伊子の選挙応援で来県した自民党の大島理森幹事長は、「民主党が沖縄で公認候補を出さなかったことは、普天間移設問題からの逃げだ。有権者の審判を仰がず、県民の選択肢を奪っている(35)」と責めた。

このような候補者擁立をめぐる民主党の対応に、有権者はもちろんのこと、各党からも批判の矢が相次いで飛んできたが、民主党にはこれに迎え撃つ方策は何もなく、政権党としての無様な姿を有権者の前にさらけ出すことになった。これは、単に県連と党本部の政策が不一致であったから候補者擁立を断念したということで片付けられるものではない。自民党の島尻は、これまで自民党が進めてきた辺野古案に反対し、普天間基地の県外移設を訴えて選挙戦を戦った。このことと民主党の対応はあまりにも対照的であった。

### 与党不在と低投票率

重大懸案である普天間飛行場の移設問題を抱えた中での選挙だったが、参院選沖縄選挙区の投票率が補選を除く全県規模の選挙で過去最低の五二・四四％にとどまり、前回の参院選を七・八八ポイントも下回り、参院本選では過去最低となった[36]ことは、深刻に受け止めなければならないであろう。有権者の一層の政治離れを示す一方、全国で唯一、しかも政権与党である民主党の公認・推薦候補者不在が及ぼした影響の大きさを物語っている[37]。参院選の焦点のひとつが政権への評価だっただけに、選挙区から民主候補者が出馬しないことで、無党派層の関心が全国以上に薄れたことは否めない[38]。

争点に挙がる普天間飛行場の返還・移設問題では、主要三候補とも名護市辺野古への移設には反対しているため、名護市を中心に選挙への関心が低く、態度を決めていない有権者が多くなっていた。ちなみに名護市の投票率は、五二・六〇％で二〇〇九年の衆院選の投票率六二・九七％よりもかなり低くなった。「だれが勝っても国政野党という構図だった。与党でないだけに政策の実現性があまり期待できないということが、関心を低下させることにもなった[39]」ともいえる。これまでは候補者は国政の与野党から立候補したものであった。今回の参院選は、初めてこのように「だれが勝っても国政野党」という、これまでにない珍しい選挙であった。「過去の選挙と比べると、各陣営は固定票は押さえたが、無党派層の掘り起こしが弱かった」[40]ことも投票率の低下につながった。「本来であれば、候補者を擁立して、民主党が沖縄問題にどのように取り組むべきかを示す必要があった。普天間飛行場の移設問題で、県連が県外・国外移設を訴えることに対し、党本部の理解が得られず断念した」[41]。当選した島尻は、投票率の低下について「民主党が候補者を立てられなかったということが第一」だと述べた[42]。

## 4　選挙協力

### 自公の選挙協力

自公政権時代は、自民党と公明党の選挙協力が盤石であったことはいうまでもなく、公明党の協力なしには選挙戦を戦えなくなった自民党議員もかなりの数に上っていた。確かに野党になって、全国的には若干距離を置いて、それぞれの立場で努力することになっている。しかし、こと沖縄については、自公連立の走りになったということもあって、九八年に沖縄市長選挙で初めて自公で選挙を戦ったことがきっかけとなり、その年の秋に県知事選挙があって、保守系の稲嶺惠一候補を支援する形で自民党と連携した。そしてその後、九九年には自公政権が誕生したという経緯もあり、自公連携はさらに密になり、時には沖縄の自公協力はそのモデルケースといわれることもあった。このようにこれまでの沖縄における自公の選挙協力は非常にうまくいっていたといえる。野党になっても、沖縄の選挙では国政選挙をはじめほとんどの選挙で協力しながらやってきている。

今回の沖縄の参院選において、自民党公認の島尻陣営が頼りにしたのが、公明党の支持母体である創価学会の基礎票と動員力だったのは当然であった[43]。公明党県本部は島尻後援会と政策協定を結び、選挙区での支持を表明した。その見返りに、比例代表では県本が重点候補とする秋野公造への投票を求める、選挙区と比例区のバーター共闘で選挙戦に臨んだ。しかし、実際の選挙戦になると、公明党サイドからは「こっちは選挙区で島尻氏の票を出しているのに、自民が比例で秋野氏をやっていないのがはっきりわかる。頭にくる」[44]と不満の声が聞こえることもあった。このことについて県議会議員の金城勉公明党県本幹事長は、次のように語っている。「お互いの立場の違いがあるから、一部そのような声があるのはわかるが、すべてではない。実際に選挙運動している運動員が、自民党支持者のところに行って公明党の比例区の秋野候補者への投票を頼んでも、自民党の支持者の中には『自分は医師会、建設業界からすでに頼まれている』ということで公明党候補への依頼を断られることもある。そういう声に対して『何だ！』というのは、必死に一票一票数えている運動員の立場からすると、『公明党は自民党に協力しているのに、公明党に協力してくれない』という声が一部出るのはやむを得ない。しかし、そのようなことがあっても自公協力のなかで大局的に考えるならば、自民党の比例票を全部公明に囲い込むということは所詮無理だと理解すべきである」[45]。

一方、自民党も三五人の比例候補を擁立しており、県内にも職業・個人的なつながりで後援する議員や団体は多い。街頭では自民党の比例候補のポスターやのぼりが散見された。自民党沖縄県連幹部は「支持団体から『公明だけを応援していいのか』との批判もあった。自民票を伸ばすべきだという身内からの突き上げが一番つらい」[46]と語る。「選挙協力のあり方で、『選挙区自民・比例公明』ということについては、そう単純にはいかない。自民党にもそれぞれの比例区候補がおり、自民党の場合、縦割りで協力依頼が来るから、例えば医師会、看護連盟関係の候補者とか、そういうところもあるけれども、そこを乗り越えて、我々もそういう相手の事情も理解しながら、なおかつ、県内でのそういう関係以外の自民党票をつないでいく必要がある。根こそぎこっちにくれということはできない。そういう自民党の事情も理解して、なおかつ公明党としても協力するから、自民党の状況を踏まえながらも、協力できるところで協力し合っている」[47]と、金城幹事長は選挙協力のあり方を述べた。

選挙期間中は、自民党も公明党もひとりでも多くの候補者を当選させようと必死の思いで戦っており、時に自公の間で疑心暗鬼になることもあったが、最終的には選挙区で、島尻は山城に四万三〇〇〇票差をつけての圧勝で再選された。秋野も比例で県内最多の七万七〇〇〇票を集めるなどして初当選した。池間幹事長は「結果を見ればバーターはうまくいった」と総括する。[48]金城幹事長も「実際、選挙を終わってその数字を見れば、自前でできる部分と出た結果を見れば、どの程度の選挙協力があったのかがわかる。そこを互いに理解し合ったうえで協力していかないと成り立たない」[49]と述べ、選挙協力がうまくいったことを確証した。

島尻自身は、「そもそも三年前の補欠選挙では自民党、公明党の推薦であった。二つの党あっての私の議席だと思っている。連携はうまくいったと思っている。自公協力という立場で一〇人の自民党公認の候補がいたとしたら、一〇人の自民党公認候補と公明党の〇〇さんをお願いしますというように運動している。とはいうものの、実際の現場ではなかなか難しいものもあるのではないか」[50]と語っている。

### 野党の選挙協力

かつての野党の選挙協力は「革新共闘会議」方式[51]といわれ、うまく機能して三大選挙を戦ってきた歴史がある。ところが、最近の革新側の共闘は、うまくいっていないのが実情である。今回の選挙でも、共産党は早々に候補者を擁立し、独自の戦いを展開した。残る野党で候補者の調整をしたが、これもうまくいかず、最終段階になって前述した理由で山城が立候補したが、民主党は推薦もせず、自主投票であった。結果的に、社大党と社民党を中心に戦わざるを得なかった。

普天間移設問題の対応をめぐり党本部と県連のねじれが明らかとなった民主党の枝野幸男幹事長（当

時）は、社民党との選挙協力について「（普天間の）内閣の方針と一致しなければ、他党の人を応援するのは難しいのが原則だと思う」と述べた。しかし、民主党沖縄県連のある幹部は、「県内の民主支持層のほとんどは山城氏を支持するだろう」と指摘し、たとえ民主党が正式に山城を支持しなくとも、自主投票の中で実質的には山城を応援する意向を示した。(52)

民主党の参院選選対本部は選挙を目前にして六月一四日、同党県連が、沖縄選挙区での独自候補の擁立を断念したことを受け、自主投票とする方針を固めた。民主党県連は一一月の知事選での県政野党の共闘をにらみ、社民党が推薦を予定している沖縄平和運動センター事務局長の山城博治氏を支援することも検討していた。しかし、民主党本部幹部は「与党の責任として、（民主党の米軍普天間飛行場移設問題の方針と異なる）県外と言っている人と共闘できない」と難色を示した。(53) 大方の有権者からすれば、「比例は喜納、選挙区は山城に」と選挙協力すれば、喜納の比例区での票、山城の選挙区での票も伸びるとの期待はあった。しかし、民主党県連は党本部を恐れて最後まで民主党との協力関係は構築できなかった。その間の事情を喜納は次のように語っている。「山城氏を県連が応援したら私の公認を取り消すと、安住淳選対委員長に脅されている」「投票日まで政党が比例候補の公認を取り下げることができる。県連で山城支持を表明することはない。投票が終わるまで黙るしかない」。山城を応援し、選挙協力したいものの、党本部の意向・方針には逆らえなかったようである。(54) ところが、そのような中でも民主党議員の中には堂々と山城の応援をした議員もいた。

民主党は最終的判断として自主投票となった。しかし、「自主投票とはいっても温度差はあった。誰も島尻を応援することはなかった。自民党に流れたということはない。ただ山城さんを応援する度合いは議員個人によって大きく違ってはいた。自分一人の一票という人もいたであろうし、家族も山城に入れた人もいたであろう。マイクを持って応援した議員もいた。私は積極的に応援し、『選挙区は山城、比例は喜納に』と訴えた。結果的に私の支持者も山城に投票した人が多かったのではないか。瑞慶覧さん（民主党衆議院議員）も山城さんの応援を積極的にやった。瑞慶覧さんのバックはもともと社大系が多かった。本気でマイクを持って山城氏を応援したのは私と瑞慶覧さんであった(55)」と、山内県議は選挙を振り返った。

## 5　選挙結果

### 得票の構図

二〇〇九年衆院選のように民主党への追い風・人気があったならば、島尻は苦戦し、自民党は沖縄唯一の国政議席を失うところであった。ところが衆院選での自民党の惨敗が嘘のように、島尻は二〇〇七年参院選と同様に、どの選挙区においてもほぼ安定した戦いをしたことが投票結果から明らかになった。二〇〇七年の参院補欠選挙では、金城宏幸（無所属）も立候補はしているが、九一四二票（得票率約一・八％）で、実質的に島尻と狩俣吉正の一騎打ちであった。ところが二〇一〇年参院選では、共産党も立候補し、五万八二六二票（得票率約一〇・三％）で、両選挙の得票率を単純に比較することはできない。島尻は沖縄本島内はもちろんのこと離島地域までもくまなく選挙運動を展開することができたので、全県的に満遍なく得票した。

得票率で二〇〇七年と一〇年の参院選を比較してみると、島尻は二〇〇七年の選挙では、五市町村で七〇％以上、七市町村で六〇％以上、一七市町村で五〇％以上を獲得した。二〇一〇年の選挙では、一村で八〇％、九市町村で六〇％以上、一三市町村で五〇％以上獲得するという圧勝であった。

島尻は県内四一市町村のうち三四市町村で得票率がトップとなり、山城は七市町村でしか島尻を抑えることができなかった。得票率では島尻が四五・九八％（前回は五一・一四％）、山城は三八・二九％であった。島尻、山城の両候補で八四・一％を獲得しており、伊集は一〇・三五％、金城は一・九二％で、伊集、金城は他党支持者からの得票はほとんどなかった。沖縄の選挙区は大きく分けて北部、中部、南部、宮古・八重山の四地域に分かれている。これらの地域での島尻、山城両候補の得票率について概観する。

沖縄の全県レベルの選挙では、有権者のおよそ四割が住む那覇地域を制す者が、選挙戦を有利に展開することになる。島尻は現職参議院議員の知名度に加え、那覇市議会議員の経験もあり、序盤から山城を終始リードして、無党派層の多い大票田で手堅く票をまとめることができた。中部地域は、山城の出身地でもあり、山城が善戦した。北部地域は基地の移設先なので、どのような戦いになるのか注目されたが、島尻が一二市町村中、一一市町村で最多得票となり、得票率は五九％にも達した。名護市議会議員一五人が支持を表明し、市議会議員を先頭にしたローラー作戦を展開し、さらに期日前投票に力を入れた。ちなみに名護市、北部地域の期日前投票は二九・二％で、かなり高かった。さらに町村部でも保守系議員らの支持で手堅く票を固めた。宮古・八重山地域で、島尻は宮古島、石垣両市を含む五市町村すべてで山城を上回り、両氏の得票率の差が二六・八六％と地域別では最大となった。その要因の一つは、宮古島市長、石垣市長がこれまでの革新系から保守系に代わったことが挙げられる。その追い風で選挙戦を先行させ、宮古島市では、三五・八一ポイントの大差であった。[56] さらに、選挙戦の出遅れから、山城が両市でほとんど運動できなかったことが大きな得票率の差につながった。

## 島尻の勝因

### （1）経営者協会の支援

昨年の政権交代を前後してこれまで自民党の候補者を応援してきた県経済団体や建設業界は相次いで自主投票を決定した。このような中で、従来のような組織動員に頼った選挙を行うことは厳しく、そのことを承知で島尻は選挙に臨まなければならなかった。

その間の事情を島尻は次のように語っている。「政権与党に向くということはいたしかたないと思っている。政権党を見て動かざるを得ないならば、動きが鈍いのも仕方がないことと思わざるを得ない。これまで与党としていろいろな動きはしてきたので、それが今は野党ですから、そういう中で動きが鈍いと感じたことは正直あった[57]」。そのような中で、仲井眞弘多知事は自身の後援会の総会を緊急に開催し、後援会の中心である経済関係者に「産業界はある程度民主党への遠慮は必要だろうが、優秀な若手は育てんといかん、と島尻支持を呼びかけた。引き続き知事公舎に建設業者二〇社余を招き、協力を仰いだ[58]」。

### （2）県政とのパイプ

「当初から選挙をするうえで思っていたのは、自民党の公認でもあるし自民党としては県連の組織をどう動かしきれるかがポイントであると思った。最初から覚悟していたので、県議とか、市町村議員とか市町村長との関係を選挙の前から密にしていた。その連係プレーはうまくいった。九月の市町村議員選挙に立候補する自民党の候補者のところに通って、一緒に頑張ろうと挨拶して回り、参院選では協力させてもらった[59]」。「企業動員が効かない中、県政とのパイプを強調することで選挙に臨んだことが勝因だった[60]」。

（3）普天間飛行場の県外移設要求

選挙前から、島尻が移設問題でどのような選挙公約をするか注目されていたが、島尻は「普天間基地の県外移設」を訴えた[61]。現在、沖縄では、基地の県外移設は県民の総意であるといっても過言ではない。そのような中で行われる選挙で「県内移設」を訴えて選挙戦を戦うことはできない。自民党公認の島尻も、これまで自民党政権の下で進められてきた辺野古移設案に反対を表明して選挙戦を戦った。その点では山城、伊集との争点が完全にぼけてしまった。

島尻は、争点をぼかしているとの批判に対して、次のように語っている。「争点をぼかしたとは思っていないし、これまでの自民党の政策が絶対に間違っているとは思っていない。しかし、色々な動きの中で、名護市の市長が民主党推薦の移設反対の市長に変わってしまったとか、大前提が大きく変化したことから、県外移設を訴えている。私の訴えていることは、ぶれているものでもないし、これまでと全然違うことを言っているといわれるかもしれませんが、そうではなく、国内でも受け入れてくれる首長がいる状況があれば、私は従来どおり推進する[62]」。

（4）イメージ戦略

三年前の補選に引き続いて、イメージ戦がうまかった。「今回の選挙でも『台所から政治を変える』という中で、主婦層へのメッセージとしては出し続けているとは思っている。経済の低迷という雇用政策、家計を潤してほしいとメッセージとして訴えるツールとしてエプロンが登場した[63]」。女性らしさや四人の子を持つ母親というイメージを打ち出し、子育て世代や女性層から共感を得た。選挙事務所も女性たちで活気があった[64]。島尻本人は「無党派対策として見え見えのことをやってもしょうがないと思っている[65]」と、無党派層対策としてやったのではないと語っているが、結果としては無党派層を取り込む力はまだあったといわれた。

（5）建設業協会の支援

従来、建設業協会は自民党候補の強力な支援者であった。ところが、景気低迷や公共事業のあり方への世論の批判による業界の厳しさ、談合問題などもあって、最近の選挙では業界の動きは鈍りがちであった。しかし、業界は終盤戦に向けて積極的に島尻を応援した。選挙を振り返って島尻は次のように語った。

「建設業に関しては、いかんせん民主党政権は『コンクリートから人へ』を訴えている。そういう党を建設業協会としては応援できない。民主党も公認候補はいなかったわけで、建設業協会などは選挙にどのように対応していいのかわからなかったのではないか。そのような中で、日頃からの信頼関係で島尻を応援する団体は多かった。協会として『有志の会』として協力してもらった。選挙戦が近づいて新聞で『島尻一歩リード』と報道があると、運動が活発になってきた。選挙の常として、『勝ち馬に乗ろう』という動きはある[66]」。このように勝ち馬に乗ろうという、いわゆる「バンドワゴン効果」も出て、流れも島尻にとっては有利になっていった。

（6）福祉団体

新たに福祉団体の支持・応援を得て、建設業協会など経済団体の運動量の鈍さを補い、有利な戦いとなったことはたしかである。「福祉団体はもっと政治に対して物を言っていいのではないか、ということに各福祉団体の長たちが気づき始めたのではないか。三年前の選挙で応援してもらった人たちを中心に協力してもらった。現場で働いている人たちの声をどうすくい上げていくかがこれからの課題である。これまでは福祉といえば共産党が頑張っていた分野であったかもしれないが、現場の皆さんも、言うことだけ聴いてもらうだけではつまらないということに気づき出したのではないか。それを政策にどう実現させていくのか。実現するのは誰なのか。そういうところにきた[67]」。

（7）医師会

基本的にこれまでの選挙では日本医師会は自民党を支援してきた。ところが、政権交代によって医師会の中でも民主党を支援する動きは強くなった。しかし、沖縄の参院選ではほぼ従来通り沖縄医師会は自民党候補を支援した。島尻は医師会の協力について次のように語っている。

「日本医師会は、民主党を支持するか、自民党を支持するかで二つに割れたが、沖縄県医師会は自民党を応援し、私を推薦した。運動としては会で推薦が出れば、各病院の先生方に下りていく。一生懸命やっていただいたことは確かである。集票活動もやっていただいた[68]」。

（8）有権者のバランス感覚

一九七〇年の国政選挙以来、衆議院における保革の議席は、ほぼ互角であった。ところが二〇〇九年の衆議院選挙で自民党が全議席を失い、国政では島尻が唯一の議席となった。これに対して有権者のバランス感覚が選挙にどう影響するかも注目された選挙であった。

「自民党どころか、保守系いわゆる沖縄県民のバランス感覚もあった。当事者としては沖縄県民のバランス感覚は優れていると思った[69]」。連合沖縄の仲村信正会長も「野党自民党を残すための県民のバランス感覚が働いた[70]」と、民意の動向を分析した。

### 山城の敗因

山城を支援した連合沖縄の仲村信正会長は、「連合も全面的に応援したが、短期決戦で知名度が浸透しなかった。最終盤は追い上げることができたが、出遅れが影響した」[71]と語ったように、山城陣営幹部が共通して挙げる敗因の主な理由は、出馬の遅れであった。立候補表明から三週間という超短期決戦であった。沖縄本島でも十分に選挙運動できなかったことが選挙結果にも大きな影響を与え、うるま市、大宜見村、読谷村、北谷町、中城村、北中城村、西原町で勝ったに過ぎない。出馬の遅れは以下に見るように、すべての選挙運動に大きな影響を与えた。次の視点からその敗因について考えてみた。

（1）名護市での敗北理由

これまでの山城の沖縄平和運動センター事務局長としての沖縄の大衆運動はもちろんのこと、辺野古への基地移設反対運動の先頭に立って戦ってきた経緯から考えると、名護市ではもっと得票してもいいのではないかというのが一般的な見方であったが、結果は、島尻一万二二五五票（得票率五一％）山城八九八六票（三七％）であった。その間の事情を山城は次のように語っている。

「名護では辺野古への基地移設反対運動のメンバーの動きはあったものの、直前の立候補となり、十分な選挙体制も組めず、盛り上げることは難しかった」。ところが「選挙戦の後半になって、その仲間達の運動が燃えてきた。労働団体、平和、反基地運動の市民グループがやっと中盤頃から連携した運動になって活気が出てきた[72]」。しかし、運動が燃えてきた頃にはもう選挙戦は終わりかけており、山城の勝利につなげることはできなかった。

北部地域では大票田の名護市で、辺野古への新基地建設に反対する名護市長が当選したが、参院選では山城に「追い風」は吹かず、苦戦した。知名度不足に加え、自身の活動実績や政策のアピールが浸透せず、どんなことがあっても負けるわけにはいかなかった移設先の名護市で島尻に大差をつけられてしまった。超短期決戦でほとんど時間がなく、北部地域は名護市で一回だけ演説会をしただけであった。

（2）争点ぼけ

選挙においていかに争点を明示するかは、有権者の投票にも大きな影響を与えるだけに極めて重要である。しかし、争点を明示することが候補者に有利・不利になることもあって、最近の選挙ではあえて争点をぼかすこともある。

移設問題の「争点の見えにくさ」にも苦戦を強いられたことは間違いない。山城は、これまでの自公政権下で普天間飛行場の県内移設を進めた自民党を痛烈に批判し、現職の島尻とのスタンスの違いを強調した。ところが、今回の選挙で、島尻も党本部の方針と異なり「県外移設」を訴えたため、違いがわかりにくくなった[73]。同じ移設反対であってもこれまでの運動に違いがあったことを、有権者に十分訴えることができなかったのではないだろうか。山城を支援した連合沖縄の仲村信正会長は、「（島尻は）普天間飛行場の県内移設反対を掲げるなど政策の争点をぼかしてきた[74]」と指摘し、敗因の大きな要因だと分析した。

（3）組合が燃えない

いわゆる革新系の候補の勝敗は、労働組合がどのぐらい運動を展開できたかどうかが、選挙結果に大きな影響を与える。山城を支持した組合は、自治労（約一万二〇〇〇人）、沖教組（三〇〇〇人）、高教組（二七〇〇人）、国交労（一〇〇〇人）、全水道労組（二〇〇人）、バス労組（四〇〇人）、ＪＡ労組（一一〇〇人）、情報労連（一五〇〇人）などであった。本来、これだけの組合員を束ねて選挙運動に投入できたならば、選挙結果は違っていたかもしれない[75]。ところが超短期決戦で運動を燃え上がらせることができなかったのではないか。

立候補に向けての組合員への周知も不十分であった。自治労県本部の比嘉勝太委員長は「身内候補であり、短期決戦。危機感を持って精いっぱいやったが、末端まで広げるには十分な時間がなかった[76]」と、超短期決戦のため組合員の運動を盛り上げることができなかったことを悔やんだ。

（4）知名度の低さ

選挙において知名度があるかどうかは、選挙結果に影響を与える。特に今回の選挙のように超短期決戦の選挙の場合には、知名度の低い候補者には極めて不利である。

終盤は無党派層の多い那覇市内を重点的に回り、無党派層の取り込みもねらったが、最後まで知名度不足を克服できなかった。本人曰く、「自分は政治家としての知名度はなかった。このことは十分承知のうえで立候補した。もともと政治家でもない自分を支援してくれた有権者に感謝している。しかし、自分の知名度の低さからその期待に応えられなかった[77]」。

このように超短期決戦になったことが大きな敗因である。しかし、全県的に選挙事務所を開く時間的ゆとりもなく、また、一六ある離島選挙区のうち挨拶回り、遊説に行ったのは宮古島市、石垣市だけであった。このような状況を考慮すれば、選挙には敗れたものの、「山城の善戦が際立った[78]」との評価も多かった。選挙戦を通して特に基地移設のあり方をめぐって政府の対応を「沖縄県民への差別」であると訴え、多くの有権者の共感を得たのではないだろうか。終盤に近づくにつれて島尻にかなり追いつき、投票日当日の出口調査では山城が一～二ポイントリードしていたようである。期日前投票で島尻にかなり差をつけられていたのではないか。

**註**

（1）三宅久之『政治と官僚』青春出版社、二〇一〇年、一六頁。
（2）『琉球新報』二〇一〇年七月一七日。
（3）『沖縄タイムス』二〇一〇年一月二五日。
（4）同前。
（5）『沖縄タイムス』二〇一〇年一月三〇日。
（6）『沖縄タイムス』二〇一〇年三月一日。
（7）『沖縄タイムス』二〇一〇年三月二日。
（8）『沖縄タイムス』二〇一〇年四月二六日
（9）『沖縄タイムス』二〇一〇年一〇月一一日。
（10）『琉球新報』二〇〇九年七月二二日。
（11）鳩山首相は県外移設を模索・検討はしたものの、どこも受け入れる自治体がなく断念したようであるが、沖縄の基地問題はそう簡単に解決できるものではない。沖縄の基地問題の解決に取り組んでいくためには、いみじくもマックス・ヴェーバーが言うように、「政治とは、情熱と判断力の二つを駆使しながら、固い板に力をこめてじわっじわっと穴をくり貫いていく作業である」が、鳩山首相にはそのような認識はなかったのではないか（マックス・ヴェーバー／脇圭平訳『職業としての政治』岩波文庫、一九九二年、一〇三頁）。
（12）このような政府の沖縄軽視に対して野中広務・元自民党副総理は、「沖縄の人たちを裏切った。政治家が約束をしたにもかかわらず、沖縄の人に何の相談もなく、日米両政府の都合で共同声明を発表した。これは政府のやるべきことではない。これではもはや解決できない、来年になっても解決できない永遠の問題になってしまったのではないか。日本という国は沖縄を国民とは見ていないのか、という思いを沖縄県民に抱かせた」と厳しく政府の対応を批判した（琉球放送「時事放談」二〇一〇年一二月二六日放映）。

(13) 川瀬光義「沖縄からみた『地域主権改革』」『住民と自治』二〇一一年一月号、自治体問題研究所、一六頁を参照。

(14) 山城博治ヒアリング（二〇一一年一月三日、研究室にて）。

(15) 正式な党名は沖縄社会大衆党。一九五〇年の結党以来、沖縄の地域政党、土着政党として沖縄の基地問題をはじめ沖縄の抱えている諸問題の解決を訴えてきた。復帰後も沖縄の他の政党が本土政党に系列化される中で、系列化されることなく独自の路線を堅持してきた。沖縄社会大衆党史編纂委員会編『沖縄社会大衆党史』一九八一年、一頁。

(16)『沖縄タイムス』二〇一〇年三月二三日。

(17) 花城は立候補への思いを次のように語っている。「普天間問題に対するスタンスは党本部とねじれてしまい、民主党県連の存在意義が問われる選挙であった。沖縄の自己決定権を獲得していくという意味でも、同じ政党内で現場の声をあげる方が効率的・効果的ではないかと、個人的には考えていた。基地、平和、安保の問題に二〇代、三〇代の若者が関心を示さない。同世代の候補者が出ることによって、これからの沖縄をより関心を持たせるという意味もあった。さらに、選挙区でも候補者を擁立した方が、喜納代表の選挙にも相乗効果が出ていいのではないかと考えていた」（花城ヒアリング、二〇一一年三月一日、那覇市議民主党控室にて）。

(18) 花城正樹ヒアリング（二〇一一年三月一日、那覇市議会民主党控え室にて）。

(19) 同前。

(20)『琉球新報』二〇一〇年六月一七日。

(21)『琉球新報』二〇一〇年七月八日。

(22)『琉球新報』二〇一〇年六月一一日。

(23)『琉球新報』二〇一〇年五月三一日。

(24)『琉球新報』二〇一〇年七月七日。

(25) 山内末子ヒアリング（二〇一〇年一二月三〇日、山内議員事務所にて）。山内末子は沖縄県議会議員である。山内は二〇一〇年の参院選の時点では民主党所属であったが、党本部、民主党県連の方針に反して参院選では山城博治を全面的に応援した。その後、知事選の対応でも県連の対応に激怒し、県外移設を貫くために、党本部、県連に反旗を翻し、最終的には民主党を離党した。県知事選では伊波洋一を応援した。
(26) 同前。
(27) 同前。
(28) 同前。
(29) 『沖縄タイムス』二〇一〇年七月一三日。
(30) 山内ヒアリング（二〇一〇年一二月三〇日、山内県議事務所にて）。
(31) 『琉球新報』二〇一〇年七月八日。
(32) 『沖縄タイムス』二〇一〇年七月一三日。
(33) 『琉球新報』二〇一〇年七月四日。
(34) 『琉球新報』二〇一〇年七月一日。
(35) 同前。
(36) 『沖縄タイムス』二〇一〇年七月一二日。
(37) 『琉球新報』二〇一〇年七月一二日。
(38) 同前。
(39) 『琉球新報』二〇一〇年七月一三日。
(40) 同前。二〇〇九年、二〇一〇年では多くの無党派層が投票した。
(41) 『沖縄タイムス』二〇一〇年六月二二日。
(42) 『沖縄タイムス』二〇一〇年七月一三日。
(43) ちなみに、公明党の沖縄の衆議院四選挙区における公明党の基礎票は、一選挙区およそ二万票といわれており、参院選は全県一区であるからおよそ八万票となる。これは自民党にとって魅力的であることは間違いない。動員力に関しても「公明党支持者の皆さんは非常に熱心で集票活動を一生懸命やってくれるので、そのことがいざ選挙となると大きなパワーとなって、選挙の大小にかかわらず、集票力につながっている。もちろんほとんどが学会票である。これがパワーの源である。公明党は票の調整も抜群にうまい。一定の基礎票を分配しながら、長年の積み重ねのデータから、どの程度の配分をして、どの程度のてこ入れをすれば、どういう結果になるということが、長年のキャリアからおおよそわかっている」(金城幹事長ヒアリング、二〇一一年三月一〇日、金城議員議会居室にて)。

(44)『琉球新報』二〇一〇年七月一四日。
(45) 金城勉公明党県連幹事長ヒアリング（二〇一〇年三月一〇日、県議会金城議員居室にて）。
(46)『琉球新報』二〇一〇年七月一四日。
(47) 金城幹事長ヒアリング。
(48)『琉球新報』二〇一〇年七月一四日。
(49) 金城幹事長ヒアリング。
(50) 島尻安伊子ヒアリング（二〇一〇年一二月二五日、島尻事務所にて）。
(51) 一九六八年一一月施行のいわゆる三大選挙前に結成された「明るい沖縄を作る会」（主席・立法員議員総選挙革新共闘会議）の略称。知事選、参院選などで社会大衆党・社会党・共産党の三党と労働団体が統一候補を擁立して戦う時の選挙母体となった。三大選挙をはじめ復帰後の知事選を経て、九〇年代の知事選までは大同団結して力を発揮したものの、政党の本土系列化の動きや連合沖縄などの台頭で機能は著しく低下している（『最新版　沖縄コンパクト事典』琉球新報社、二〇〇三年、一一三頁）。
(52)『沖縄タイムス』二〇一〇年六月一五日。
(53)『琉球新報』二〇一〇年六月一五日。
(54)『琉球新報』二〇一〇年七月一三日。
(55) 山内ヒアリング（二〇一〇年一一月三〇日、山内県議事務所にて）。
(56)『沖縄タイムス』二〇一〇年七月一二日。

(57) 島尻ヒアリング（二〇一〇年一二月二五日、島尻事務所にて）。
(58) 『琉球新報』二〇一〇年七月一七日。
(59) 島尻ヒアリング（二〇一〇年一二月二五日、島尻事務所にて）。
(60) 『沖縄タイムス』二〇一〇年七月一三日。
(61) 島尻は「基本政策要旨」で、基地問題について「県民の民意をしっかり受け止め、菅民主党政権に、普天間基地の県外移設を強く求める」と明記した（『琉球新報』二〇一〇年六月二二日）。
(62) 島尻ヒアリング（二〇一〇年一二月二五日、島尻事務所にて）。ところが、ある官邸関係者は、島尻が今回の選挙戦で辺野古移設を決めた五月の日米共同声明を批判していたことに関連し、「島尻氏はベストは県外と言っているだけで、決して県内移設ノーとは言っていない。知事と一緒だ。年内移設への余地は残している」と語った（『琉球新報』二〇一〇年七月一二日）。
(63) 島尻ヒアリング（二〇一〇年一二月二五日、島尻事務所にて）。
(64) 『琉球新報』二〇一〇年七月一三日。
(65) 島尻ヒアリング（二〇一〇年一二月二五日、島尻事務所にて）。
(66) 同前。
(67) 同前。
(68) 同前。
(69) 同前。
(70) 『琉球新報』二〇一〇年七月一二日。
(71) 同前。
(72) 山城ヒアリング（二〇一一年一月三日、照屋研究室にて）。
(73) 『沖縄タイムス』二〇一〇年七月一四日。
(74) 『琉球新報』二〇一〇年七月一二日。
(75) 組合員については『沖縄タイムス』二〇一〇年一一月一七日。

(76)『沖縄タイムス』二〇一〇年七月一六日。
(77) 山城ヒアリング（二〇一一年一月三日、照屋研究室にて）。
(78)『沖縄タイムス』二〇一〇年七月一二日。

**参考文献**
田中愛治・河野勝・日野愛郎・飯田健・読売新聞世論調査部『二〇〇九年、なぜ政権交代だったのか』勁草書房、二〇〇九年。
塩田潮『新版　民主党の研究』平凡社新書、二〇〇九年。

［謝辞］　ヒアリングに際して、島尻安伊子氏、山城博治氏、山内末子氏、金城勉氏、花城正樹氏には貴重なお時間を割いていただき、誠にありがとうございました。記して感謝の意を表します。

# おわりに――「期待の民意」と「失望の民意」のはざま

本書は、前著『政権交代選挙の政治学――地方から変わる日本政治』（ミネルヴァ書房、二〇一〇年）に続く、「政権交代下の日本政治」シリーズの一冊である。前著では、他の類書とは異なり、有権者の民主党への支持は必ずしも積極的ではなかった可能性について言及し、一定の評価を得た。このことは前著が、出版後一カ月も経たないうちに、初版が完売したことにも表れているのではないだろうか。続く本書においても、その研究スタイルは変わっておらず、前著同様、臨床的に「徹底して現場にこだわる」スタイルで研究は行われている。

具体的には、前著の「まえがき」に示したように、第一に「北から南まで、日本全国を縦断する形で個々の地方の政治に焦点を当てている点」、第二に「「アシで稼ぐ」手法を採っている点」、第三に「執筆者を、各地域の生活者目線を持ち合わせながら、それぞれの地域を専門的にフィールドワークの対象としている第一級の研究者に限定している点」、第四に「本書を出版することにより地方の研究者のインベントリ（目録表）を作る点」、第五に「現場で揉まれている研究者が直面している、地方の政治に携わる「ヒト」を極力叙述することに努めている点」、は変化してはいない。また本書では、さらに意図的に「可能な限り、同じ地域を、同じ筆者で分析する」という点も、新たにその特徴として加えたことも特筆すべきであろう。これによって、同じ地域の政権交代時と政権交代後の時系列的な比較も可能となったといえる。換言すれば、前著の『政権交代選挙の政治学』と本書『衆参ねじれ選挙の政治学』をお読みいただければ、政権交代への移行の時期、そして政権交代の下における時期の日本の国政選挙にまつわる各地域の政治の見取り図、および政権交代のそれぞれの地方におけるインパクトが明らかとなり、現代日本政治の一側面を理解することが可能となるとも考えられる。

前著でも述べたが、こうした特徴をもった本書を上梓する目的は、何であろうか。再び述べると、それはミクロな個々の地域の政治過程から、マクロな日本政治全体の変化を考察するということにある。しばしば「日本政治とは、おしなべてこういうものだ」といった言説が、研究者の結論として導き出されてきたし、マスコミをにぎわせてきた。例えば前回の政権交代選挙でいえば、有権者は「おしなべて民主党を選択した」ことになるし、今回の衆参ねじれ選挙でいえば、「おしなべて民主党を選択しなかった」ことになる。しかしながら、しばしばこうした結論は、それぞれの地域に住んでいる人にとっては、必ずしも「日本政治」の現実である各地域の実情とはそぐわない印象を与えてきたのではないだろうか。いわゆる、全国の「日本政治」と地方の「日本政治」のギャップである。今回の参院選は、まさにそうしたものを明らかにしている。

第一に、参院選は、衆院選に比べ、候補者の名前を記載して民意を表明する選挙の制度で、比例代表以外の選挙制度である選挙区選挙において地域的な違いが大きい。すなわち、選挙区選挙の各県において選出する定数が一議席から五議席までと異なるという側面がある。これは衆議院の小選挙区制において各選挙区の定数がおしなべて一であることと大きな隔たりがある。こうした各地方の県ごとの選挙区選挙の定数が異なることによって、各地方の定数をベースにした「M＋1」候補の数や、有効政党数（この場合は有効候補者数）の違いが生まれてくる。これらの詳細については第1章を参照いただきたいが、各地方の有効政党数（有効候補者数）の違いは次々頁の表を見ると明らかであり、この違いは毎回の参院選に現れてくる。ここにおいて、ある選挙区では、選挙の競合において有効な政党（の候補者）

が、全国の選挙結果からは有効な政党であるとはみなされないというギャップが生じてくる。これらは「空間的なデモクラシーのギャップ」と呼ぶこともできよう。この空間的なギャップは、定数の異なる選挙区選挙において、如実に現れてくる。定数の多い選挙区では議席獲得の期待があるために、多くの政党が候補者を立てるが、定数の少ない選挙区ではその望みが少ないために、あまり多くの候補者は立候補しないという傾向がある。それぞれの選挙区ごとに異なるデモクラシーのロジックが構築されているといえよう。

第二に、こうした政治におけるギャップは、なにも選挙制度にまつわるものばかりではない。有権者が政治に対する意思を表明する時期におけるギャップにおいても現れてくる。例えば、時期の異なる国政選挙である衆院選と参院選との間のギャップである。「衆参ねじれ選挙」では、選挙結果からは、その時点において、民主党を中心とする与党が有権者によって政権担当者として選ばれたとはいいがたい。しかし、制度上は、衆議院の優越により、「政権交代選挙」である二〇〇九年衆院選で多数派を占めた民主党を中心とする与党が、現在も政権与党として、国民の信託を得ているというフィクションの上で、政治が展開されているというギャップも存在する。こうした衆議院と参議院という二つの異なるデモクラシーについて、異なる機会に表明された民意のギャップも存在する。あるいは、場合によっては、また、異なる時期に行われ、異なる選挙制度を持つ統一地方選挙にあらわれる民意も、異なるデモクラシーの表明と考えられるかもしれない。これらは、異なるデモクラシーに関する民意の表明における「時間的なデモクラシーのギャップ」と呼ぶこともできるかもしれない。

「空間的なギャップ」と「時間的なギャップ」にまつわる、これらのギャップは、衆院選と参院選という国政における二つのデモクラシーの制度的な問題をどうとらえるかという問題を提起するとともに、同じレベルのデモクラシーの選挙においても「全国と地方のギャップ」、さらに「地方と地方の

| | | | | | |
|---|---|---|---|---|---|
| 京都 | 2 | 1 | 2.89 | 4.09 | ○ |
| 大阪 | 3 | 3 | 4.55 | 6.30 | ○ |
| 兵庫 | 2 | 2 | 2.99 | 4.90 | ○ |
| 和歌山 | 1 | 0 | 2.33 | 2.27 | |
| 鳥取 | 1 | 0 | 2.26 | 2.25 | |
| 島根 | 1 | 1 | 2.21 | 2.40 | ○ |
| 岡山 | 1 | 0 | 2.26 | 2.23 | |
| 広島 | 2 | 0 | 3.22 | 3.13 | |
| 山口 | 1 | 0 | 2.19 | 2.16 | |
| 香川 | 1 | 0 | 2.20 | 2.28 | |
| 徳島 | 1 | 1 | 2.22 | 3.15 | ○ |
| 愛媛 | 1 | 0 | 2.21 | 2.34 | |
| 高知 | 1 | 0 | 2.56 | 3.43 | |
| 福岡 | 2 | 1 | 2.73 | 4.01 | ○ |
| 佐賀 | 1 | 0 | 2.23 | 2.07 | |
| 長崎 | 1 | 1 | 2.20 | 2.52 | ○ |
| 熊本 | 1 | 2 | 2.16 | 2.76 | ○ |
| 大分 | 1 | 0 | 3.97 | 2.35 | |
| 宮崎 | 1 | 0 | 3.82 | 2.14 | |
| 鹿児島 | 1 | 0 | 2.21 | 2.20 | |
| 沖縄 | 1 | 0 | 1.92 | 2.51 | |

*○は、有効政党数が増加している選挙区，×は有効政党数が増加しなかった選挙区。

**表**　各県の改選議席の定数と新党候補者，有効政党数

| | 改選議席 | 新党候補者数 | 07年選挙 | 10年選挙 | 新党候補者が存在し，かつ有効政党数増加 |
|---|---|---|---|---|---|
| 北海道 | 2 | 1 | 3.88 | 4.10 | ○ |
| 青森 | 1 | 1 | 2.46 | 2.77 | ○ |
| 岩手 | 1 | 0 | 2.16 | 2.51 | |
| 秋田 | 1 | 0 | 2.23 | 2.18 | |
| 山形 | 1 | 1 | 2.17 | 2.86 | ○ |
| 宮城 | 2 | 1 | 2.47 | 5.34 | ○ |
| 福島 | 2 | 1 | 2.53 | 3.68 | ○ |
| 栃木 | 1 | 1 | 2.08 | 3.11 | ○ |
| 茨城 | 2 | 2 | 3.11 | 4.07 | ○ |
| 群馬 | 1 | 0 | 2.13 | 2.12 | |
| 埼玉 | 3 | 2 | 5.16 | 6.25 | ○ |
| 千葉 | 3 | 3 | 5.80 | 5.98 | ○ |
| 東京 | 5 | 4 | 8.33 | 6.78 | ○ |
| 神奈川 | 3 | 3 | 5.13 | 5.51 | ○ |
| 新潟 | 2 | 0 | 3.77 | 3.29 | |
| 長野 | 2 | 1 | 2.96 | 4.65 | ○ |
| 山梨 | 1 | 0 | 2.23 | 2.69 | |
| 岐阜 | 2 | 0 | 2.40 | 3.24 | |
| 愛知 | 3 | 1 | 4.90 | 4.69 | × |
| 静岡 | 2 | 1 | 2.97 | 4.08 | ○ |
| 石川 | 1 | 0 | 2.29 | 2.17 | |
| 富山 | 1 | 0 | 2.17 | 2.13 | |
| 福井 | 1 | 0 | 2.23 | 2.25 | |
| 滋賀 | 1 | 0 | 2.35 | 2.79 | |
| 奈良 | 1 | 0 | 2.36 | 2.51 | |
| 三重 | 1 | 1 | 2.14 | 3.14 | ○ |

ギャップ」のそれぞれのレベルの異なるデモクラシーの存在に注目すべきであることを教えているのかもしれない。というのも、地方における個々の有権者にとっては、その時点で、彼ら・彼女らが目にしている地方の現実こそが「日本政治」であって、そこにおいては「おしなべた日本政治」像というのは存在しないといえるからである。しかしながら、ある一定の条件の下では、その回の選挙を特徴づける傾向は存在する。

例えば、表の分析からは、地方ごとの「空間的なギャップ」とそれにまつわる個々の地方のデモクラシーの相違の存在が明らかであるとともに、衆参ねじれ選挙と呼ばれる二〇一〇年参院選と、前回の二〇〇七年参院選との間の同一レベルのデモクラシーにまつわる投票においても、時間的な変化が理解できる。今回選挙における顕著な傾向として、初めて参院選に挑戦することとなった候補者が、選挙区選挙に出馬している選挙区においては、有効政党数（有効候補者数）が、ひとつの事例以外では上昇していることが理解できる。このことは何を意味しているのであろうか。

本書の「はじめに」でも書いたように、この衆参ねじれ選挙は、政権交代選挙において現れた「期待の民意」と政権交代以降の政策運営において現れた「失望の民意」という二つの民意のはざまにあったと考えられる。有権者は、今回の参院選に当たって、「期待の民意」で政権交代を選んだ結果、かつての自公連立政権からは離れてしまい、そこに戻ることも選択できず、新たに政権に就いた民主党を中心とする連立政権にも失望したという「失望の民意」を感じ、これらとは異なる新たな選択肢を模索していたことを表していたとはいえないだろうか。

自民党でもだめ、民主党にも失望したという多くの有権者がいたことは今回の特徴のひとつであった。そこに新たな政党が支持を獲得する土壌はあったといえよう。新たな政党が、まったく新しい候補者を立てていたところでは、それらの候補者は善戦し、結果として有効政党数（有効候補者数）が、それら選挙区で増加していた傾向があったと見ることもできよう。いや、むしろこうした有権者側のグラスルーツ・レベルの視点のみではなく、既存政党、特に既存の政権与党が、期待されたようなパフォーマンスを挙げていないという機能不全に陥っていることを、政治に携わるものもエリート・レベルで敏感に感じとり、新党の形成によって、新たな選択肢を有権者に提示することを試みた結果ともいえるのではないだろうか。しかしながら、すべての新党が成功したわけではなく、新党のうちでも成功と失敗が明暗を分けた。みんなの党は、二桁を超える当選者を出したほどのブームを巻き起こしたのに対し、たちあがれ日本、新党改革はかろうじて議席を保持したものの、日本創新党は議席を確保できなかった。この明暗は、選挙に対する準備期間の問題もあるのかもしれない。短い準備期間では、政治的に知名度のある候補者を十分にリクルートし、確保できなかったということも考えられる。しばしば選挙においては、「党」が重要か、「人」が重要かといったことが問題とされるが、参院選のように、同一政党から複数の候補が出馬できる選挙区においては、なおさら「党」よりも候補者の「人」の要素が強くなる可能性がある。そうした意味でも、候補者のリクルートが鍵であったといえよう。

また、こうした候補者のリクルートの問題を抱えていたのは、新党だけではない。既存政党も候補者のリクルートに関しては課題を残す結果となった。今回、政権与党の民主党は、当時の小沢一郎幹事長の方針で、複数区に二人の公認候補を擁立することで議席の上積みを図った。そのために大量の新人候補を選挙に投入することになってしまった。この戦略は、同時に投票される比例区の票の確保には一定の効果はあったものの、結果としては民主党候補同士の間で票の分散を招き、選挙区によっては現職候補の落選を招く結果となった。これに対して野党自民党は、政権交代選挙で落選した、知名度の高い元衆議院議員などの候補者を今回の参院選にシフトさせるなどの対策を行うことで一定の成果を挙げた。しかし、今後の選挙における新たな候補者のリクルートについては、必ずしも問題がないわけではない。

本書に収められた多くの論文は、今回、この政権交代以降のリクルートメントの問題を扱っている。前著で「日本政治のモザイクのピース」の研究の重要性を訴えたが、この衆参ねじれ選挙においては、各地方のモザイクのピースにおいて、有権者に対する選択肢となる各地方の候補者のリクルートが鍵となっていたのではないだろうか。選挙における候補者に関するリクルートは、そうした候補者を支える「組織」、その候補者を選択する「地盤」のそれぞれの結節点として存在している。本書は、地域に主眼をおいた研究を行っているが、テーマとしても整理され、収斂されたものとなっていることは注目してよいだろう。特に人口の少ない地方の県における当選者を一人しか選べない改選定数一の一人区において、与党民主党の議員が議席を獲得できないか、沖縄の事例のように候補者すら立てられなかったことは特筆すべきであろう。人口の少ない地方は平均所得が人口の多い都市に比較すると少ないといわれ、それに消費税発言が大きく響いたという見方もあるが、それでは選挙の意味を説明できない。人口の多い都市においても、既存政党ではない新党が支持を集め、場合によっては当選者を出すなど、与党ではない選択をする有権者が多かったことにも注意するべきである。つまり、消費税だけではなく、総体としてのそれまでの政権交代以降の政策運営に対する失望が大きかったといえよう。

「失望の民意」、その端的な表れが、多くの一人区で、一人の選択において与党ではないほうをより強く選択する結果となったのではないだろうか。実に、二九ある一人区のうち、野党が二一、与党が八議席という結果となった。衆参ねじれ国会が菅政権を崩壊させたとすれば、そのねじれ国会を招いた参院選において、人口の少ない多くの地方の選挙で、与党が勝てなかったことはその大きな原因の一つであろう。すなわち、地方から政権崩壊は始まっていたことになる。選挙の結果は、自民党の勝利といわれている。しかし、それは積極的な勝利ではない可能性がある。必ずしも有権者は、自民党に戻っているわけではないのではないだろうか。むしろ本書の事例からは、「失望の民意」は与党でない候補者を選んだということが考えられる。他の野党の有力な候補者の選択肢がないところでは自民党を、選択肢があるところでは自民党のみならず新党も含めて野党に票が集まるという消極的な投票であったのかもしれない。そういった意味では伝統的なバッファー・プレイヤー（やがて自民党に戻る投票者）というよりは、寄る辺なきヴォラタイル・プレイヤー（投票ごとに支持政党を変える投票者）の存在も仮定されるかもしれない。

なお、本研究の一部は、二〇一一年度日本公共政策学会において筆者が企画し、司会を行ったパネル、ならびに他のパネルにおいても報告され、高い研究水準をクリアしたものとして、おおむね好意的な評価を受けた最先端の研究を含む論文ばかりである。「地方の時代」と呼ばれる現在、そうした視座に対応した高い水準の研究者が、地方に存在することには大きな意味があるであろう。また、地方在住の研究者も「地方」目線での研究を行い、「地方の時代」に対応することが、今後より一層求められるといえよう。

なお、本書をまとめるにあたって、日本政治の現場に携わっている多くの方々にお世話になった。ここでは、すべての方のお名前を挙げることはできないので、不公平を避けるためにあえて名前を記さないが、そうした方々のお力添えがなければ、本書は成立しなかったであろう。また、法政大学大学院の澁谷朋樹氏、早稲田大学大学院の黒木美來氏には、本書の校正を手伝っていただくなど秘書的な役割を果たしていただいた。そして最後になるが、学術書冬の時代といわれる現在の状況の下で、本書のような意味のある著作の出版を認めていただいたミネルヴァ書房と、編集部の田引勝二氏のご尽力がなければ、出版すら危ぶまれたであろう。田引氏は、本書の最初の読者として、責任ある編集者として、執筆者以上に本書の刊行に努力していただいた。ここに特に記して、執筆者を代表し感謝の念を記すものである。

本書は、各地方の多様なモザイクのピースを集めたものが、日本政治の総体であり、現実であることを示しているのではないだろうか。そこにおいては、政治的選択の前で、将来の政治をどう選択するかにまつわる候補者、有権者の苦悩が如実に反映されている。読者諸兄には、本書を通じて、そうした日本政治の多様性を理解していただけるものと確信する。

本書に収められた日本政治の多様なモザイクのピースを見て、全体を俯瞰する、そうした視点を、読者に提起できれば幸いである。

前著の出版以降、以前よりも地方に視点を置いた研究も見られるようになってきた。ひょっとすると前著は、「日本政治のモザイクのピース」を解明する新たな研究を呼び込んだのではないかと自負している。本書がさらなる研究の呼び水になることを期待する。

二〇一一年九月一一日

執筆者を代表して　白鳥　浩

≪編著者紹介≫

白鳥　浩（しらとり・ひろし）

1968年　生まれ。
早稲田大学大学院政治学研究科修了。

現　在　法政大学大学院政策科学研究所所長。日本地方政治学会理事長。法政大学大学院政策科学研究科教授。元静岡大学人文学部助教授。博士（政治学）。

著　作　“Le mouvement referendaire au Japon après la Guerre froide. Une analyse comparative inspirée de Rokkan,” *Revue francaise de science politique*, Vol. 51, Numero. 4, 2001.
『市民・選挙・政党・国家』東海大学出版会，2002年。
『都市対地方の日本政治――現代政治の構造変動』芦書房，2009年。
『政権交代選挙の政治学――地方から変わる日本政治』編著，ミネルヴァ書房，2010年。

衆参ねじれ選挙の政治学
――政権交代下の2010年参院選――

2011年11月30日　初版第1刷発行　〈検印廃止〉
2012年1月10日　初版第2刷発行

定価はカバーに
表示しています

編著者　白　鳥　　浩
発行者　杉　田　啓　三
印刷者　藤　森　英　夫

発行所　株式会社　ミネルヴァ書房
607-8494　京都市山科区日ノ岡堤谷町1
電話（075）581-5191（代表）
振替口座　01020-0-8076番



亜細亜印刷・兼文堂

ISBN978-4-623-06138-9
Printed in Japan

## 執筆者紹介（執筆順，＊は編者）

**＊白鳥　浩**（しらとり・ひろし）　**はじめに・序章・第1章・おわりに**

編著者紹介欄参照。

**堤　英敬**（つつみ・ひでのり）　**第2章**

1972年　大阪府生まれ。
1999年　慶應義塾大学大学院法学研究科博士課程退学。
現　在　香川大学法学部准教授。
著　作　「投票支援のためのインターネット・ツール――日本版ボートマッチの作成プロセスについて」共著，『選挙学会紀要』No.10，2008年。
「選挙制度改革以降の日本における候補者個人投票」『香川法学』29巻1号，2009年。
『民主党の組織と政策――結党から政権交代まで』共編著，東洋経済新報社，2011年。

**森　道哉**（もり・みちや）　**第2章**

1974年　香川県生まれ。
2003年　立命館大学大学院政策科学研究科博士課程後期課程修了。
現　在　立命館大学大学院公務研究科准教授。博士（政策科学）。
著　作　「戦略的な環境規制？――アスベストをめぐる政治過程」『香川法学』28巻1号，2008年。
「民主党地方組織の形成過程――香川県の場合」共著，上神貴佳・堤英敬編著『民主党の組織と政策――結党から政権交代まで』東洋経済新報社，2011年。
「政府の『環境価値』の位相――『環境白書』による把握に関する予備的考察」『立命館法学』第333・334号，2011年。

**浅野一弘**（あさの・かずひろ）　**第3章**

1969年　大阪市生まれ。
1997年　明治大学大学院政治経済学研究科政治学専攻博士後期課程単位取得退学。
現　在　札幌大学法学部教授。
著　作　『日米首脳会談と戦後政治』同文舘出版，2009年。
『危機管理の行政学』同文舘出版，2010年。
『民主党政権下の日本政治――日米関係・地域主権・北方領土』同文舘出版，2011年。

**山口希望**（やまぐち・のぞむ）　**第4章**

1960年　東京都生まれ。
1998年　国会議員政策担当秘書資格取得。
2010年　法政大学大学院政治学研究科修士課程修了。
現　在　法政大学大学院政策科学研究所特任研究員。
著　作　「日本社会党の分裂と統一」『法政大学大学院紀要』63号，2009年。
「山川均からみた構造改革論」『社会理論研究』12号，2011年。

秋吉貴雄（あきよし・たかお） **第5章**

1971年　大分県生まれ。
2000年　一橋大学大学院商学研究科博士後期課程単位取得退学。
現　在　熊本大学大学院社会文化科学研究科准教授。博士（商学）。
著　作　『公共政策の変容と政策科学――日米航空輸送産業における２つの規制改革』有斐閣，2007年。
『行政サービス供給の多様化』共著，多賀出版，2009年。
『公共政策学への基礎』共著，有斐閣，2010年。

松田憲忠（まつだ・のりただ） **第6章**

1971年　東京都生まれ。
2005年　早稲田大学大学院政治学研究科博士後期課程単位取得退学。
現　在　青山学院大学法学部准教授。元北九州市立大学法学部准教授。博士（政治学）。
著　作　『ローカル・ガバメントとローカル・ガバナンス』共著，法政大学出版局，2008年。
『現代日本の政治――政治過程の理論と実際』共編著，ミネルヴァ書房，2009年。
『政策研究――学びのガイダンス』共著，福村出版，2011年。

河村和徳（かわむら・かずのり） **第7章**

1971年　静岡県生まれ。
1998年　慶應義塾大学大学院法学研究科博士課程単位取得退学。
現　在　東北大学大学院情報科学研究科准教授。
著　作　『日本人の投票行動と政治意識』共著，木鐸社，1997年。
『現代日本の地方選挙と住民意識』慶應義塾大学出版会，2008年。
『市町村合併をめぐる政治意識と地方選挙』木鐸社，2010年。

竹田香織（たけだ・かおり） **第7章**

1981年　富山県生まれ。
2006年　東北大学大学院法学研究科博士前期課程修了。
現　在　東北大学大学院法学研究科博士後期課程在学中。政策研究大学院大学比較議会情報プロジェクト。
著　作　「『政治家志望』と文化的要因」，東北大学21世紀COEプログラム「男女共同参画社会の法と政策――ジェンダー法・政策研究センター」『研究年報』第５号，2008年，ほか。

照屋寛之（てるや・ひろゆき）　**第8章**

1952年　沖縄県生まれ。
1983年　日本大学大学院法学研究科博士後期課程単位取得退学。
現　在　沖縄国際大学法学部教授。
著　作　『現代政治の理論と諸相』共著，三和書籍，2002年。
　　　　『現代日本の行政と地方自治』共著，法律文化社，2006年。
　　　　『現代政治過程』共著，三和書籍，2011年。

# 人名索引

## あ 行

## か　行

## さ　行



## た　行



## な　行

## は　行



## ま　行

## や　行



## ら　行



## わ　行

## 資料1　2010年参議院議員通常選挙結果（選挙区）

※民：民主党、自：自由民主党、公：公明党、共：日本共産党、国：国民新党、改：新党改革、社：社会民主党、　た：たちあがれ日本、み：みんなの党、諸：諸派

**北海道選挙区**　改選：2

| | 得票数 | 氏名 | 年齢 | 党派 | 推薦 | 新旧 | 当選回数 | 代表的肩書 |
|---|---|---|---|---|---|---|---|---|
| 当 | 948,267 | 長谷川　岳 | 39 | 自 | | 新 | 1 | (元)IT 会社役員 |
| 当 | 708,523 | 徳永　エリ | 48 | 民 | 国 | 新 | 1 | リポーター |
| | 567,167 | 藤川　雅司 | 53 | 民 | | 新 | | (元)札幌市議 |
| | 320,992 | 中川　賢一 | 43 | み | | 新 | | (元)道職員 |
| | 200,231 | 畠山　和也 | 38 | 共 | | 新 | | 党道政策委員長 |
| | 22,166 | 大林　誠 | 37 | 諸 | | 新 | | 幸福実現党員 |

**青森県選挙区**　改選：1

| | 得票数 | 氏名 | 年齢 | 党派 | 推薦 | 新旧 | 当選回数 | 代表的肩書 |
|---|---|---|---|---|---|---|---|---|
| 当 | 287,385 | 山崎　力 | 63 | 自 | | 元 | 3 | (元)総務副大臣 |
| | 222,875 | 波多野　里奈 | 37 | 民 | 国 | 新 | | アナウンサー |
| | 49,102 | 升田　世喜男 | 53 | た | | 新 | | (元)県議 |
| | 31,040 | 吉俣　洋 | 36 | 共 | | 新 | | 党准中央委員 |
| | 23,803 | 山田　清彦 | 53 | 社 | | 新 | | (元)三沢市議 |

**岩手県選挙区**　改選：1

| | 得票数 | 氏名 | 年齢 | 党派 | 推薦 | 新旧 | 当選回数 | 代表的肩書 |
|---|---|---|---|---|---|---|---|---|
| 当 | 351,545 | 主浜　了 | 60 | 民 | 国 | 現 | 2 | 党県副代表 |
| | 197,137 | 高橋　雪文 | 40 | 自 | | 新 | | (元)県議 |
| | 54,989 | 伊沢　昌弘 | 63 | 社 | | 新 | | 党県幹事長 |
| | 44,771 | 瀬川　貞清 | 60 | 共 | | 新 | | 党県書記長 |

**宮城県選挙区**　改選：2

| | 得票数 | 氏名 | 年齢 | 党派 | 推薦 | 新旧 | 当選回数 | 代表的肩書 |
|---|---|---|---|---|---|---|---|---|
| 当 | 265,343 | 熊谷　大 | 35 | 自 | | 新 | 1 | (元)中学校講師 |
| 当 | 241,460 | 桜井　充 | 54 | 民 | 国 | 現 | 3 | 党政調会長代理 |
| | 162,771 | 伊藤　弘実 | 36 | 民 | 国 | 新 | | 贈答品会社社長 |
| | 109,137 | 市川　一朗 | 73 | 無 | 自 | 現 | | (元)農水副大臣 |
| | 106,563 | 菊地　文博 | 50 | み | | 新 | | (元)県議 |
| | 51,463 | 菅野　哲雄 | 61 | 社 | | 新 | | (元)衆院議員 |
| | 44,973 | 加藤　幹夫 | 46 | 共 | | 新 | | 党県政策委員長 |
| | 7,319 | 村上　善昭 | 37 | 諸 | | 新 | | 幸福実現党員 |

**秋田県選挙区**　改選：1

| | 得票数 | 氏名 | 年齢 | 党派 | 推薦 | 新旧 | 当選回数 | 代表的肩書 |
|---|---|---|---|---|---|---|---|---|
| 当 | 328,771 | 石井　浩郎 | 46 | 自 | た | 新 | 1 | (元)プロ野球選手 |
| | 226,217 | 鈴木　陽悦 | 61 | 民 | 国 | 現 | | (元)参災害特委長 |
| | 36,320 | 藤田　和久 | 61 | 共 | | 新 | | 党県委員 |

**山形県選挙区**　改選：1

| | 得票数 | 氏名 | 年齢 | 党派 | 推薦 | 新旧 | 当選回数 | 代表的肩書 |
|---|---|---|---|---|---|---|---|---|
| 当 | 263,987 | 岸　宏一 | 70 | 自 | | 現 | 3 | (元)厚労副大臣 |
| | 222,942 | 梅津　庸成 | 43 | 民 | 国 | 新 | | (元)防衛省職員 |
| | 88,238 | 川野　裕章 | 50 | み | | 新 | | (元)米沢市議 |
| | 30,348 | 太田　俊男 | 56 | 共 | | 新 | | 党県副委員長 |

| | 得票数 | 氏名 | 年齢 | 党派 | 推薦 | 新旧 | 当選回数 | 代表的肩書 |
|---|---|---|---|---|---|---|---|---|
| **福島県選挙区**　改選：2 | | | | | | | | |
| 当 | 340,947 | 増子　輝彦 | 62 | 民 | 国 | 現 | 2 | 経済産業副大臣 |
| 当 | 338,265 | 岩城　光英 | 60 | 自 | | 現 | 3 | (元)官房副長官 |
| | 155,262 | 岡部　光規 | 41 | 民 | | 新 | | 外科医師 |
| | 93,758 | 菅本　和雅 | 42 | み | | 新 | | 自動車部品販売 |
| | 64,209 | 岩渕　友 | 33 | 共 | | 新 | | 党県常任委員 |
| **茨城県選挙区**　改選：2 | | | | | | | | |
| | 得票数 | 氏名 | 年齢 | 党派 | 推薦 | 新旧 | 当選回数 | 代表的肩書 |
| 当 | 499,566 | 岡田　広 | 63 | 自 | | 現 | 3 | 党県会長 |
| 当 | 307,022 | 郡司　彰 | 60 | 民 | 国 | 現 | 3 | 農水副大臣 |
| | 204,753 | 長塚　智広 | 31 | 民 | | 新 | | 競輪選手 |
| | 151,375 | 大川　成典 | 46 | み | | 新 | | 不動産会社役員 |
| | 65,913 | 吉田　里江 | 44 | た | | 新 | | (元)衆院議員秘書 |
| | 50,136 | 稲葉　修敏 | 48 | 共 | | 新 | | 党県書記長 |
| | 11,664 | 中村　幸樹 | 46 | 諸 | | 新 | | 幸福実現党員 |
| **栃木県選挙区**　改選：1 | | | | | | | | |
| | 得票数 | 氏名 | 年齢 | 党派 | 推薦 | 新旧 | 当選回数 | 代表的肩書 |
| 当 | 324,790 | 上野　通子 | 52 | 自 | | 新 | 1 | (元)県議 |
| | 319,898 | 簗瀬　進 | 60 | 民 | 国 | 現 | | 参予算委員長 |
| | 224,529 | 荒木　大樹 | 39 | み | | 新 | | 石材会社社長 |
| | 28,617 | 小池　一徳 | 49 | 共 | | 新 | | 党県書記長 |
| **群馬県選挙区**　改選：1 | | | | | | | | |
| | 得票数 | 氏名 | 年齢 | 党派 | 推薦 | 新旧 | 当選回数 | 代表的肩書 |
| 当 | 558,659 | 中曽根　弘文 | 64 | 自 | | 現 | 5 | (元)外相 |
| | 287,934 | 富岡　由紀夫 | 46 | 民 | 国 | 現 | | 党県会長 |
| | 75,792 | 店橋　世津子 | 48 | 共 | | 新 | | 党准県委員 |
| **埼玉県選挙区**　改選：3 | | | | | | | | |
| | 得票数 | 氏名 | 年齢 | 党派 | 推薦 | 新旧 | 当選回数 | 代表的肩書 |
| 当 | 655,028 | 関口　昌一 | 57 | 自 | | 現 | 3 | (元)外務政務官 |
| 当 | 594,678 | 西田　実仁 | 47 | 公 | | 現 | 2 | 党広報局長 |
| 当 | 557,398 | 大野　元裕 | 46 | 民 | 国 | 新 | 1 | 調査機関研究員 |
| | 544,381 | 島田　智哉子 | 47 | 民 | 国 | 現 | | (元)党副幹事長 |
| | 416,663 | 小林　司 | 39 | み | | 新 | | IT会社社員 |
| | 207,957 | 伊藤　岳 | 50 | 共 | | 新 | | 党県常任委員 |
| | 84,897 | 中川　幸司 | 30 | 改 | | 新 | | NPO法人理事 |
| | 72,185 | 日森　文尋 | 61 | 社 | 国 | 新 | | (元)衆院議員 |
| | 37,731 | 長谷川　幸世 | 30 | 無 | | 新 | | (元)ソフト会社員 |
| | 9,536 | 院田　浩利 | 43 | 諸 | | 新 | | 幸福実現党員 |
| **千葉県選挙区**　改選：3 | | | | | | | | |
| | 得票数 | 氏名 | 年齢 | 党派 | 推薦 | 新旧 | 当選回数 | 代表的肩書 |
| 当 | 535,632 | 小西　洋之 | 38 | 民 | 国 | 新 | 1 | (元)総務省職員 |
| 当 | 513,772 | 猪口　邦子 | 58 | 自 | | 新 | 1 | (元)少子化相 |
| 当 | 476,259 | 水野　賢一 | 43 | み | | 新 | 1 | (元)法務副大臣 |
| | 463,648 | 道　あゆみ | 44 | 民 | | 新 | | 弁護士 |
| | 395,746 | 椎名　一保 | 58 | 自 | | 現 | | (元)財務政務官 |
| | 163,803 | 斉藤　和子 | 35 | 共 | | 新 | | 党県青年部長 |
| | 66,384 | 古閑　比佐志 | 47 | 改 | | 新 | | 脳神経外科医師 |

| | | | | | | | | |
|---|---|---|---|---|---|---|---|---|
| | 29,926 | 清水　哲 | 45 | 諸 | た | 新 | | 日本創新党員 |
| | 12,669 | 牧野　正彦 | 54 | 諸 | | 新 | | 幸福実現党員 |

**東京都選挙区**　改選：5

| | 得票数 | 氏名 | 年齢 | 党派 | 推薦 | 新旧 | 当選回数 | 代表的肩書 |
|---|---|---|---|---|---|---|---|---|
| 当 | 1,710,734 | 蓮　舫 | 42 | 民 | | 現 | 2 | 行政刷新相 |
| 当 | 806,862 | 竹谷　とし子 | 40 | 公 | | 新 | 1 | 公認会計士 |
| 当 | 711,171 | 中川　雅治 | 63 | 自 | | 現 | 2 | (元)環境次官 |
| 当 | 696,672 | 小川　敏夫 | 62 | 民 | | 現 | 3 | 党国民運動委長 |
| 当 | 656,029 | 松田　公太 | 41 | み | | 新 | 1 | (元)飲食会社社長 |
| | 552,187 | 小池　晃 | 50 | 共 | | 現 | | 党政策委員長 |
| | 299,343 | 東海　由紀子 | 42 | 自 | | 新 | | (元)キャスター |
| | 200,692 | 山田　宏 | 52 | 諸 | | 新 | | 日本創新党党首 |
| | 120,023 | 小倉　麻子 | 31 | た | | 新 | | 弁護士 |
| | 95,685 | 森原　秀樹 | 37 | 社 | | 新 | | (元)衆院議員秘書 |
| | 79,828 | 海治　広太郎 | 49 | 改 | | 新 | | 翻訳家 |
| | 53,948 | 江木　佐織 | 57 | 国 | | 新 | | 社団法人理事 |
| | 45,405 | 石原　結實 | 61 | 無 | | 新 | | 内科医師 |
| | 16,340 | 田中　博子 | 58 | 無 | | 新 | | 写真家 |
| | 10,496 | 矢内　筆勝 | 48 | 諸 | | 新 | | 幸福実現党役員 |
| | 8,677 | 小川　昇志 | 44 | 無 | | 新 | | 経営指導業 |
| | 7,599 | マック　赤坂 | 61 | 諸 | | 新 | | スマイル党総裁 |
| | 5,889 | 松本　実 | 63 | 無 | | 新 | | 保険代理会社長 |
| | 5,636 | 沢田　哲夫 | 79 | 無 | | 新 | | 印刷会社社長 |
| | 4,900 | 又吉　光雄 | 66 | 諸 | | 新 | | 政治団体代表 |
| | 3,662 | 佐野　秀光 | 39 | 諸 | | 新 | | 新党本質代表 |
| | 2,280 | 姫治　けんじ | 58 | 諸 | | 新 | | 政治団体代表 |
| | 1,893 | 和合　秀典 | 68 | 諸 | | 新 | | 政治団体代表 |
| | 1,816 | 阪　彰敏 | 61 | 諸 | | 新 | | あきつ新党代表 |

**神奈川県選挙区**　改選：3

| | 得票数 | 氏名 | 年齢 | 党派 | 推薦 | 新旧 | 当選回数 | 代表的肩書 |
|---|---|---|---|---|---|---|---|---|
| 当 | 982,220 | 小泉　昭男 | 64 | 自 | | 現 | 2 | (元)財務政務官 |
| 当 | 788,729 | 中西　健治 | 46 | み | | 新 | 1 | (元)証券会社役員 |
| 当 | 745,143 | 金子　洋一 | 48 | 民 | 国 | 現 | 2 | 参国土交通委員 |
| | 696,739 | 千葉　景子 | 62 | 民 | 国 | 現 | | 法相 |
| | 304,059 | 畑野　君枝 | 53 | 共 | | 元 | | 党中央委員 |
| | 113,712 | 木村　栄子 | 62 | 社 | | 新 | | (元)藤沢市議 |
| | 113,453 | 甲斐　敬浩 | 46 | 改 | | 新 | | 税理士 |
| | 93,437 | 松田　学 | 52 | た | | 新 | | (元)財務省課長 |
| | 47,776 | 山本　誠一 | 38 | 無 | | 新 | | アルバイト |
| | 13,459 | 加藤　文康 | 47 | 諸 | | 新 | | 幸福実現党役員 |

**新潟県選挙区**　改選：2

| | 得票数 | 氏名 | 年齢 | 党派 | 推薦 | 新旧 | 当選回数 | 代表的肩書 |
|---|---|---|---|---|---|---|---|---|
| 当 | 439,289 | 田中　直紀 | 70 | 民 | | 現 | 3 | (元)農水副大臣 |
| 当 | 412,217 | 中原　八一 | 51 | 自 | | 新 | 1 | (元)県議 |
| | 200,182 | 近藤　正道 | 63 | 無 | 国社 | 現 | | (元)社民党県代表 |
| | 73,579 | 武田　勝利 | 46 | 共 | | 新 | | 党県常任委員 |
| | 24,300 | 安中　聡 | 32 | 無 | | 新 | | (元)派遣社員 |
| | 10,987 | 笠巻　健也 | 39 | 諸 | | 新 | | 幸福実現党員 |

| | 得票数 | 氏名 | 年齢 | 党派 | 推薦 | 新旧 | 当選回数 | 代表的肩書 |
|---|---|---|---|---|---|---|---|---|
| **富山県選挙区**　改選：1 | | | | | | | | |
| | 得票数 | 氏名 | 年齢 | 党派 | 推薦 | 新旧 | 当選回数 | 代表的肩書 |
| 当 | 322,739 | 野上　浩太郎 | 43 | 自 | | 元 | 2 | (元)財務政務官 |
| | 223,691 | 相本　芳彦 | 54 | 民 | | 新 | | アナウンサー |
| | 27,500 | 高橋　渡 | 47 | 共 | | 新 | | 党県常任委員 |
| **石川県選挙区**　改選：1 | | | | | | | | |
| | 得票数 | 氏名 | 年齢 | 党派 | 推薦 | 新旧 | 当選回数 | 代表的肩書 |
| 当 | 304,511 | 岡田　直樹 | 48 | 自 | | 現 | 2 | (元)国交政務官 |
| | 211,373 | 西原　啓 | 51 | 民 | 国 | 新 | | (元)内閣参事官 |
| | 32,780 | 近松　美喜子 | 56 | 共 | | 新 | | (元)金沢市議 |
| **福井県選挙区**　改選：1 | | | | | | | | |
| | 得票数 | 氏名 | 年齢 | 党派 | 推薦 | 新旧 | 当選回数 | 代表的肩書 |
| 当 | 212,605 | 山崎　正昭 | 68 | 自 | | 現 | 4 | (元)党参院幹事長 |
| | 175,382 | 井ノ部　航太 | 36 | 民 | 国 | 新 | | 党県副代表 |
| | 27,017 | 山田　和雄 | 42 | 共 | | 新 | | (元)三国町議 |
| **山梨県選挙区**　改選：1 | | | | | | | | |
| | 得票数 | 氏名 | 年齢 | 党派 | 推薦 | 新旧 | 当選回数 | 代表的肩書 |
| 当 | 187,010 | 輿石　東 | 74 | 民 | 国 | 現 | 3 | 党参院議員会長 |
| | 183,265 | 宮川　典子 | 31 | 自 | た | 新 | | (元)高校教諭 |
| | 32,274 | 花田　仁 | 49 | 共 | | 新 | | 党県常任委員 |
| | 19,390 | 根本　直幸 | 44 | 無 | | 新 | | 心療内科医師 |
| | 12,721 | 木川　貴志 | 36 | 無 | | 新 | | (元)警察官 |
| **長野県選挙区**　改選：2 | | | | | | | | |
| | 得票数 | 氏名 | 年齢 | 党派 | 推薦 | 新旧 | 当選回数 | 代表的肩書 |
| 当 | 293,539 | 若林　健太 | 46 | 自 | | 新 | 1 | (元)農相秘書官 |
| 当 | 290,027 | 北沢　俊美 | 72 | 民 | 国 | 現 | 4 | 防衛相 |
| | 217,655 | 高島　陽子 | 42 | 民 | | 新 | | (元)県議 |
| | 183,949 | 井出　庸生 | 32 | み | | 新 | | (元)NHK 記者 |
| | 116,496 | 中野　早苗 | 62 | 共 | | 新 | | 党県常任委員 |
| | 8,959 | 臼田　寛明 | 44 | 諸 | | 新 | | 幸福実現党員 |
| **岐阜県選挙区**　改選：2 | | | | | | | | |
| | 得票数 | 氏名 | 年齢 | 党派 | 推薦 | 新旧 | 当選回数 | 代表的肩書 |
| 当 | 425,594 | 渡辺　猛之 | 42 | 自 | た | 新 | 1 | (元)県議 |
| 当 | 229,225 | 小見山　幸治 | 47 | 民 | 国 | 新 | 1 | 党県副代表 |
| | 221,343 | 山下　八洲夫 | 67 | 民 | 国 | 現 | | 党参院副会長 |
| | 73,031 | 鈴木　正典 | 46 | 共 | | 新 | | 党県常任委員 |
| | 18,138 | 加納　有輝彦 | 49 | 諸 | | 新 | | 幸福実現党員 |
| **静岡県選挙区**　改選：1 | | | | | | | | |
| | 得票数 | 氏名 | 年齢 | 党派 | 推薦 | 新旧 | 当選回数 | 代表的肩書 |
| 当 | 554,459 | 岩井　茂樹 | 42 | 自 | | 新 | 1 | (元)参院議員秘書 |
| 当 | 485,507 | 藤本　祐司 | 53 | 民 | 国 | 現 | 2 | 国土交通政務官 |
| | 359,983 | 河合　純一 | 35 | み | | 新 | | (元)中学校教諭 |
| | 206,870 | 中本　奈緒子 | 31 | 民 | 国 | 新 | | 化学会社社員 |
| | 94,416 | 渡辺　浩美 | 49 | 共 | | 新 | | 党県書記長 |
| | 17,633 | 中野　雄太 | 36 | 諸 | | 新 | | 幸福実現党員 |
| **愛知県選挙区**　改選：3 | | | | | | | | |
| | 得票数 | 氏名 | 年齢 | 党派 | 推薦 | 新旧 | 当選回数 | 代表的肩書 |
| 当 | 918,187 | 藤川　政人 | 50 | 自 | | 新 | 1 | (元)県議 |

| | | | | | | | | |
|---|---|---|---|---|---|---|---|---|
| 当 | 750,723 | 斎藤　嘉隆 | 47 | 民 | 国 | 新 | 1 | (元)県教組委員長 |
| 当 | 676,681 | 安井　美沙子 | 44 | 民 | 国 | 新 | 1 | 党県副代表 |
| | 529,130 | 薬師寺　道代 | 46 | み | | 新 | | 緩和医療医師 |
| | 193,710 | 本村　伸子 | 37 | 共 | | 新 | | 党県常任委員 |
| | 102,989 | 青山　光子 | 62 | 社 | | 新 | | 党県副代表 |
| | 37,338 | 中根　裕美 | 36 | 諸 | | 新 | | 幸福実現党員 |
| **三重県選挙区**　改選：1 | | | | | | | | |
| | 得票数 | 氏名 | 年齢 | 党派 | 推薦 | 新旧 | 当選回数 | 代表的肩書 |
| 当 | 360,697 | 芝　博一 | 60 | 民 | 国 | 現 | 2 | 党県代表 |
| | 293,502 | 小野崎　耕平 | 40 | 自 | | 新 | | (元)調査機関職員 |
| | 178,346 | 矢原　由佳子 | 35 | み | | 新 | | 放射線科医師 |
| | 54,806 | 中野　武史 | 36 | 共 | | 新 | | 党准中央委員 |
| **滋賀県選挙区**　改選：1 | | | | | | | | |
| | 得票数 | 氏名 | 年齢 | 党派 | 推薦 | 新旧 | 当選回数 | 代表的肩書 |
| 当 | 317,756 | 林　久美子 | 37 | 民 | 国 | 現 | 2 | 党県副代表 |
| | 210,958 | 武村　展英 | 38 | 自 | | 新 | | 公認会計士 |
| | 64,962 | 川内　卓 | 54 | 共 | | 新 | | 党県書記長 |
| | 59,702 | 小西　理 | 51 | 無 | | 新 | | (元)衆院議員 |
| **京都府選挙区**　改選：2 | | | | | | | | |
| | 得票数 | 氏名 | 年齢 | 党派 | 推薦 | 新旧 | 当選回数 | 代表的肩書 |
| 当 | 374,550 | 福山　哲郎 | 48 | 民 | 国 | 現 | 3 | 官房副長官 |
| 当 | 308,296 | 二之湯　智 | 65 | 自 | | 現 | 2 | (元)総務政務官 |
| | 181,691 | 成宮　真理子 | 40 | 共 | | 新 | | 党府副委員長 |
| | 120,262 | 中川　卓也 | 50 | み | | 新 | | (元)証券会社社員 |
| | 94,761 | 河上　満栄 | 39 | 民 | | 新 | | (元)衆院議員 |
| | 11,962 | 北川　智子 | 47 | 諸 | | 新 | | 幸福実現党員 |
| **大阪府選挙区**　改選：3 | | | | | | | | |
| | 得票数 | 氏名 | 年齢 | 党派 | 推薦 | 新旧 | 当選回数 | 代表的肩書 |
| 当 | 864,278 | 石川　博崇 | 36 | 公 | | 新 | 1 | (元)外務省職員 |
| 当 | 706,986 | 北川　イッセイ | 67 | 自 | | 現 | 2 | (元)防衛政務官 |
| 当 | 698,933 | 尾立　源幸 | 46 | 民 | 国 | 現 | 2 | 党府代表代行 |
| | 617,932 | 岡部　まり | 50 | 民 | | 新 | | タレント |
| | 389,445 | 川平　泰三 | 53 | み | | 新 | | (元)百貨店社員 |
| | 366,105 | 清水　忠史 | 42 | 共 | | 新 | | (元)大阪市議 |
| | 106,038 | 山分　ネルソン祥興 | 36 | 改 | | 新 | | 医師 |
| | 87,858 | 大川　朗子 | 52 | 社 | 国 | 新 | | 司法書士 |
| | 51,527 | 浜野　夕希子 | 34 | 諸 | た | 新 | | 日本創新党員 |
| | 21,027 | 深田　敏子 | 39 | 諸 | | 新 | | 幸福実現党員 |
| **兵庫県選挙区**　改選：2 | | | | | | | | |
| | 得票数 | 氏名 | 年齢 | 党派 | 推薦 | 新旧 | 当選回数 | 代表的肩書 |
| 当 | 694,459 | 末松　信介 | 54 | 自 | | 現 | 2 | (元)財務政務官 |
| 当 | 515,541 | 水岡　俊一 | 54 | 民 | 国 | 現 | 2 | 党県副代表 |
| | 414,910 | 井坂　信彦 | 36 | み | | 新 | | (元)神戸市議 |
| | 409,190 | 三橋　真記 | 32 | 民 | 国 | 新 | | (元)厚労省職員 |
| | 199,052 | 堀内　照文 | 37 | 共 | | 新 | | 党准中央委員 |
| | 107,028 | 吉田　愛弥 | 36 | 改 | | 新 | | NPO 法人代表 |
| | 20,651 | 高木　義彰 | 40 | 諸 | | 新 | | 幸福実現党員 |

資料１　2010年参議院議員通常選挙結果（選挙区）

| 奈良県選挙区　改選：1 | | | | | | | | |
|---|---|---|---|---|---|---|---|---|
| | 得票数 | 氏名 | 年齢 | 党派 | 推薦 | 新旧 | 当選回数 | 代表的肩書 |
| 当 | 308,490 | 前川　清成 | 47 | 民 | 国 | 現 | 2 | 党県副代表 |
| | 255,135 | 山田　衆三 | 34 | 自 | | 新 | | (元)調査機関職員 |
| | 84,920 | 太田　敦 | 38 | 共 | | 新 | | 党県常任委員 |
| **和歌山県選挙区**　改選：1 | | | | | | | | |
| | 得票数 | 氏名 | 年齢 | 党派 | 推薦 | 新旧 | 当選回数 | 代表的肩書 |
| 当 | 273,960 | 鶴保　庸介 | 43 | 自 | | 現 | 3 | 党国交副部会長 |
| | 157,717 | 島　久美子 | 54 | 民 | 国 | 新 | | 党県副代表 |
| | 50,708 | 吉田　雅哉 | 34 | 共 | | 新 | | 党県常任委員 |
| **鳥取県選挙区**　改選：1 | | | | | | | | |
| | 得票数 | 氏名 | 年齢 | 党派 | 推薦 | 新旧 | 当選回数 | 代表的肩書 |
| 当 | 158,445 | 浜田　和幸 | 57 | 自 | | 新 | 1 | 国際政経学者 |
| | 132,720 | 坂野　真理 | 32 | 民 | 国 | 新 | | 小児科医師 |
| | 20,613 | 岩永　尚之 | 53 | 共 | | 新 | | 党県書記長 |
| **島根県選挙区**　改選：1 | | | | | | | | |
| | 得票数 | 氏名 | 年齢 | 党派 | 推薦 | 新旧 | 当選回数 | 代表的肩書 |
| 当 | 222,448 | 青木　一彦 | 49 | 自 | | 新 | 1 | (元)参院議員秘書 |
| | 151,351 | 岩田　浩岳 | 34 | 民 | | 新 | | (元)民放記者 |
| | 28,183 | 桜内　朋雄 | 41 | み | | 新 | | 飲食会社監査役 |
| | 18,512 | 石飛　育久 | 32 | 共 | | 新 | | 党県常任委員 |
| **岡山県選挙区**　改選：1 | | | | | | | | |
| | 得票数 | 氏名 | 年齢 | 党派 | 推薦 | 新旧 | 当選回数 | 代表的肩書 |
| 当 | 474,280 | 江田　五月 | 69 | 民 | 国 | 現 | 4 | 参院議長 |
| | 325,143 | 山田　美香 | 42 | 自 | た日 | 新 | | 党県常任顧問 |
| | 65,298 | 垣内　雄一 | 45 | 共 | | 新 | | 党県常任委員 |
| **広島県選挙区**　改選：2 | | | | | | | | |
| | 得票数 | 氏名 | 年齢 | 党派 | 推薦 | 新旧 | 当選回数 | 代表的肩書 |
| 当 | 547,845 | 宮沢　洋一 | 60 | 自 | | 新 | 1 | (元)内閣府副大臣 |
| 当 | 295,276 | 柳田　稔 | 55 | 民 | 国 | 現 | 3 | 参厚労委員長 |
| | 261,210 | 中川　圭 | 52 | 民 | 国 | 新 | | 患者団体代表 |
| | 81,889 | 大西　理 | 44 | 共 | | 新 | | 党県常任委員 |
| | 17,496 | 植松　満雄 | 51 | 諸 | | 新 | | 幸福実現党員 |
| **山口県選挙区**　改選：1 | | | | | | | | |
| | 得票数 | 氏名 | 年齢 | 党派 | 推薦 | 新旧 | 当選回数 | 代表的肩書 |
| 当 | 421,055 | 岸　信夫 | 51 | 自 | | 現 | 2 | (元)防衛政務官 |
| | 256,562 | 原田　大二郎 | 66 | 民 | 国 | 新 | | 俳優 |
| | 51,221 | 木佐木　大助 | 55 | 共 | | 新 | | 党県常任委員 |
| **徳島県選挙区**　改選：1 | | | | | | | | |
| | 得票数 | 氏名 | 年齢 | 党派 | 推薦 | 新旧 | 当選回数 | 代表的肩書 |
| 当 | 142,763 | 中西　祐介 | 30 | 自 | | 新 | 1 | (元)銀行員 |
| | 136,934 | 吉田　益子 | 50 | 民 | 国 | 新 | | 薬剤師 |
| | 67,803 | 小池　正勝 | 58 | 改 | | 現 | | 党政調会長 |
| | 17,889 | 古田　元則 | 62 | 共 | | 新 | | 党県副委員長 |
| | 3,785 | 竹尾　あけみ | 56 | 諸 | | 新 | | 幸福実現党員 |
| | 3,462 | 豊川　卓 | 79 | 無 | | 新 | | 貸しビル業 |

| 香川県選挙区　改選：1 | | | | | | | | |
|---|---|---|---|---|---|---|---|---|
| | 得票数 | 氏名 | 年齢 | 党派 | 推薦 | 新旧 | 当選回数 | 代表的肩書 |
| 当 | 236,134 | 磯﨑　仁彦 | 52 | 自 | | 新 | 1 | (元)航空会社社員 |
| | 189,639 | 岡内　須美子 | 57 | 無 | 民国社 | 新 | | (元)高松市副市長 |
| | 34,037 | 藤田　均 | 50 | 共 | | 新 | | 党県委員 |
| 愛媛県選挙区　改選：1 | | | | | | | | |
| | 得票数 | 氏名 | 年齢 | 党派 | 推薦 | 新旧 | 当選回数 | 代表的肩書 |
| 当 | 351,624 | 山本　順三 | 55 | 自 | | 現 | 2 | (元)党県会長 |
| | 252,301 | 岡平　知子 | 52 | 民 | 国 | 新 | | NPO 法人理事 |
| | 51,312 | 田中　克彦 | 43 | 共 | | 新 | | 党県書記長 |
| | 12,349 | 郡　昭浩 | 49 | 無 | | 新 | | (元)塾講師 |
| 高知県選挙区　改選：1 | | | | | | | | |
| | 得票数 | 氏名 | 年齢 | 党派 | 推薦 | 新旧 | 当選回数 | 代表的肩書 |
| 当 | 137,306 | 広田　一 | 41 | 民 | 国 | 現 | 2 | 党県代表代行 |
| | 123,898 | 高野　光二郎 | 35 | 自 | | 新 | | (元)県議 |
| | 56,977 | 田村　公平 | 63 | 無 | | 元 | | (元)建設政務次官 |
| | 38,998 | 春名　直章 | 51 | 共 | | 新 | | (元)衆院議員 |
| | 8,899 | 藤島　利久 | 48 | 無 | | 新 | | 喫茶店経営 |
| 福岡県選挙区　改選：2 | | | | | | | | |
| | 得票数 | 氏名 | 年齢 | 党派 | 推薦 | 新旧 | 当選回数 | 代表的肩書 |
| 当 | 774,618 | 大家　敏志 | 42 | 自 | | 新 | 1 | (元)県議 |
| 当 | 673,749 | 大久保　勉 | 49 | 民 | | 現 | 2 | 参財金委理事 |
| | 287,349 | 佐藤　正夫 | 55 | み | | 新 | | (元)県議 |
| | 176,149 | 堤　要 | 49 | 無 | 民社 | 新 | | (元)大学教授 |
| | 145,093 | 篠田　清 | 62 | 共 | | 新 | | 党県副委員長 |
| | 113,607 | 吉村　剛太郎 | 71 | 国 | | 現 | | (元)国交副大臣 |
| | 25,693 | 吉冨　和枝 | 51 | 諸 | | 新 | | 幸福実現党員 |
| 佐賀県選挙区　改選：1 | | | | | | | | |
| | 得票数 | 氏名 | 年齢 | 党派 | 推薦 | 新旧 | 当選回数 | 代表的肩書 |
| 当 | 256,673 | 福岡　資麿 | 37 | 自 | | 新 | 1 | (元)衆院議員 |
| | 143,540 | 甲木　美知子 | 39 | 民 | 国 | 新 | | 弁護士 |
| | 23,974 | 山口　勝弘 | 54 | 共 | | 新 | | 党県政策委員長 |
| 長崎県選挙区　改選：1 | | | | | | | | |
| | 得票数 | 氏名 | 年齢 | 党派 | 推薦 | 新旧 | 当選回数 | 代表的肩書 |
| 当 | 344,182 | 金子　原二郎 | 66 | 自 | | 新 | 1 | (元)知事 |
| | 272,043 | 犬塚　直史 | 55 | 民 | 国 | 現 | | 党県常任顧問 |
| | 60,829 | 中嶋　徳彦 | 35 | み | | 新 | | 建設会社員 |
| | 28,614 | 渕瀬　栄子 | 54 | 共 | | 新 | | 党県委員 |
| 熊本県選挙区　改選：1 | | | | | | | | |
| | 得票数 | 氏名 | 年齢 | 党派 | 推薦 | 新旧 | 当選回数 | 代表的肩書 |
| 当 | 393,674 | 松村　祥史 | 46 | 自 | た日 | 現 | 2 | (元)経産政務官 |
| | 349,398 | 本田　浩一 | 43 | 民 | 国 | 新 | | (元)衆院議員秘書 |
| | 101,869 | 本田　顕子 | 38 | み | | 新 | | 薬剤師 |
| | 30,517 | 安達　安人 | 54 | 共 | | 新 | | 党県委員 |
| | 14,552 | 前田　武男 | 53 | 諸 | | 新 | | 日本創新党員 |
| 大分県選挙区　改選：1 | | | | | | | | |
| | 得票数 | 氏名 | 年齢 | 党派 | 推薦 | 新旧 | 当選回数 | 代表的肩書 |
| 当 | 294,286 | 足立　信也 | 53 | 民 | 国 | 現 | 2 | 厚生労働政務官 |

| | | | | | | | | |
|---|---|---|---|---|---|---|---|---|
| | 257,322 | 小田原　潔 | 46 | 自 | | 新 | | (元)証券会社社員 |
| | 52,863 | 山下　魁 | 33 | 共 | | 新 | | 党県委員 |
| **宮崎県選挙区**　改選：1 | | | | | | | | |
| | 得票数 | 氏名 | 年齢 | 党派 | 推薦 | 新旧 | 当選回数 | 代表的肩書 |
| 当 | 303,711 | 松下　新平 | 43 | 自 | | 現 | 2 | 党青年局次長 |
| | 178,854 | 渡辺　創 | 32 | 民 | 国 | 新 | | (元)毎日新聞記者 |
| | 35,632 | 馬場　洋光 | 41 | 共 | | 新 | | 党県書記長 |
| **鹿児島県選挙区**　改選：1 | | | | | | | | |
| | 得票数 | 氏名 | 年齢 | 党派 | 推薦 | 新旧 | 当選回数 | 代表的肩書 |
| 当 | 437,740 | 野村　哲郎 | 66 | 自 | | 現 | 2 | 党農林副部会長 |
| | 306,183 | 柿内　弘一郎 | 56 | 民 | 国 | 新 | | 弁護士 |
| | 52,448 | 山口　陽規 | 57 | 共 | | 新 | | 党県常任委員 |
| **沖縄県選挙区**　改選：1 | | | | | | | | |
| | 得票数 | 氏名 | 年齢 | 党派 | 推薦 | 新旧 | 当選回数 | 代表的肩書 |
| 当 | 258,946 | 島尻　安伊子 | 45 | 自 | | 現 | 2 | 参議院運営委員 |
| | 215,690 | 山城　博治 | 57 | 無 | 社 | 新 | | 平和団体事務長 |
| | 58,262 | 伊集　唯行 | 59 | 無 | 共 | 新 | | 内科医師 |
| | 10,832 | 金城　竜郎 | 46 | 諸 | | 新 | | 幸福実現党員 |

## 資料2　2010年参議院議員通常選挙結果（比例区）

| 民主党　候補：45　獲得議席：16　得票数：18,450,140票（31.56%） | | | | | | |
|---|---|---|---|---|---|---|
| | 得票数 | 氏名 | 年齢 | 新旧 | 当選回数 | 代表的肩書 |
| 当 | 373,834 | 有田　芳生 | 58 | 新 | 1 | ジャーナリスト |
| 当 | 352,594 | 谷　亮子 | 34 | 新 | 1 | 柔道家 |
| 当 | 207,821 | 直嶋　正行 | 64 | 現 | 4 | 経済産業相 |
| 当 | 207,227 | 小林　正夫 | 63 | 現 | 2 | 参厚労委理事 |
| 当 | 159,325 | 柳沢　光美 | 62 | 現 | 2 | 参内閣委理事 |
| 当 | 150,113 | 石橋　通宏 | 45 | 新 | 1 | 情報労連役員 |
| 当 | 144,782 | 難波　奨二 | 51 | 新 | 1 | 郵政労組役員 |
| 当 | 143,048 | 津田　弥太郎 | 58 | 現 | 2 | 参厚労委理事 |
| 当 | 139,006 | 那谷屋　正義 | 52 | 現 | 2 | (元)参文科委員 |
| 当 | 133,248 | 江崎　孝 | 53 | 新 | 1 | 自治労役員 |
| 当 | 128,511 | 藤末　健三 | 46 | 現 | 2 | 参予算委理事 |
| 当 | 120,987 | 加藤　敏幸 | 61 | 現 | 2 | 党愛媛県代表 |
| 当 | 118,248 | 前田　武志 | 72 | 現 | 2 | (元)参拉致特委長 |
| 当 | 113,468 | 田城　郁 | 50 | 新 | 1 | JR総連役員 |
| 当 | 111,376 | 白　真勲 | 51 | 現 | 2 | (元)参拉致特委員 |
| 当 | 100,932 | 西村　正美 | 46 | 新 | 1 | 歯科医師 |
| | 89,740 | 八代　英太 | 73 | 元 | | (元)郵政相 |
| | 71,346 | 安藤　高夫 | 51 | 新 | | 医療法人理事長 |
| | 70,726 | 喜納　昌吉 | 62 | 現 | | 参外防委理事 |
| | 70,521 | 板倉　一幸 | 59 | 新 | | (元)函館市議 |
| | 68,346 | 小寺　弘之 | 69 | 新 | | (元)群馬県知事 |
| | 68,118 | 松岡　徹 | 58 | 現 | | 参法務委理事 |
| | 66,585 | 工藤　堅太郎 | 67 | 現 | | (元)参倫選特委長 |
| | 62,905 | 石井　茂 | 50 | 新 | | (元)参院議員秘書 |
| | 60,688 | 田村　耕太郎 | 46 | 現 | | 党参政審副会長 |
| | 57,009 | 円　より子 | 63 | 現 | | 党参院副会長 |
| | 54,155 | 池谷　幸雄 | 39 | 新 | | (元)五輪体操選手 |
| | 52,716 | 清水　信次 | 84 | 新 | | スーパー会長 |
| | 52,439 | 土田　博和 | 60 | 現 | | 参総務委員 |
| | 48,282 | 大石　正光 | 65 | 現 | | 参財政金融委長 |
| | 47,792 | 桂　きん枝 | 59 | 新 | | 落語家 |
| | 45,810 | 亀原　了円 | 54 | 新 | | 住職 |
| | 43,531 | 下田　敦子 | 69 | 現 | | 党青森県顧問 |
| | 43,405 | 庄野　真代 | 55 | 新 | | 歌手 |
| | 35,392 | 中村　秀樹 | 47 | 新 | | (元)福島県議 |
| | 33,932 | 岡崎　友紀 | 56 | 新 | | 女優 |
| | 31,458 | 前田　雄吉 | 50 | 新 | | (元)衆院議員 |
| | 29,419 | 伊藤　和央 | 51 | 新 | | (元)北九州市局長 |
| | 28,629 | 広中　和歌子 | 76 | 現 | | (元)環境庁長官 |
| | 18,973 | 家西　悟 | 50 | 現 | | (元)参決算委員長 |
| | 18,608 | 矢野　義昭 | 60 | 新 | | (元)陸上自衛官 |
| | 17,480 | 野村　紘一 | 65 | 新 | | 不動産会社社長 |
| | 13,979 | 竹内　栄一 | 56 | 新 | | (元)神奈川県議 |
| | 7,336 | 村田　直治 | 66 | 新 | | 住職 |
| | 3,115 | 松岡　力雄 | 38 | 新 | | 環境NPO代表 |

資料2　2010年参議院議員通常選挙結果（比例区）

| **自由民主党**　候補：35　獲得議席：12　得票数：14,071,671票（24.07%） | | | | | | |
|---|---|---|---|---|---|---|
| | 得票数 | 氏名 | 年齢 | 新旧 | 当選回数 | 代表的肩書 |
| 当 | 299,036 | 片山　さつき | 51 | 新 | 1 | (元)経産政務官 |
| 当 | 278,312 | 佐藤　ゆかり | 48 | 新 | 1 | (元)衆院議員 |
| 当 | 254,469 | 山谷　えり子 | 59 | 現 | 2 | (元)首相補佐官 |
| 当 | 210,443 | 髙階　恵美子 | 46 | 新 | 1 | (元)日看協役員 |
| 当 | 168,342 | 三原　じゅん子 | 45 | 新 | 1 | 女優 |
| 当 | 156,467 | 中村　博彦 | 67 | 現 | 2 | (元)総務政務官 |
| 当 | 148,779 | 脇　雅史 | 65 | 現 | 3 | 党国交副部会長 |
| 当 | 145,771 | 藤井　基之 | 63 | 元 | 2 | (元)厚労政務官 |
| 当 | 135,448 | 小坂　憲次 | 64 | 新 | 1 | (元)文部科学相 |
| 当 | 131,657 | 水落　敏栄 | 67 | 現 | 2 | 参文教科学委長 |
| 当 | 121,441 | 宇都　隆史 | 35 | 新 | 1 | (元)航空自衛官 |
| 当 | 108,258 | 赤石　清美 | 62 | 新 | 1 | 衛生検査協理事 |
| | 101,840 | 堀内　恒夫 | 62 | 新 | | (元)プロ野球監督 |
| | 101,685 | 阿達　雅志 | 50 | 新 | | 米国弁護士 |
| | 100,282 | 臼井　正人 | 47 | 新 | | (元)千葉県議 |
| | 87,948 | 秋元　司 | 38 | 現 | | (元)防衛政務官 |
| | 84,378 | 木村　義雄 | 62 | 新 | | (元)厚労副大臣 |
| | 81,886 | 渡辺　具能 | 69 | 新 | | (元)国交副大臣 |
| | 81,249 | 保坂　三蔵 | 71 | 元 | | (元)経産副大臣 |
| | 80,381 | 門伝　英慈 | 47 | 新 | | (元)JA 青協会長 |
| | 76,131 | 西島　英利 | 62 | 現 | | 参厚生労働委員 |
| | 67,643 | 中野　正志 | 62 | 新 | | (元)経産副大臣 |
| | 56,728 | 角田　宏子 | 43 | 新 | | (元)横浜市議 |
| | 52,114 | 大西　宏幸 | 42 | 新 | | (元)大阪市議 |
| | 48,712 | 平田　耕一 | 61 | 元 | | (元)財務副大臣 |
| | 42,246 | 三橋　貴明 | 40 | 新 | | 経済評論家 |
| | 36,643 | 松浪　健四郎 | 63 | 新 | | (元)文科副大臣 |
| | 32,793 | 神取　忍 | 45 | 現 | | (元)参環境委理事 |
| | 31,219 | 小野寺　有一 | 43 | 新 | | (元)岩手県議 |
| | 30,158 | 一瀬　明宏 | 53 | 新 | | (元)福井県議 |
| | 19,540 | 伊藤　始 | 60 | 新 | | (元)参院議員秘書 |
| | 17,747 | 柴野　多伊三 | 59 | 新 | | 国際アナリスト |
| | 13,877 | 田島　みわ | 46 | 新 | | 食品開発会社長 |
| | 6,514 | 安井　潤一郎 | 60 | 新 | | (元)衆院議員 |
| | 4,357 | 日置　龍晴 | 53 | 新 | | 翻訳会社社長 |

| **公明党**　候補：17　獲得議席：6　得票数：7,639,432票（13.07%） | | | | | | |
|---|---|---|---|---|---|---|
| | 得票数 | 氏名 | 年齢 | 新旧 | 当選回数 | 代表的肩書 |
| 当 | 836,120 | 秋野　公造 | 43 | 新 | 1 | 党青年局次長 |
| 当 | 630,775 | 長沢　広明 | 51 | 新 | 1 | 党政調副会長 |
| 当 | 579,793 | 横山　信一 | 50 | 新 | 1 | (元)北海道議 |
| 当 | 544,217 | 谷合　正明 | 37 | 現 | 2 | 党幹事長代理 |
| 当 | 503,177 | 浜田　昌良 | 53 | 現 | 2 | 党政調副会長 |
| 当 | 457,700 | 荒木　清寛 | 54 | 現 | 4 | 党参院政審会長 |
| | 445,068 | 浮島　智子 | 47 | 現 | | (元)文科政務官 |
| | 28,850 | 鰐淵　洋子 | 38 | 現 | | 党青年副委員長 |

| | | | | | | |
|---|---|---|---|---|---|---|
| | 20,336 | 小野　綾子 | 39 | 新 | | 党職員 |
| | 15,584 | 小池　敏昭 | 53 | 新 | | 党職員 |
| | 6,184 | 雨宮　秀樹 | 38 | 新 | | 党職員 |
| | 3,866 | 鈴木　敏之 | 39 | 新 | | 党職員 |
| | 3,470 | 古田　聡 | 45 | 新 | | 党職員 |
| | 2,634 | 宮崎　勝 | 52 | 新 | | 党職員 |
| | 2,582 | 細野　浩司 | 49 | 新 | | 党職員 |
| | 2,416 | 米山　哲郎 | 45 | 新 | | 党職員 |
| | 684 | 広恵　敏秀 | 52 | 新 | | 党職員 |

| **日本共産党**　候補：18　獲得議席：3　得票数：3,563,556票（6.10%） | | | | | | |
|---|---|---|---|---|---|---|
| | 得票数 | 氏名 | 年齢 | 新旧 | 当選回数 | 代表的肩書 |
| 当 | 83,806 | 市田　忠義 | 67 | 現 | 3 | 党書記局長 |
| 当 | 45,668 | 田村　智子 | 45 | 新 | 1 | 党准中央委員 |
| 当 | 43,897 | 大門　実紀史 | 54 | 現 | 3 | 党参国対副委長 |
| | 33,614 | 仁比　聡平 | 46 | 現 | | 党中央委員 |
| | 21,573 | 森　正明 | 59 | 新 | | 医療法人役員 |
| | 17,949 | 河江　明美 | 45 | 新 | | 党准中央委員 |
| | 11,497 | 小林　解子 | 30 | 新 | | 党福岡県委員 |
| | 11,369 | 岡　千陽 | 47 | 新 | | 党北海道委員 |
| | 6,725 | 西田　静郎 | 63 | 新 | | 党愛知県委員 |
| | 6,709 | 浜田　良之 | 54 | 新 | | 党京都常任委員 |
| | 6,344 | 片山　和子 | 34 | 新 | | 党埼玉県役員 |
| | 3,478 | 上里　清美 | 54 | 新 | | 党沖縄県郡委員 |
| | 2,613 | 佐藤　長右衛門 | 66 | 新 | | 党秋田県委員 |
| | 2,517 | 神田　美佐子 | 62 | 新 | | 党大阪府委員 |
| | 2,284 | 岡崎　裕 | 32 | 新 | | 党准神奈川委員 |
| | 1,968 | 大平　喜信 | 32 | 新 | | 党広島県委員 |
| | 1,446 | 宮野入　晶子 | 38 | 新 | | 党都女性副部長 |
| | 1,026 | 三ヶ尻　亮子 | 41 | 新 | | 党四国国会所員 |

| **国民新党**　候補：7　獲得議席：0　得票数：1,000,036票（1.71%） | | | | | | |
|---|---|---|---|---|---|---|
| | 得票数 | 氏名 | 年齢 | 新旧 | 当選回数 | 代表的肩書 |
| | 406,587 | 長谷川　憲正 | 67 | 現 | | 総務政務官 |
| | 43,233 | 江本　孟紀 | 62 | 元 | | プロ野球解説者 |
| | 34,561 | 西村　修 | 38 | 新 | | プロレスラー |
| | 14,111 | 敏　いとう | 70 | 新 | | 作曲家 |
| | 9,395 | 宮本　一三 | 78 | 新 | | （元）文科副大臣 |
| | 5,614 | 後藤　俊秀 | 56 | 新 | | 医療法人理事長 |
| | 4,641 | 新渡　英夫 | 53 | 新 | | （元）東京都議 |

| **新党改革**　候補：5　獲得議席：1　得票数：1,172,395票（2.01%） | | | | | | |
|---|---|---|---|---|---|---|
| | 得票数 | 氏名 | 年齢 | 新旧 | 当選回数 | 代表的肩書 |
| 当 | 65,250 | 荒井　広幸 | 52 | 現 | 2 | 党幹事長 |
| | 23,944 | 鳩山　太郎 | 36 | 新 | | （元）総務相秘書官 |
| | 20,025 | 萩原　誠司 | 54 | 新 | | 党政調会長代理 |
| | 7,607 | 中村　幸嗣 | 47 | 新 | | （元）陸自医官 |
| | 4,590 | 佐草　一優 | 51 | 新 | | 獣医師 |

| **社会民主党**　候補：6　獲得議席：2　得票数：2,242,735票（3.84%） | | | | | | |
|---|---|---|---|---|---|---|
| | 得票数 | 氏名 | 年齢 | 新旧 | 当選回数 | 代表的肩書 |
| 当 | 381,554 | 福島　瑞穂 | 54 | 現 | 3 | 党首 |
| 当 | 130,745 | 吉田　忠智 | 54 | 新 | 1 | (元)大分県議 |
| | 69,214 | 保坂　展人 | 54 | 新 | | 党東京都副代表 |
| | 38,813 | 原　和美 | 60 | 新 | | 党近畿役員 |
| | 4,523 | 浅野　隆雄 | 54 | 新 | | 党北海道幹事長 |
| | 3,064 | 大瀬　敬昭 | 47 | 新 | | 党広島県役員 |

| **たちあがれ日本**　候補：9　獲得議席：1　得票数：1,232,207票（2.11%） | | | | | | |
|---|---|---|---|---|---|---|
| | 得票数 | 氏名 | 年齢 | 新旧 | 当選回数 | 代表的肩書 |
| 当 | 117,636 | 片山　虎之助 | 74 | 元 | 4 | (元)総務相 |
| | 111,597 | 中畑　清 | 56 | 新 | | (元)プロ野球選手 |
| | 69,375 | 村岡　敏英 | 49 | 新 | | (元)運輸相秘書官 |
| | 60,358 | 中山　成彬 | 67 | 新 | | (元)文部科学相 |
| | 50,236 | 中川　義雄 | 72 | 現 | | 党参院幹事長 |
| | 31,146 | 杉村　太蔵 | 30 | 新 | | (元)衆院議員 |
| | 14,720 | 三木　圭恵 | 44 | 新 | | (元)三田市議 |
| | 10,194 | 藤井　厳喜 | 57 | 新 | | 国際政治学者 |
| | 9,003 | 岡　佑樹 | 33 | 新 | | (元)参院議員秘書 |

| **みんなの党**　候補：23　獲得議席：7　得票数：7,943,649票（13.59%） | | | | | | |
|---|---|---|---|---|---|---|
| | 得票数 | 氏名 | 年齢 | 新旧 | 当選回数 | 代表的肩書 |
| 当 | 87,863 | 柴田　巧 | 49 | 新 | 1 | (元)富山県議 |
| 当 | 86,299 | 江口　克彦 | 70 | 新 | 1 | (元)出版社社長 |
| 当 | 52,051 | 上野　宏史 | 39 | 新 | 1 | (元)経産省職員 |
| 当 | 45,846 | 寺田　典城 | 70 | 新 | 1 | (元)秋田県知事 |
| 当 | 43,012 | 小野　次郎 | 56 | 新 | 1 | (元)首相秘書官 |
| 当 | 37,222 | 小熊　慎司 | 42 | 新 | 1 | (元)福島県議 |
| 当 | 37,191 | 桜内　文城 | 44 | 新 | 1 | 会計士補 |
| | 36,599 | 真山　勇一 | 66 | 新 | | (元)キャスター |
| | 32,161 | 藤巻　幸夫 | 50 | 新 | | 小売会社社長 |
| | 30,663 | 山田　太郎 | 43 | 新 | | (元)経営指導社長 |
| | 30,207 | 田中　茂 | 52 | 新 | | (元)衆院議員秘書 |
| | 24,585 | 蔦田　恵子 | 48 | 新 | | (元)滋賀県議 |
| | 22,711 | 清水　鴻一郎 | 64 | 新 | | (元)衆院議員 |
| | 22,233 | 舘　信秀 | 63 | 新 | | (元)レーサー |
| | 22,097 | 若林　亜紀 | 44 | 新 | | ジャーナリスト |
| | 22,066 | 米田　雅子 | 54 | 新 | | 慶大教授 |
| | 20,319 | 宮越　馨 | 68 | 新 | | (元)上越市長 |
| | 19,094 | 田中　朝子 | 50 | 新 | | (元)杉並区議 |
| | 13,122 | 後藤　啓二 | 50 | 新 | | 弁護士 |
| | 8,467 | 田中　雅英 | 58 | 新 | | 特養施設長 |
| | 8,146 | 湯沢　大地 | 42 | 新 | | 教育NPO代表 |
| | 7,568 | 吉田　鈴香 | 51 | 新 | | ジャーナリスト |
| | 4,730 | 大嶋　幸治 | 61 | 新 | | 酒販会社社長 |

**幸福実現党**　候補：5　獲得議席：0　得票数：229,026票（0.39%）

| | 得票数 | 氏名 | 年齢 | 新旧 | 当選回数 | 代表的肩書 |
|---|---|---|---|---|---|---|
| | 38,242 | ドクター・中松 | 82 | 新 | | 党特別代表 |
| | 25,340 | 石川　悦男 | 52 | 新 | | 党首 |
| | 1,732 | 林　雅敏 | 54 | 新 | | 党幹事長 |
| | 1,419 | 黒川　白雲 | 43 | 新 | | 党政務調査会長 |
| | 1,275 | 饗庭　直道 | 43 | 新 | | 党役員 |

**女性党**　候補：10　獲得議席：0　得票数：414,963票（0.71%）

| | 得票数 | 氏名 | 年齢 | 新旧 | 当選回数 | 代表的肩書 |
|---|---|---|---|---|---|---|
| | 19,690 | 福井　智代 | 54 | 新 | | 党代表 |
| | 17,013 | 石川　敬子 | 51 | 新 | | 党幹事長 |
| | 11,116 | 永井　久美子 | 38 | 新 | | 化粧品会社社員 |
| | 7,943 | 塚本　直子 | 48 | 新 | | 党広報局長 |
| | 3,987 | 矢野　洋子 | 54 | 新 | | 化粧品卸業 |
| | 3,849 | 竹内　恵美子 | 62 | 新 | | 党副幹事長 |
| | 2,990 | 清水　美代子 | 63 | 新 | | 化粧品会社社員 |
| | 2,496 | 片岡　佳世子 | 62 | 新 | | 党文化局長 |
| | 2,303 | 佐藤　雅子 | 53 | 新 | | 党副幹事長 |
| | 1,949 | 吉山　英美 | 53 | 新 | | 化粧品卸業 |

**日本創新党**　候補：6　獲得議席：0　得票数：493,619票（0.84%）

| | 得票数 | 氏名 | 年齢 | 新旧 | 当選回数 | 代表的肩書 |
|---|---|---|---|---|---|---|
| | 122,978 | 中田　宏 | 45 | 新 | | (元)横浜市長 |
| | 35,157 | 斎藤　弘 | 52 | 新 | | (元)山形県知事 |
| | 4,486 | 岡野　俊昭 | 64 | 新 | | (元)銚子市長 |
| | 4,184 | 杉井　保之 | 51 | 新 | | 経営指導業 |
| | 3,030 | 杉本　哲也 | 31 | 新 | | セミナー講師 |
| | 2,660 | 清水　隆司 | 49 | 新 | | (元)岸和田市議 |